企业增值

一本通

战略+价值链优势+组织效能

陈胜茂◎著

中国铁道出版社有限公司

CHINA RAILWAY PUBLISHING HOUSE CO., LTD.

图书在版编目（CIP）数据

企业增值一本通：战略＋价值链优势＋组织效能 / 陈
胜茂著 . —北京：中国铁道出版社有限公司，2023.5
ISBN 978-7-113-30051-7

Ⅰ. ①企… Ⅱ. ①陈… Ⅲ. ①企业利润－企业管理－
研究 Ⅳ. ① F275.4

中国国家版本馆 CIP 数据核字（2023）第 049178 号

书　　名：**企业增值一本通：战略＋价值链优势＋组织效能**
作　　者：陈胜茂

策　　划：巨　凤
责任编辑：陈晓钟　　**电话：**（010）51873697
封面设计：仙　境
责任校对：刘　畅
责任印制：赵星辰

出版发行：中国铁道出版社有限公司（100054，北京市西城区右安门西街 8 号）
印　　刷：天津嘉恒印务有限公司
版　　次：2023 年 5 月第 1 版　2023 年 5 月第 1 次印刷
开　　本：710 mm×1 000 mm 1/16　印张：16　字数：260 千
书　　号：ISBN 978-7-113-30051-7
定　　价：69.00 元

前 言

有过两家世界500强外企工作经历，正在为国企、民企提供管理咨询服务的我，回顾这二十年来中国企业的发展变迁，不由感慨：国内很多企业确实在经济发展过程中逐渐由小变大、由弱变强，其经营管理方式也逐渐走向了规范化，然而，发展过程却并非一帆风顺。由于缺乏企业经营宏观管理架构支撑，不少企业的成功带有偶然性，因此，能否持续保持良好的发展状态成为不少企业家担心的问题。很多企业是在成长的道路上"步入歧途"而失败的，市场上真正长久存活的企业并不多。

在比较不同企业的发展差异后，我认为，企业经营成败固然受偶然性因素影响，但企业长期生存与发展必须依靠科学的管理模式去支撑。因此，为企业发展提供一个科学合理的管理架构成为我创作的源动力。通过梳理外企的成功经验，结合近二十年的管理实践，我认为企业能成功并持续创造价值的关键在于三点：制订合适的战略、塑造价值链优势以及不断提升组织效能。

（1）通过战略，企业能够定位业务和市场，设计产品组合，向客户传递价值，不断取得收入——"开源"；

（2）通过塑造价值链优势，企业能够捕捉关键控制点，利用内部能力与资源，形成竞争优势——"节流"；

（3）通过"能力—动力—合力"互动而成的组织效能，企业能为实现客户目标、实现价值链优势提供可持续的支撑和保障。

上述三点如果用一个简单的公式来总结，则为企业价值 = 战略 + 价值链优势 + 组织效能。

那么这三点具体内容是什么？怎么做？我将结合平衡计分卡理论和BLM业务领导力模型的结构进行说明。

实际上，华为的成功在管理架构方面很大程度上也映射了这个理论，任正非用3 000万元的代价从IBM引入商业领先模型，然后在实践过程中结合平衡计分卡，并在此基础上导入IPD（一种先进的产品研发流程）、ISC（IBM公司为华为量身定做的集成供应链）等流程。我将其概括为华为管理三支箭："力出一孔"的战略管理体系、一线呼唤炮火的流程优化体系与授权机制、激发组织活力的人力资源管理机制。总之，失败的理由千差万别，而通往成功的规律则大道至简，即根据企业自身的情况搭好整体管理框架（战略＋价值链优势＋组织效能），然后逐一实现，通过管理促进业务的持续成功。

拉姆·查兰在《执行》一书中提出，执行力就是战略、运营和人员三者的共同合力。对此我深刻认同，其实企业增值的管理架构并不复杂，关键在于如何有逻辑地执行。那么如何才能将理念转化为应用呢？本书将通过七个章节进行说明。

本书前三章介绍了三部分内容，分别是平衡计分卡体系的源起与华为的应用（第一章）、平衡计分卡体系核心工具战略地图的使用方法（第二章）、战略地图上升为企业价值创造和管理的三个驱动力（即管理三支箭：战略、价值链优势、组织效能）的逻辑框架（第三章）。

第四章至第六章介绍了企业管理者应用"三支箭"进行实践的具体操作，包括对应的工具、方法、案例的说明与展示。通过这三章内容，管理者可以借助这些工具方法，结合实际情况，找到管理改进的方向和思路。

第七章是企业价值管理这个主题的落脚点，这一章告诉我们在战略、流程和组织创造价值的基础上如何通过资本运作、财务核算、财务分析、价值分配、审计风控管理好企业。

希望本书能对企业管理者有所启发，而我的写作初心和公众号"骊才知库"一样——助力中国企业做大做强！

陈胜茂

于湖南郴州

目 录

第一章
平衡计分卡的源起与应用

说起战略，可能很多人都会想到战略与艺术兼备的《孙子兵法》。

《孙子兵法》第一篇开门见山提出："故经之以五事，校之以计，而索其情：一曰道，二曰天，三曰地，四曰将，五曰法。"将这一句话放在现代企业管理中，我们可以理解为企业的战略管理要兼顾以下五个方面：

- 使命、愿景和价值观（道）；
- 宏观环境与产业趋势（天）；
- 竞争环境（地）；
- 人力资源（将）；
- 制度流程及资源（法）。

这里的"兼顾"，并非简单把相关职能划给相关部门就结束管理设计，而是要让"道""天""地""将""法"各个要素之间达到匹配的状态。这个状态的达成与否，恰恰是企业战略成与败的重要标准。

为什么这么说呢？

首先，公司的使命、愿景和内外环境决定了公司能够采用的战略，即"道""天""地"三者约束着可选的"战略"边界，它们属于战略规划部分。

其次，内部资源和能力及管理机制决定着执行的效率，即"将""法"是战略实施的关键。

从本质上讲，战略规划与执行是战略管理的两个核心领域，IBM 和华为都在采用的业务领导力模型（Business Leadership Model）就是搭建在这两个领域基础之上的。然而，在实际管理中，到底是战略规划更重要还是战略执行更重要呢？答案莫衷一是，各有各的理。根据《财富》杂志对几十个著名跨国公司总裁的采访，70%

的公司之所以会失败都与公司战略执行不到位有关。也就是说，即使战略制定得很完美，如果没有好的执行力，企业一样将面临失败。这说明了规划与执行两者间衔接的重要性。规划与执行两者本身固然都重要，但若失去中间连接或衔接不到位，可能两者皆失！

那么如何才能将战略规划与执行有效链接，进而推动战略有效实施呢？这就需要借助战略地图来完成。要想了解战略地图，我们需要先从平衡计分卡说起。

第一节　平衡计分卡：75 年来最具影响力的管理工具之一

一、平衡计分卡时期

1992 年，Kaplan 和 Norton 在《哈佛商业评论》中提出，企业家不仅要关注财务结果，也应该关注创造财务结果过程中的资源，尤其要注重人力资源等无形资产的作用。这是两位专家经过对美国通用电气、杜邦、惠普等 12 家著名公司的研究得出的结论。他们将战略规划与执行之间的转换与管理工具命名为平衡计分卡（Balanced Score Card，BSC）。

平衡计分卡设立了企业战略管理的四个维度：财务维度、顾客维度、内部运营维度和学习成长维度[1]。通过对这四个维度的评估和管理，企业能够对战略目标的可行性与现实过程的有效性进行跟踪和验证。由于该工具简明易用，且具有丰富的实证效果，Kaplan 和 Norton 很快就受到了几家公司的邀请，平衡计分卡也迅速得到了企业界的关注与应用。

美国美孚石油营销精炼事业部 1994 年开始使用 BSC 工具，结果到 1998 年，该部门运营成本降低了 20%，现金流量净额从 –5 亿美元增加到了 7 亿美元。其行业市场排名从 1993 年末的行业最后一名跃升至 1998 年的第一。同时，其内部安全意外降低 80%，环境事故降低 60%……平衡计分卡重视结果与过程平衡，战略目标与资源匹配思想的实用性和有效性迅速得到认可。

早在 1999 年，《财富》杂志便对当时的世界 500 强企业进行过调查，结果显示，当时已有 60% 的企业开始使用 BSC。平衡计分卡被《哈佛商业评论》誉为

"75 年来最具影响力的管理工具之一"，其框架图如图 1-1 所示。它们成功的原因在于平衡计分卡的因果逻辑能促进战略的执行，这种逻辑能使整个组织在工作方向上保持一致，从而推动企业在数年内取得突破性的业务成果。

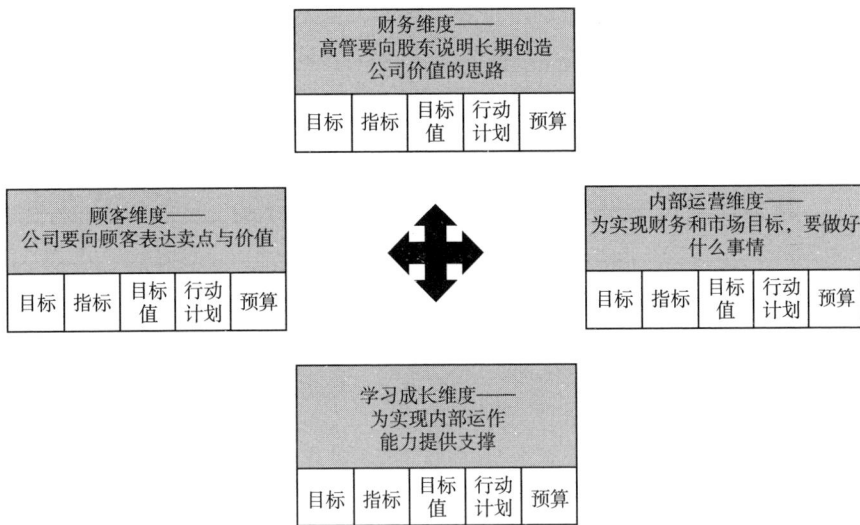

图 1-1　平衡计分卡框架图

二、平衡计分卡 + 战略地图时期

尽管在业界得到普遍认可，但平衡计分卡的作者认为单从绩效指标上去管理还不够，这样做还不足以达到"战略聚焦"的效果。因此，经过大量实践，他们于 2004 年提出了"战略地图"的概念与方法[2]，通过梳理战略重点之间的逻辑关系，让战略规划与战略执行实现了衔接与匹配。

战略地图的逻辑体系是在平衡计分卡的四个维度上展开说明的。与平衡计分卡不同的是，战略地图不仅解析出了每个维度内部的驱动要素，而且识别出了要素间的逻辑关系。这一点我们可以从图 1-2 所示的"战略地图框架图"看出。

战略地图在实际应用中，要配套"图、卡、表"来使用，即战略地图、平衡计分卡、战略行动计划表。它们是以战略地图框架图为基础，用于描述和管理战略的三个工具，三者合力形成了一套完整的包括战略解码与沟通、战略指标衡量、战略行动计划管理的解决方案。

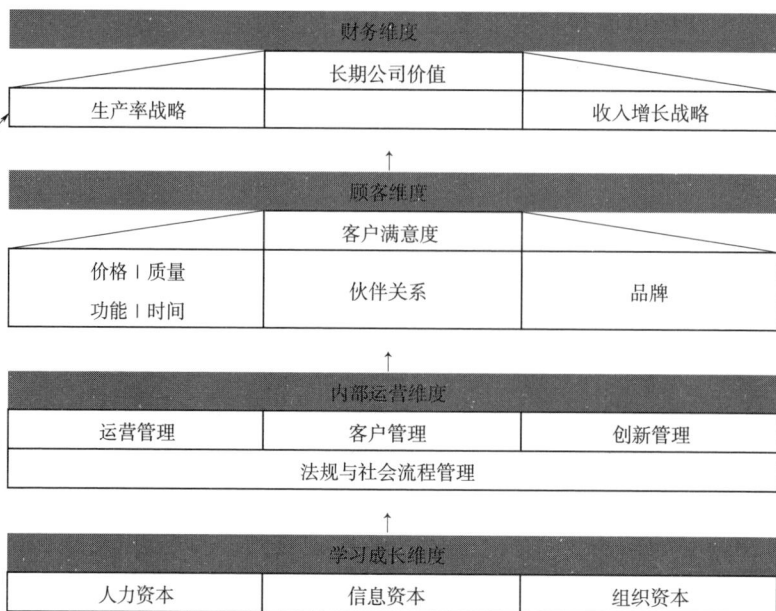

图 1-2 战略地图框架图

三、平衡计分卡 + 战略地图 + 战略中心型组织时期

在战略地图工具的基础上，为了帮助企业实现战略制度化和流程化管理，Kaplan 和 Norton 又出版了《战略中心型组织》[3]《平衡计分卡战略实践》[4]。在书中，作者提出了构建战略管理的全流程，让企业成为"战略中心型组织"，如图1-3 所示。他们的目的在于帮助企业构建从战略制定到战略执行的常态化机制，完成从战略监控到战略检验修正的管理闭环。

至此，平衡计分卡体系形成了以战略地图为核心的完整的战略管理方法论。这个体系既包括体现战略逻辑的"战略地图"，也包含监控战略实施进度的"平衡计分卡"，以及可持续进行战略全过程管理的"战略中心型组织"。通过良好的战略管理，企业将取得突破性的经营成果。三者固然都不可或缺，但其"心脏"是战略地图。用公式来表示它们与成果之间的关系为：描述战略（战略地图）+ 衡量战略（平衡计分卡）+ 管理战略（战略中心型组织）= 突破性成果。

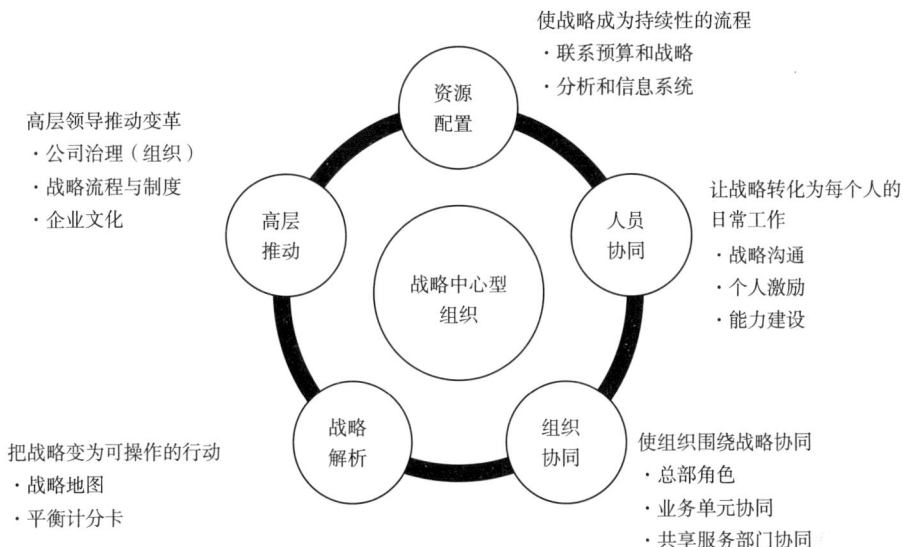

图 1-3　战略中心型组织管理闭环

第二节　战略地图的地位与应用

在平衡记分卡出现和发展的过程中，世界经济经历了多次变革。近 20 年来，战略地图 [2] 也进入了我国企业界，并在实际应用中逐渐成为平衡计分卡体系的核心部件。

Kaplan 表示，平衡计分卡最初只被考虑用于企业非财务指标的绩效衡量，通过它的使用让管理在过程和结果上达到均衡，因此称其为"平衡计分卡"。但当发现战略地图的作用后，他认为平衡计分卡更准确的叫法应该是战略计分卡，这是因为整个体系实际上是为战略服务的，其作用不仅仅局限于企业绩效考核。

在我们所观察到的企业应用中，应用程度最高的是平衡计分卡体系中的"卡"，即企业采用非财务指标，形成平衡计分卡财务、顾客、内部运营和学习成长四个维度的集合管理。

当然，仅仅使用平衡计分卡，企业或多或少能够通过改善过程指标而达到优化结果指标的效果，但是这个效果并不稳定，如果四个指标选取合理，则能够有效推动组织绩效的改善；若选取的指标不符合公司战略，则无法充分体现战略实现的效果。没有结合战略地图开发指标是企业采用平衡计分卡后仍然没见到效果的主要原因之一。

指标是否有效关键在于是否配套使用了战略地图。

战略地图向上梳理战略逻辑，向下对接资源和分解任务，它起到了承上启下的作用。

跳过战略地图去开发平衡计分卡就相当于盲人摸象，抓到哪个指标算哪个，而且选取之后也不知道到底合不合适。这也正是不少人力资源工作者感觉选指标难的原因。

即使选对了指标，指标也无法自动实现，它需要团队分工协作，借助资源完成指标对应的任务。因此，在解决完指标选取的问题之后，如何进行人员分工与资源配套是战略实施的另一个重要问题。在现实的企业案例中，分工不到位、资源错配的案例还少吗？

让我们试想一下，"西游团队"这样分工结果会怎样？让悟空挑行李，让沙和尚念经，让唐三藏去侦察路况，让猪八戒去打蜘蛛精……很显然，人员与岗位不匹配，团队战斗力将严重受损。很多企业在现实中都无法及时识别出这些问题，直到问题产生后才不得不去面对资源错配的恶果。

任正非高度重视这一问题，他在华为无线业务会议上用"力出一孔"一词强调了资源与战略匹配的重要性。说白了，就是要从战略选择、资源配置、竞争力构建、人才选拔四个维度为业务争取更大机会，拉开竞争差距。他说："无线产品线要力出一孔，要加强向主航道的投入，提高主航道的能力，在主航道上拉开与竞争对手的差距。要有战略集中度。你们不知道水能切割钢板吧？造船厂很多钢板都是用水切割的，高压的水穿过很细的孔力量是很大的。"[5]

在人岗匹配方面，他表示："我们在主航道上、主战场上，要有一大批像余疯子这样不信邪的干部，我们也渴望大批不信邪的干部上来，冲到战场上去……"

正所谓千斤重担人人挑，人人身上有指标，企业要实现业绩突破，就要运用战略地图去链接战略和执行，并将战略转化为团队和员工的日常工作。近年来，战略地图和平衡计分卡得到了进一步普及，包括华为在内的许多知名企业都在利用它们来完善企业管理。

案例：华为 BSC 指标表

华为中高层需要定期述职，例如公司总裁向董事会述职，部门正职向总裁述职，各部门副职向各委员会述职……它形成了一个定期进行战略与执行结果汇报的交流机制。干部述职的内容包括部门及个人年度的业务规划与分解任务、预算指标和 KPI 指标的实际完成情况及对比分析，下一周期的各项任务、关键指标、实施方案以及需要的资源支持等。华为绩效述职指标表如表 1-1 所示。

表 1-1　华为绩效述职指标表

衡量维度	战略（略）	执行结果指标
财务	×××	财务 KPI 完成情况； 竞争标杆比较分析； 对成绩与不足进行复盘
客户	×××	客户满意度； 内部顾客满意度
内部运营	×××	核心竞争力项目完成情况； 部门业务策略实施情况； 部门重要工作结果； 项目实施
学习成长	×××	专业化及管理技能提升； 组织文化营造

华为借助平衡计分卡，实现了长期目标与短期目标、财务目标与非财务目标、结果与过程之间的平衡。华为正是通过战略地图的解码，结合平衡计分卡，结合 KPI 考核，辅之以中高层述职机制，实现了绩效的闭环管理。

通过"描述战略（战略地图）+ 衡量战略（平衡计分卡）+ 管理战略（战略中心型组织）"的组合拳，华为形成了一种自我激励、自我约束的机制，从而不断促进了公司的成长。

案例：华为管理变革三支箭与计分卡体系对照关系

除了借助平衡计分卡进行绩效管理外，华为在市场管理、运营体系设计和人力资源管理体系建设三个方面，分别对应战略地图的顾客维度、内部运营维度和学习成长维度，在此基础上形成了企业管理变革的三支箭，如表1-2所示。

表1-2　华为管理变革三支箭与计分卡体系对照关系表

顾客维度	内部运营维度	学习成长维度
第一箭："力出一孔"的战略管理体系	第二箭：一线呼唤炮火的流程优化体系与授权机制	第三箭：激发组织活力的人力资源管理机制
价值驱动的业务设计 业务领先模型 从战略到执行 业务战略执行力模型	集成产品开发流程变革 集成供应链转型流程变革 从线索到回款流程变革 集成财务转型	干部能上能下 战略人力资源 股权激励 企业文化演进

第三节　战略地图是平衡计分卡的灵魂

能够做到像华为这样的企业毕竟不多，因为在华为身后，有超过十五家顶级管理咨询公司在为其出谋划策，推动其改善管理。反观其他企业，能够真正打通"战略规划＋执行"任督二脉的案例少之又少。

为什么？

通过对服务过的多家企业进行观察和反思，我认为企业战略地图未得到充分开发和应用是一个重要原因。

战略地图的三个基本作用是战略澄清、战略解码和战略协同，而这三者正是战略规划从概念向执行人群辐射，实现分工与协作的必要过程。若失去战略地图的逻辑支撑，平衡计分卡也就失去了战略灵魂。

企业如果忽略战略地图，仅仅把指标分为四类进行管理和统计，那么它就和原来KPI的管理方式没有本质区别。这也正是不少公司采用平衡计分卡后没有进一步取得突破性业绩的关键原因。

《财富》杂志曾对全球知名企业的高管进行过相关调查，这些企业涉及科技、能源、制造、金融、医疗、零售等行业，调查的结论是，平衡计分卡体系中的三个方面对于企业的发展至关重要，分别是：

（1）推动战略执行（对应战略澄清、战略解码）；

（2）厘清战略与员工的关系（对应战略解码、战略协同）；

（3）作为资源分配的依据（对应战略解码）。

而这三方面正好对应了战略地图的三个基本作用，由此可见战略地图的重要性！

那么什么是战略地图？企业又如何用好战略地图呢？我结合多年的工作实践及服务案例，建议从战略地图的"术"与"道"两个层面来使用战略为企业服务。

（1）术的层面：利用战略地图进行战略澄清、战略解码和战略协同，形成公司战略分解后的图卡表（第二章将进行实操说明和案例分析）。

（2）道的层面：企业价值来源于企业战略、内部价值链优势以及组织效能的合力，即"企业价值 = 战略 + 价值链优势 + 组织效能"（第三章到第七章将进行详细讲述与应用说明），这是对战略地图本质的诠释和应用，是企业成功的秘诀。

本章小结

本章介绍平衡计分卡的起源以及发展的三个时期。随着平衡计分卡的推广，战略地图逐渐发展成核心，平衡计分卡也随之从绩效管理工具上升为战略管理工具。

为帮助企业更有效地理解和应用战略地图，我在大量实践的基础上总结出了战略地图可以从"术"和"道"两个层面去应用，以及在"术"与"道"两个层面的应用重点。在"术"层面的应用主要体现在将战略地图作为企业战略管理的工具上；而在"道"层面的应用则是让战略地图成为企业长期价值管理的驱动方式，即"企业价值 = 战略 + 价值链优势 + 组织效能"。

第二章

战略地图之术——方法

战略地图在"术"层面的应用主要体现在战略澄清、战略解码、战略协同、战略复盘四个方面。

第一节 战略澄清：战略六个层次

在企业里谈起"战略"二字，管理者往往难以在同一个维度上思考问题。这是因为战略所包含的层次很丰富，就像一座名叫"战略"的大楼，有的人站在二楼，有的人站在八楼，每个人站在各自的楼层，看到的风景也不尽相同。

所谓战略澄清，就是清晰定义战略在各个层次的内容，是从本质上回答："我是谁？从哪里来？到哪里去？如何去？"

对于战略层次的具体划分，笔者推荐"骊才"战略澄清六层模型，如图 2-1 所示。

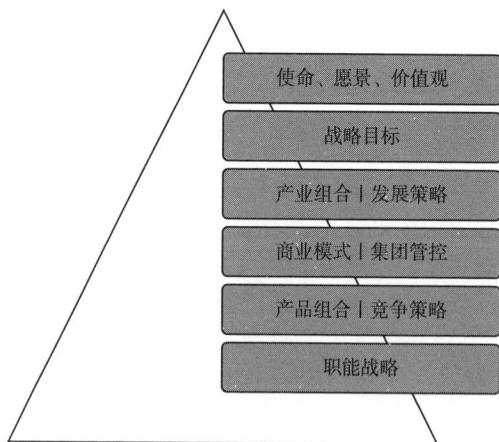

图 2-1 "骊才"战略澄清六层模型

六个层次的顶端两层回答了"我是谁？从哪里来？到哪里去？"的问题，其余四个层次则解决了"如何去"这一问题。

那么这六个层次具体内容是什么？作用又是什么？让我们结合表 2-1 所示的分解表来看下。

表 2-1　战略澄清六层模型分解表

战略层次	战略主题	定义说明	作用	举例
战略意图	使命	公司存在的初心	反思公司存在的价值	阿里：让天下没有难做的生意
	愿景	公司长期的发展方向或目标，一般在 20 年以上	指明方向，激励所有人不断向前	阿里： 分享数据的第一平台； 幸福指数最高的企业
	价值观	一切行动的基本准则	思考底线，行动协同	阿里："六脉神剑"； 客户第一； 团队合作、拥抱变化； 诚信、激情、敬业
战略目标	战略目标	中长期目标的具体描述，一般以 5~10 年为单位，高速成长企业以 3 年为单位	目标的具体化	收入：××× 利润：××× 净资产回报率：×××
公司战略	业务组合	在产业选择上确定做什么，不做什么	从长期视角设计企业多项业务的不同搭配； 优化资源配置； 支撑战略目标的实现	可以从三个层面来设计业务，分别是核心业务、未来业务、种子业务
	发展策略	业务的发展模式	确定战略目标和业务组合形成的发展模式	进入什么产业（兼并、收购、战略联盟、生态搭建）； 退出什么产业（清算、出售）
战略模式	商业模式	创造和交付价值的方式	确定价值链中给客户创造什么价值？如何创造、传递价值	淘宝：作为 C2C 平台，链接交易的每个个体
	集团管控	多个业务、商业模式如何实现有效管理	确认管控模式及组织架构	财务型管控； 战略型管控； 运营型管控
业务战略	产品组合	产品与服务的选择与组合	根据细分市场和客户群确定产品与服务的相关内容	苹果系列产品
	竞争策略	与同行竞争中差异化的卖点和表现形式	让客户愿意选择你，而不是选择你的竞争对手	苹果：产品领先性与独特的操作系统（差异化竞争策略）
职能战略	职能策略	辅助价值链职能部门的相关工作策略与实现方式	为竞争策略和内部价值链战略提供支持	谷歌：为支持业务创新提供开放的工作空间，允许员工花 10% 的时间做工作以外的事情

公司澄清战略层次的价值在于让管理者在讨论问题时保持聚焦，避免"盲人摸象，各自表述"的困扰。

从实际案例来看，许多公司的战略澄清都不完整，没有覆盖上述各层面，大量企业把第二层"战略目标"当成了整个战略。尤其在很多的民营企业中，战略只是老板脑袋里的一个定位和构思，它缺乏系统梳理，这就使得其他管理者在实际工作中对于战略只能意会，难以表达，更难以落实。

借助战略澄清六层模型，我们在谈论战略或召开会议时，主导者就可以事先划定边界聚焦主题。例如主导者澄清："今天我们一起讨论解决产业组合的相关问题，根据战略澄清六层模型分解表，我们围绕选择哪些业务、放弃哪些业务、给业务排序、资源如何配置这四个主题来展开。首先，我们先思考业务的范围……"

只有这样让大家在同一个层面上思考和共创，公司才能有效地进行战略规划。比起没有边界海阔天空地发散思考，借助战略澄清六层模型进行战略思考不仅针对性强，而且效果也更好。

第二节　战略解码

战略解码是企业为实现战略目标将目标分解转化为各类项目工作任务的过程。使用战略地图进行战略解码实际上是一个建立在财务维度、客户维度、内部运营维度、学习成长维度这四个维度基础上的自上而下和自下而上解码的过程。

一、企业战略的任务分解——自上而下

我们在进行任务分解时，需要从财务维度开始，从股东的视角和要求出发，根据战略目标考虑各项业务的实现方式和策略，并且在确定产品与市场策略后，组织内部价值链去满足客户的价值需求。

案例：A公司的战略目标是净利润提升10%，并通过影响利润的两个要素，即收入和成本去分解这个目标，如图2-2所示。

财务维度	如果要使净利润同比增长10%， 那么中国地区收入要上升18%
客户维度	如果要使中国地区收入上升18%， 那么产品销售价格得下降15%
内部运营维度	如果要使产品销售价格下降15%， 那么生产总成本得下降13%，因此， 主材成本须下降10%，辅材成本须下降20%
学习成长维度	如果要使材料的采购成本下降， 那么需要进行供应链整合方法方面的培训，另外， 激励政策要配套，组织流程要修订

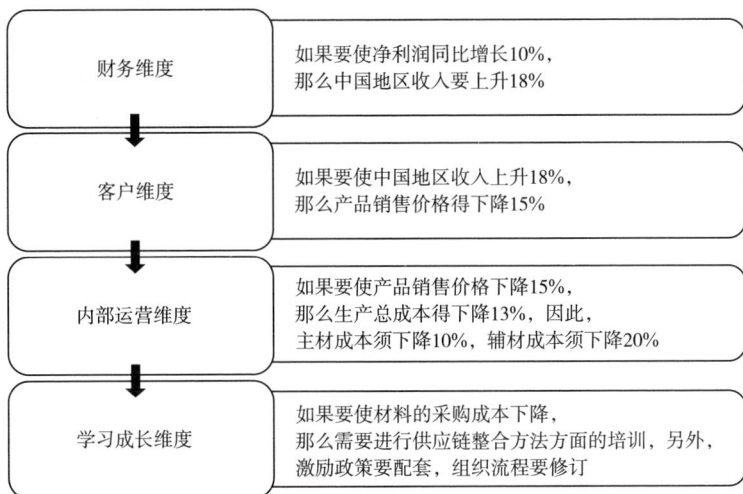

图 2-2　自上而下进行战略任务分解

二、战略任务的实施路径——自下而上

战略任务的分解需要围绕四个维度自上而下来进行，对任务进行完分解后，紧接着便是任务的实施，它的实现方向与任务分解恰恰相反，需要自下而上来进行，如图 2-3 所示。

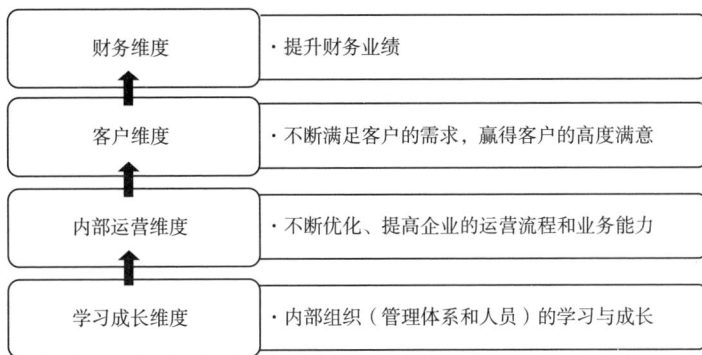

财务维度	·提升财务业绩
客户维度	·不断满足客户的需求，赢得客户的高度满意
内部运营维度	·不断优化、提高企业的运营流程和业务能力
学习成长维度	·内部组织（管理体系和人员）的学习与成长

图 2-3　自下而上的战略任务实施路径

还是以 A 公司为例来说明。A 公司提炼出的各部门重点工作分别是：

（1）中国市场销售收入上升 18%（销售部）；

（2）生产总成本下降 13%（采购部＋生产部）；

（3）配合采购成本下降进行的培训、绩效产品、制度优化（人力资源部）。

在实施战略重点任务方面，战略地图的逻辑是从人的角度开始突破的。首先是对采购人员进行能力培养和激励制度的宣导，同时完成与采购降成本相关的流程优化，通过制度去规范业务行为，在这个基础上加强团队的能力和动力，这对采购成本的降低来说才是"打有准备的战"。这些准备很大程度上决定了降成本目标的实现，进而影响生成总成本和最终利润增长目标的完成。由此可见，战略解码的实施路径是自下而上地运用战略地图针对性地思考和解决问题的过程。

上述战略地图在战略解码中的应用相当于一个"标准版"。面对企业经营的多样性以及企业生命周期的不同阶段，我们在运用战略地图进行战略解码时，也有必要根据实际情况"量体裁衣"。下面我们以创业型企业为例进行说明。

创业型企业以及转型期企业的战略核心是定位一个新市场，开发新的客户群与产品。没有市场，财务目标则为无源之水，因此，此时的战略地图解码更适合从客户维度开始。我们应该先思考企业能为社会为客户带来什么价值，再考虑这些价值的实现方式，以及如何才能将这些价值传递给目标客户群，实现这些价值需要的条件是否具备等问题。

在这种情况下，财务只是顺其自然的一个结果罢了。Facebook 创始人扎克伯格的创业初心仅仅是让大学生更方便地分享照片，在他的利他之心带来群体价值后，公司才顺势扩大了产品的覆盖范围，进而实现了突破发展。

无独有偶，分众传媒的 CEO 江南春在反思其公司从 86 亿美元市值一路跌到仅剩 6 亿美元的经历时感叹说："人生以服务为目的，挣钱顺便！"最初他成立分众是因为电梯广告既为乘客打发时间带来可能，也为商家提供了一个信息渠道，他将两者有效连接便形成了价值。可惜的是，在公司上市之后，他便没有将精力放在提供更多的价值上，而是对标百度去追求更高的市盈率……分众传媒经历浮躁之后，被资本市场打回原形！用江南春自己的话说，他是花 80 亿美金换了一个教训，这个昂贵的教训就是："你要看清商业的本质，任何企业的发展都是以客户利益为中心的。"

"没有人能阻止你真心对他好！"他总结道，"利他才是真正的利己！"这也是战略地图在客户维度的思考逻辑。

在企业生命周期的不同阶段，对于战略地图我们又应该从哪个维度切入呢？

表 2-2 所示的"战略地图切入点说明表"可以帮我们找到答案。

表 2-2 战略地图切入点说明表

企业生命周期的不同阶段	战略地图切入点	关注点
初创期	客户维度	找到新价值，开辟新市场
高速发展期	财务维度	适应高速发展并匹配相关资源
平稳期	财务维度	收获现金流为新业务作铺垫
衰退期	客户维度、学习成长维度	转换赛道，要注意跨越那些对创新有破坏性的鸿沟，从而让组织效能和价值创新相匹配

三、绘制战略地图

在战略澄清与战略解码过程中，我们通常先用战略地图理顺思路，在此基础上进一步验证战略的可行性。那么如何绘制战略地图呢？还是以 A 公司为例，其战略地图可以这样来绘制，如图 2-4 所示。

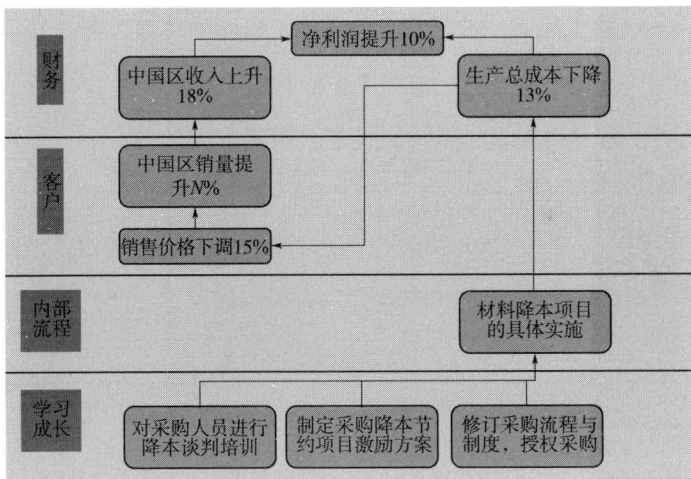

图 2-4 A 公司战略地图

第三节 战略协同

战略协同建立在战略任务分工的基础上，它的实现可以使公司与利益相关者、总部与事业部、部门与部门、员工与员工之间在任务与目标（战略或职责）上达成共识。在战略协同的作用下，企业会根据解码后的任务进行相关的资源匹配，进而形成工作计划表或团队与个人的目标承诺责任书。

战略协同是目标沟通、任务对接、资源分配及履行承诺的共同体，如图 2-5 所示。

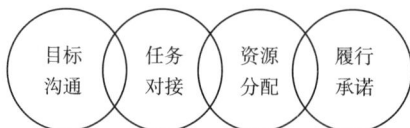

图 2-5　战略协同的构成

一、目标沟通：明确要达到什么水平

（1）公司层：战略目标的沟通首先是经营层与董事会等利益相关者的沟通与协同，通过沟通取得审批与资源使用授权。其次，经营层要与总部职能部门进行沟通，并与事业部或下属公司进行目标沟通。

（2）事业部：在事业部内部完成团队负责人与部门负责人的沟通，以及团队内部的沟通。由部门负责人与供应商和客户进行必要的外部沟通。

（3）操作层：部门负责人与团队负责人、团队负责人与员工分别进行沟通，说明目标的分解情况与实施重点。

各层根据沟通的结果，公司分层次提炼关键衡量指标及目标值，形成平衡计分卡。以 A 公司为例，平衡计分卡设计如表 2-3 所示。

表 2-3　A 公司平衡计分卡

A 公司	目　标	指　标	目标值	责任单位	完成时间
财务维度	股东回报增长	净利润增长率	提升 10%	财务	××××年
	收入提升	中国区营业收入	上升 18%	销售	××××年
顾客维度	市场影响力上升	市场占有率	提升 N%	销售	××××年
内部运营维度	……	……	……	……	……
学习成长维度	……	……	……	……	……

二、任务对接：明确分工和职责

在平衡计分卡的基础上，相关负责人针对分目标制订出实现目标及目标值的任务分工明细表。

以"市场影响力上升"这一分目标为例，A公司可以制订以下战略行动计划表，如表2-4所示。

表2-4　战略行动计划表

目　标	指　标	目标值	任务集	完成时间	责任部门
市场影响力上升	市场占有率	N%	开发B2C渠道	……	市场部
			开拓南片区	……	销售部
			A级代理商目标跟进	……	市场部
			……	……	……

三、资源分配：计算"弹药和粮草"

明确目标、接受任务之后，各单位、各团队都按照分工取得了相关的资源并投身于战略实施。关于资源的分配，我们建议还是依照每年度的经营计划进行全面预算，通过预算进行资源的预测、控制和调整。

在企业经营案例中，资源配置与任务不匹配现象比较普遍。例如有的高管想以50分的资源投入达到100分的业务效果，这种小马拉大车的思想十分常见，战略执行结果往往是理想很丰满，现实很骨感。毕竟投入与产出通常还是以正比关系存在的，舍不得投入还期待高产，本身就有问题。

四、履行承诺：出发前的军令状

当战略通过上述一系列的过程形成图（战略地图）、卡（平衡计分卡）、表（战略行动计划表）之后，通过图卡表的展示和上下沟通，不管是团队还是个人都能明确每项工作宏观上的意义、具体的目标以及细化任务，在此基础上团队或个人去做承诺将更科学合理，也更有利于战略目标的完成。

第四节　战略闭环管理

应用战略地图为战略执行排兵布阵后，我们需要按照战略中心型组织的原则完成企业战略的闭环管理，包括战略执行复盘、战略调整和组织调整。

一、战略复盘：看得失做总结

公司经营团队通常都会定期对公司的经营状况进行总结回顾，有的公司称其为"经营分析会"，它与战略复盘有所不同，差别就在于，会议是否对战略执行过程与结果进行了分析讨论。根据我们的观察，关注经营数据和绩效完成情况的情形远多于站在战略高度对战略有效性进行再次分析总结的情形。这也是经营分析与战略复盘之间的本质差别。

在经营分析的基础上，战略复盘还关注以下问题：

（1）在经营数据背后，企业的哪一项指标与预期相比发生了偏差？是有利偏差还是不利偏差？偏差的原因是内部因素导致还是外部因素导致？如果这个因素继续放大或持续，那对战略目标的实现将产生怎样的影响？

（2）这个结果将对战略地图上与之相关联的其他战略目标带来什么影响？

（3）对整体战略目标的实现将产生怎样的影响？

（4）战略是否需要调整？调整措施是什么？

还是以 A 公司为例，在经营会议上收到报告后，看到材料降本项目的实施进度不理想，预计要比原计划推迟两个月。在这种情况下，我们通常并不会结合战略地图去分析这一结果产生的原因，而只会停留在局部计算这两个月比原计划多付出的成本，并由采购部门进行检讨，之后会议便转向了其他议题。

然而若在战略地图的基础上分析讨论，我们便会发现，两个月的延迟将会影响总成本目标的按时完成，进而影响市场的降价预期和市场开发的进展，最终可能导致"净利润提升 10%"的目标无法实现。据此，我们的应对措施就不会单一地停留在采购部门的纠正或加速上，还会全盘去考虑其他降本的可能性，比如通过人工班次的调整来提升设备利用率等。

如果经过全盘考虑总成本下降的目标还是无法实现，那就得考虑市场层面了：是按原计划继续降价还是维持原价？在渠道方面是否还能进一步拓宽，以此来弥补内部成本的损失？

总之，在战略地图基础上对战略执行进行回顾，将会对执行过程中出现的问题进行多次"如果……那么……"的推演，进而找出各种有利于企业达成战略目标的措施和可行性预测。这与单纯的经营分析会是有很大区别的，这种区别就在于是否站在战略总目标实现的高度去解决问题，经营分析会很容易只注重局部，而基于战略地图基础上的战略复盘则更注重全局。

二、战略调整：调方案，促行动

通过上面的战略复盘，经营决策层须进行方案的调整。

结合战略复盘中出现的问题，相关部门提出多种解决方案，并对可能性进行预测，进而形成决策树。以 A 公司为例，便可以形成下面的决策树，如图 2-6 所示。

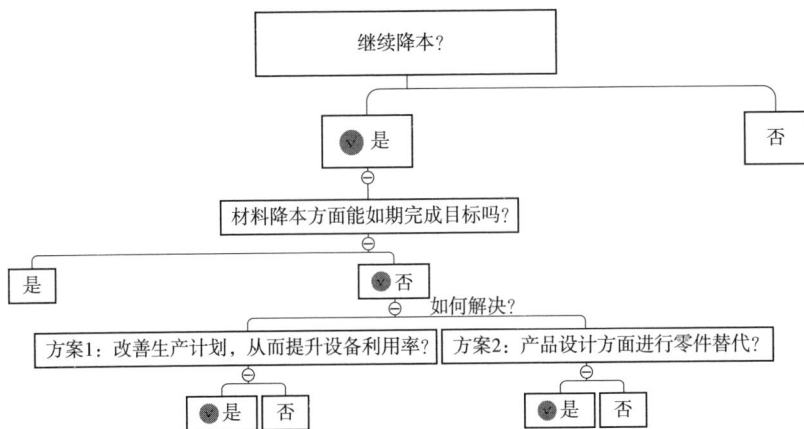

图 2-6　A公司战略调整决策树

决策层结合战略地图，站在战略全局的角度去评估决策树的提案，在进一步分析讨论后，最终确定方案，进而完成了对战略的调整。

三、组织调整：整队形，配人才

经过战略调整，新的任务和目标已被提出，这时除了匹配相应的物料和财务资源之外，更重要的是人力资源的调整。这是因为新的工作内容是原战略计划中没有涉及的，这一部分工作谁来做，如何做才更高效，是此时急需解决的问题。

我们的建议是，当战略执行方式影响到整个运作流程上的不同部门和团队时，需要依照有利于流程的方式对人员或组织进行相应的调整。当然，对组织进行调整并不常见，更多时候我们会根据新任务对人员进行调派，而不涉及部门框架的变动。还有一种经常用到的调整方式，就是临时成立一个项目组，让具备相应能力的人员参与其中，等项目完成之后再回到原组织。

在人员和组织调整的基础上还应该配有相应的激励制度，这样大家才更有动力去完成任务目标。

本章小结

战略地图是一种有效的管理工具，它可以帮助企业经营者完成战略澄清、战略解码与任务分解、战略组织与人员协同，以及战略闭环管理，进而从根本上解决企业在管理方面出现的问题，使企业得到良性发展。

从第三章开始，我们将从"道"（即规律）的视角去进一步理解学习战略地图的内在逻辑及其在企业管理中的应用。

第三章
战略地图之道——规律

关于道，《道德经》指出："道生一，一生二，二生三，三生万物。"我们可以将"道"理解为一种普遍规律。实际工作或生活中，我们要遵循事物发展的规律去做事，这样才不容易出问题。

战略地图也有"道"，也就是说，战略地图也有它的规律。在企业管理中，若能围绕战略地图的本质规律去经营企业，那么企业便更容易步入良性发展轨道。

第一节 战略地图四个维度解读

平衡计分卡初始的四个维度的划分，意在纠正单纯以财务指标进行绩效评价的片面性，补充过程指标（财务维度之外的另外三个维度）作为组织绩效的先行指标。通过过程指标与结果指标的同步关注，让企业管理更加科学，这样结果指标也更容易实现。

在战略地图出现之后，整个平衡计分卡体系就跃升到了战略管理的高度，成为管理层对经营四个维度的综合思考。

一、财务维度：投资者想要什么

我们对于战略地图中的财务维度通常有三个层次的解读：

（1）财务管理指标；

（2）股东的立场与诉求；

（3）企业使命及社会价值。

对于"财务管理指标"的解读，财务维度和上百年来西方商业社会的管理学相同：财务指标是核心指标，也是判断企业经营能力高低的落脚点。财务指标评价从简单的利润绝对值的管理，到销售利润率的管理，再到净资产回报率（ROE）的杜邦分析等，每一种评价方式都对企业管理有重要的参考意义。财务指标从前很重要，当下与未来一样不可或缺。

Kaplan 也肯定财务指标的重要性，他认为财务指标是衡量一个企业经营好坏的通用"语言"。虽然各国的会计准则各有差异，但作为公司的强弱与大小判断因素，财务指标仍是最主要的依据。以世界 500 强企业的评价标准为例，首要评价指标就是财务指标中的营业收入，其次是净利润。财务指标是企业绩效最基本的要求，如果财务数据不好，那么一切都将是浮云。

对于"股东的立场与诉求"这一层面，财务维度将从指标的点状思维延伸到线性思维，即关注指标长短期数据之间的综合平衡，点状的财务指标更侧重于反映经营层的短期利益诉求，线性的财务思考则对股东更具参考价值。从股东的角度看财务结果，他们更看重财务盈利能力的可持续性。也就是说，企业某一个阶段的财务报表再完美也只能反映过去的成功，当股东发现它将侵蚀长期企业盈利能力时，他将毫不犹豫地选择盈利的可持续性，从而实现企业长期价值的最大化。

如果从追求中长期价值出发，那么企业在管理上将与只关注短期财务指标的管理方式有所不同，此时对长期收益有战略意义的投资将被纳入选项，这就意味着经营者需要站在战略高度进行思考，并提前为此布局。

当财务维度上升到第三个层面"企业使命及社会价值"时，我们要关注的是企业利益之上的社会贡献。股东在创办这个企业时，必然要向社会贡献其价值，否则企业将无法长期存在。股东提供的产品或服务给社会带来价值，这使得他们和使用者之间产生了价值的互动。这时的企业价值已经远远超过了股东利益本身，成为一种包含股东在内的利益相关者的共同社会价值。有的企业为了社会价值，在一定情况下甚至会牺牲内部利益去满足公共需要。例如医药公司的一些药物被纳入医保之后，对公司的财务指标（第一层面）和企业价值（第二层面）产生了一定影响，但社会价值（第三层面）却得到了充分满足，公司自身的使命感也因此得到了加强。平衡计分卡在财务维度上包含多维度的价值规划。

任正非在谈及美国打压其 5G 市场时举例：华为曾在成长过程中向供应商甚至

竞争对手提供技术，帮助他们共同成长；同时，他也反对华为利用成本优势去过度削弱对手。为什么？他认为，通信产业需要大家都有钱挣才能共同地、持久地为人类通信事业做贡献，华为如果一味追求把竞争对手打垮，那将和这个目标背道而驰，所以他坚持和供应商、友商共同成长，共同维持一个健康的产业生态。

华为将社会整体价值最优作为经营哲学，这正是不追求个体公司股东利益最大化的典型案例。任正非面对美国的咄咄逼人，甚至超然表示，在通信事业的"山顶"上，美国人拿着刺刀把我们推下来，但当我们再次爬上去后是要准备和美国拥抱，因为大家要一起为人类的通信事业做贡献！这就是财务维度中社会价值所体现的"胸怀"，也是中国儒家提倡的"修身、齐家、治国、平天下"的人生境界。

二、客户维度：客户的价值主张是什么

客户维度也包括三个层次，分别是：

（1）客户指标；

（2）价值主张；

（3）竞争策略。

客户维度的第一层"客户指标"主要包括客户满意度、客户增长率、客户保留率、客户获利率等，它们可以用于开发平衡计分卡，在企业经营过程中与实际交易相关的部分都可以通过客户指标的提炼跟进来进行管理监控。

第二层"价值主张"属于市场指标，它来源于传统营销学。传统营销学认为营销核心关注以下四个要素：产品（product）、价格（price）、渠道（place）、推广（promotion）。而这四个要素本质上就是市场的价值主张，如价格、质量、可用性、选择、功能、服务、关系、品牌、交付速度、可靠性等。

当然，一件产品无法包含所有的卖点，每个公司都会对自身产品所具有的优势进行推广，力求在客户心中占有一席之地，让客户对产品产生心理认同。可如何组合这些卖点才更能吸引客户，这就触发了第三层面的思考，即竞争策略。这些卖点的组合应该与企业的内部能力与资源优势相关联，它们是企业内在能力在产品特征上的外部呈现。

第三层面"竞争策略"包括产品领先、成本领先、客户密切、整体解决方案、

系统锁定等，企业对策略的定位都将表现于价值主张。

产品领先：当年苹果推出 iPod 音乐播放器，开数字音乐之先河，其产品创新成为产品领先案例的经典。同样是苹果，当乔布斯从牛皮纸文件袋中抽出类似于记事本一样轻薄的电脑时，他依靠精美的领先产品让世人再次惊叹。

成本领先：以大规模制造去降低单位成本的做法为多数企业所使用，主要是因为这个策略的应用门槛较低。例如富士康，虽然单个产品的利润不高，但其数量规模足够大，所以也能支撑起鸿海的商业帝国。

客户密切：海底捞的火锅并不是最可口的，但其对客户的服务独树一帜，使其从中国餐饮行业脱颖而出。

整体解决方案：华为在为客户提供产品服务时，往往不局限于产品本身，还会提供配套软件运维等相关服务。类似的案例还有立邦漆，作为油漆供应商，它不仅提供油漆产品本身，还推出了刷漆服务，一切与刷漆相关的杂活都可由立邦公司代劳。对于终端用户而言，他们不需要联系工人、预约搬家公司、购买材料，只需打开房门，"立邦"便会为其解决"所有问题"。这就是整体解决方案。

系统锁定：系统锁定最成功的例子是微软，它研发的 Office 产品在中国的市场推广策略是纵容盗版软件。当用户已经建立使用习惯之后，微软则开始针对大公司进行"盗版调查"，收割利润。此时用户的使用习惯已经被锁定在 Office 产品上，很难切换到其他产品。后起之秀的苹果电脑虽然精美，软件也很流畅，但人的使用习惯是很难改变的，至今 PC 产业还是依赖微软主导的 Windows 操作系统和 Office 办公软件。

三、内部运营维度：如何高效满足客户需求

内部运营作为战略的实现过程，主要解决内部价值链中的研、购、产、销等职能对战略需求的满足与承接问题。内部运营能力需要我们站在战略视角去预测、判断、规划以及进一步实施，它的培养是一个长期的过程。那么如何提升内部运营能力呢？首先要把握产业的关键能力。

例如，手机行业的战略控制点是芯片，与芯片相关的采购能力或研发制造能力就是这个产业的关键能力。中兴被美国胁迫"断芯"的事件很好地证明：位于价值

链关键控制点上的能力建设至关重要。

中兴发现关键能力短板后，加大了在芯片技术上的投入，并取得了一定的进展。与之对照的是华为，美国企图在战略控制点上用芯片"点穴"控制华为，进而抑制中国科技企业的进步。然而华为在关键控制点上拥有较强的控制能力，不仅让海思芯片作为"备胎"一夜转正，顺势也让独立的操作系统"鸿蒙"浮出了水面。不仅如此，华为在存储卡、超级蓝牙技术等相关领域都具备较强的研发实力。

在明确价值链的关键能力后，我们需要判断企业是否具备这些能力，并采取相应的能力强化措施。例如，当一个产业的关键能力是渠道扩展能力，而企业也控制着整个市场一半以上的通路，则说明此公司的战略诉求与其能力匹配度高；反之，如果公司的关键能力在内部生产制造方面，那么它势必得付出溢价成本去拓宽渠道，这意味着它的运营成本将显著上升。

我们以手机芯片为例，不论是高通还是华为，它们都只是手机芯片的设计商，芯片制造端的台积电显得无可替代，因为没有它的代工，再好的设计也无法实现交付。所以高通和华为比拼的是芯片的研发。

假设情况发生变化，其中一家企业一旦获得战略控制点的能力，那么价值链的优势将明显向其倾斜。仍以手机芯片为例，一旦高通或华为获得高端芯片的制造能力（假设并购台积电），则将形成产业链上巨大的几乎无法逾越的综合优势，其他芯片设计公司需要耗费更大的成本来购买台积电的产能，或者放弃市场。

假设公司已经具备产业竞争的核心能力，而这些能力与战略实现又是相匹配的，那么接下来的重点就是在日常运营中用好这些能力，让核心能力高效被利用，以获取内部价值链的成本优势。这就需要企业在流程、运营管理方面进行优化设计，为此内部运营维度需要关注四大要素，分别是：流程内控、年度计划、战略执行和运营控制，如图 3-1 所示。

1. 流程内控

价值链上的战略控制点与企业所具有的资源和能力在匹配度上有所不同，由此带来了运营成本上的差异。因此，在两者匹配性保持稳定的情况下，

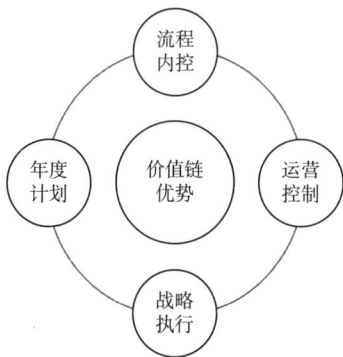

图 3-1　价值链优势的四大要素

内部运营要进行的工作就是进行流程管理，让企业的资源和能力与客户市场的价值主张对接起来，形成端到端的流程体系，从而实现内部运营成本最优化。这里的成本不仅包括生产产品或提供服务的成本，还包含整个流程中各部门各环节因配合效率高低而产生的成本。

经过产业界多年的实践，流程管理的思想已经被普遍接受。流程管理就是要把流程分析、流程优化、流程变革、流程 E 化等多种手段内化到企业的日常管理中。

在实际管理中，通过优化流程获益的企业不少，在这里，我们不得不提 IBM，通过流程变革，IBM 最终获得了重生 [6]。

20 世纪 90 年代初，IBM 公司内部形成了庞大的官僚体系，公司对市场的反应越来越慢，业务严重下滑。1993 年郭士纳临危受命，他认真研究并分析了 IBM 失败的原因后，以强硬的手段废除了臃肿、庞大的官僚体制，建立了以绩效和流程标准为主导的决策机制。郭士纳大胆采用 IPD（集成产品开发）研发管理模式，从流程重整和产品重整两个方面来缩短产品上市时间，并提高产品利润，带领 IBM 公司完成了由技术驱动向市场驱动的商业模式的转型。最终在付出 80 多亿美元行政费用以及裁减了 15 万名员工的沉痛代价之后，IBM 终于起死回生，1997 年，其股票市值增长了 4 倍，销售额达 750 亿美元。

2. 年度计划

基于核心能力进行流程设计之后，企业需要通过年度经营计划明确年度重点工作目标和任务，通过全面预算匹配相应的资源。在完成资源匹配之后，企业则进入运营管理和项目管理。

3. 战略执行

完成年度计划和资源配置之后，企业正式进入执行阶段。战略执行主要通过运营管理和项目管理两种方式实现价值创造。

对于运营管理来说，行业性质不同，运营管理呈现的流程运行方式也有所不同。制造业主要通过研发、采购、生产计划、制造、质量控制、物流、售后服务等流程展开运作；而服务业则以服务接单、开展服务、服务升级等为主要流程。运营管理周而复始，是企业价值创造的核心过程。

与运营管理对应的是项目管理。项目管理主要为运营目标的实现而服务，例如建设厂房、技术改进升级、导入 IPD 技术咨询等，都属于项目管理的范畴。

运营管理与项目管理交叉进行，共同帮助企业实现战略目标。这个过程需要不断提高效率，让收入与投入比不断提升，从而实现单位成本产出最大化。

4. 运营控制

要想知道整个运营过程是否与战略目标、客户目标相匹配，管理团队就需要对运营管理进行监控和分析。企业通过定期召开运营评审会等方式，找出价值链中的改进点，实现流程内控、年度计划、战略执行和高效运营的闭环管理，从而创造价值链的整体优势。

四、学习成长维度：持续学习力才是最有效的动力

IBM 的故事不仅没有结束，还有了续集。

任正非参观 IBM 后大受鼓舞和启发，下定决心要向 IBM 拜师学艺。当时他深深地感受到：这是华为成为世界一流企业的必由之路，也唯有如此，华为才能逐步走向规范化、职业化和国际化。

1998 年，华为下决心花重金聘请 IBM 的大批顾问入驻华为，咨询服务包括华为向世界级企业转型所需开展的 IPD（集成产品开发）、ISC（集成供应链）、IT 系统重整、财务四统一等 8 个管理变革项目。

这些项目经过导入期的排斥、阵痛，到实施期的僵化、消化、优化、固化等一系列"折磨"之后，华为成功进行了流程管理的变革，用华为人自己的话说就是："世界上最难的改革是革自己的命，而别人革自己的命，比自己革自己的命还要困难。"

当 IBM 顾问重新演示 1998 年 9 月在第一堂课上展示的 PPT 文档时，在座的绝大多数研发人员惊奇地发现，当时顾问们对华为管理弊端的十大诊断，现在至少有九个问题已经得到解决并达成共识。

IPD 终于融入华为人的灵魂和血液之中，并彻底改变了华为人的做事方法。

另一方面就是 ISC（集成供应链）变革，经过 IBM 顾问为期五年的指导，华为核心竞争力得到了明显提升。

1998 年，华为的订单及时交货率为 30%，而世界级企业平均为 90%；库存周转

率为 3.6 次 / 年，而世界级企业平均为 9.4 次 / 年；华为的订单履行周期为 20~25 天，而世界级企业平均为 10 天左右……但到了 2003 年 12 月，华为订单及时交货率已达到 65%，库存周转率则上升到 5.7 次 / 年，订单的履行周期也缩短到了 17 天。

在 IBM 顾问的指导和帮助下，历时 10 年虚心学习和潜心苦练，华为终于修成正果。

一位华为高管在回忆过去的改革经历时失声痛哭："尽管对 IBM 来说，这只是一个商业咨询项目，但对华为而言，却意味着脱胎换骨。"

之后不久，华为便超越了思科、爱立信等对手，成为通信设备行业的龙头。

由此可见，一个企业通过持续学习成长能够发挥多么强大的作用。那么企业在学习成长方面应该注意什么呢？

战略地图在学习成长维度包括三个方面：能力、动力和合力。

（1）能力：包括人才的能力标准、能力培养和能力共享。组织的能力是由个人能力组合而成的，因此，人才选择与培养是组织能力构成的基础。人才能力培养的方式有很多，比如培训学习、轮岗锻炼、教练辅导等都可以。

（2）动力：在能力具备的基础上员工是否有动力完成目标或任务，这就要看动力是否有效了。常见的动力来源包括绩效牵引、薪酬刺激、工作成就感、职业发展晋升机会、建立在个人愿景基础上的内驱力等。

（3）合力：主要侧重于外在环境对人员学习的影响，比如组织分工的设计、人岗匹配度、企业文化的塑造、信息系统的配合等。

第二节　理论：战略地图深层逻辑

作为一名企业经营者，借助战略地图在短期内实现业绩突破固然值得鼓励，然而从战略地图的深层逻辑出发帮企业实现长期可持续发展，这才是战略地图的深层意义和价值。

战略地图的财务维度要求企业实现长期价值最大化的目标，它源于股东长期利益最大化的思考。对于这一目标的实现，在实际经营中可以从三个方面着手，这三方面分别为收入的增长、成本的降低、资产利用率的提升。而这三方面恰恰对应了顾客、内部运营和学习成长这三个维度。

一、开源 + 节流 + 增效 = 可持续的利润（企业增值）

首先看开源，这里的开源是指市场要开源，这是因为收入的增加根本上来源于客户和市场的拓展，那么企业如何不断开源来实现收入的持续增加呢？这一问题我们将在第四章进行讨论。

其次来看节流，这里的节流是指内部要节流，将成本降下来，而单位产品成本的控制取决于内部运营的优化管理。无论是运营流程线条的整体设计、优化或变革（如华为的 IPD 和 ISC），还是具体流程节点的专业项目（如 ABB 公司的供应链 JIT 项目、生产计划管理项目），它们都是在进行内部节流。这些努力最终都会使流程得到优化，成本得到降低。当然，降本方面还有其他维度的努力和贡献，比如职能管理费用和财务费用，关于这部分内容将在第五章进行讨论。

最后，在职能管理层面，作为通常意义上的后勤部门，一般都是费用中心。这些部门在初创期基本上是被忽略的，因为初创企业以生存为主，核心就是订单和交付。当企业成长到一定规模，需要通过管理机制和人才梯队促进可持续发展时，职能管理的意义才会真正凸显出来。

实际上，职能的作用关键体现在投入产出比上。以人力资源的工作为例，通过有效的人才梯队的建设支撑业务成倍地增长，当业务增长和人员投入相比，产出大于投入时，则投入产出比小于 1，这个数值越小越好。在第六章，我们会对人力资源与组织如何增效进行具体讨论。

综上所述，战略地图的深层逻辑就是：企业要想维持长期价值最大化，经营者要做的就是在市场面不断扩大收入源；在流程面不断提高效率降低成本；在管理上不断提升资产利用率。用一个公式来概述就是：可持续的利润 = 开源 + 节流 + 增效，如图 3-2 所示。

二、公司价值源于三者合力：战略 + 价值链优势 + 组织效能

对于战略地图，我们在"道"的层面主要侧重于企业增值逻辑和方向的把握，但要落到实操层面，在很大程度上还需要和"术"结合起来实践。为了便于两者对

接，我们可以借助下面这个公式来展开，如图 3-3 所示。

战略地图之道			
财务维度	企业长期价值最大化		
	增加收入	降低成本	提升资产利用效率
客户维度	市场开源		
内部流程维度		内部节流	
学习成长维度			无形资产增效

图 3-2　战略地图的深层逻辑

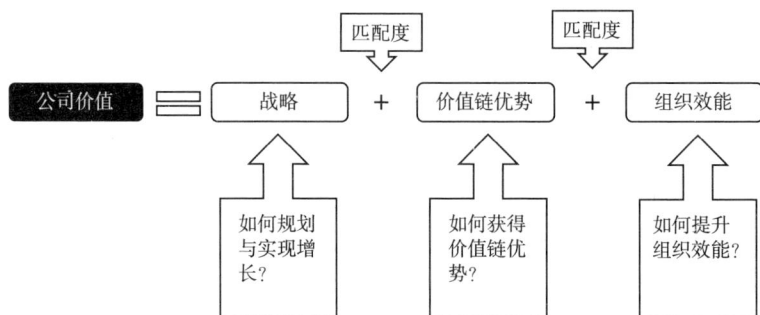

图 3-3　战略地图之道公式

想要提升公司价值，首先从战略上规划收入可持续增长的途径，我们可以通过战略六层次的设计去提升获客率，增加营业收入。而当某个行业或某个产品的生命周期接近尾声时，经营者必须开启新的事业，重新勾勒公司组合业务的增长曲线，而两条曲线之间惊险的一跃就是创新。

当业务获得新的机会与需求时，或当新业务的用户突破成长阈值后，内部价值链的关键节点就需要尽可能与企业资源能力相匹配。通过两者之间的同频，企业才能降低交付的综合成本，逐步获得价值链的优势，进而处于市场竞争领先态势。

为了实现上述价值链优势，企业需要动态地对内部辅助价值链进行塑造和改良。内部的组织、制度、文化、流程、人员的能力和动力都需要进行相应匹配或调整。通过组织效能的设计与建设支持，到主价值链优势的建立或扩大，间接支持商业目标的实现，推动企业价值倍增。

当然，战略、价值链优势和组织效能两两之间的匹配度同样影响企业价值。

以苹果公司为例，如果它的竞争战略要求是高价值的差异化产品，可其价值链优势却在低成本的大规模制造上，那么苹果的业务战略将无法实现，公司价值也无法实现。实际上，苹果公司在这方面做得很好，聚焦产品设计的优势，通过产品创新塑造新的市场。可即便如此，如果它的组织和管理无法支持这个策略，例如设计人员离职或创新激励制度不完善，那么它仍无法长期保持价值链的领先优势。当然，现实中，苹果公司恰恰是战略、价值链优势和组织效能高效匹配的典范，这也是苹果公司持续保持高价值的关键。

综上所述，公司价值的实现依赖于战略、价值链优势和组织效能的匹配，三者须形成合力。

第三节 应用：战略地图金字塔模型

人才、组织及文化是企业价值塑造的基础，基础若不牢固，企业便会"地动山摇"，由此可见企业管理机制和人才的重要性。在此基础上，企业还需要考虑价值链的设计、战略规划的匹配。这三者的共同目标是实现企业价值的最大化。

战略地图金字塔模型揭示了战略地图之道的核心：实现企业价值的增长。

金字塔模型自上而下包含了企业价值的三个方面：战略、价值链优势和组织效能。如图 3-4 所示。

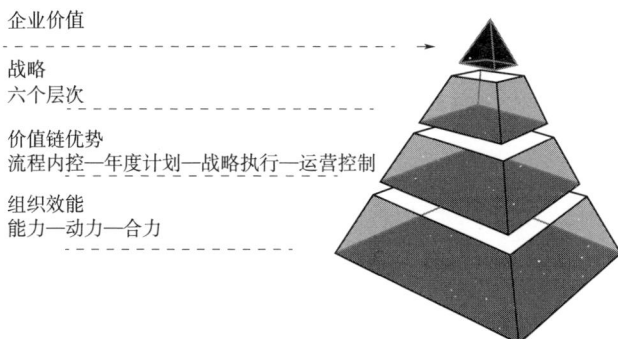

图 3-4 战略地图金字塔模型

一、金字塔纵向剖面：高管管理三支箭

从模型的纵向剖面（如图 3-5 所示）来看，结合上一节的战略地图之道公式，我们应该以公司价值的实现为目标去思考制定公司战略，然后根据战略塑造管理价值链。在战略与价值链一致的基础上，企业要想获得竞争优势，还需要匹配相应的资源和能力，即不断进行管理变革，持续培养和激励人才，调整流程和架构，同时，还须努力塑造与战略相适应的企业文化。只有战略、价值链优势、组织效能三者相匹配，企业才能迸发出强劲动力。

图 3-5　金字塔模型纵向剖面

然而在现实经营中，往往并不是先有战略然后再去塑造价值链、组织效能的。现实情况通常比较复杂，有时候经营者在获得一种资源或一项技术后才会进一步想到市场，有时候他们开辟一项新的事业仅源于个人的超强能力或愿景，因此，公式中的三个方面要从哪一方面切入并不固定，需根据实际情况来定。

当然，不论我们从哪一方面切入思考，企业价值的实现规律是不变的，即通过战略的开发、价值链优势的构建和组织效能的提升为企业的增值提供路径。

二、金字塔横向剖面：企业价值创造的八个要素

如果停留在纵向剖面，那么战略地图金字塔模型只是停留在思想层面，无法进入实操领域。要想通过实际操作真正实现价值增长，我们还需要从横向剖面去思考金字塔模型，也就是要深入到三个层面的内部去研究。从横向剖面来看，企业组织效能是基础，构成组织效能的是能力、动力、合力三个要素；形成价值链优势的流程内控设计、年度经营计划、战略执行、运营分析控制，这四者是价值塑造的中间枢纽；而战略六层则是方向与核心。这八个要素便是企业价值创造的核心要素，如图 3-6 所示。在实际经营中，企业要围绕这八大要素去管理，这样才更有利于企业目标和价值的实现。

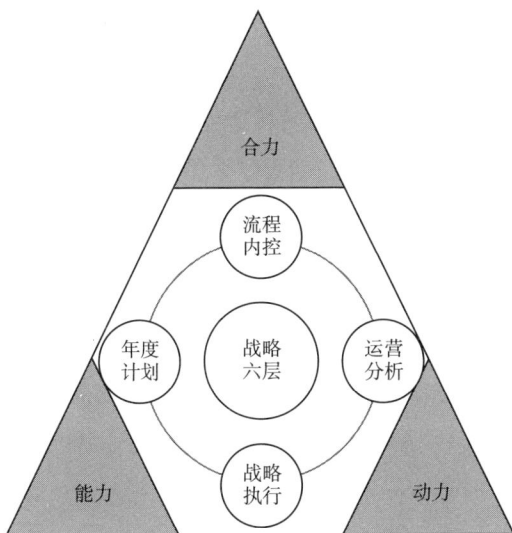

图 3-6　企业价值创造的八个要素

本章小结

本章深入分析总结了战略地图的四个维度：

（1）财务：指标、股东诉求、企业社会价值；

（2）客户：指标、价值主张、竞争策略；

（3）内部运营：流程与关键控制点、年度计划与资源配置、战略执行和运营分析控制；

（4）学习成长：组织能力、组织动力和组织合力。

结合上述四个层面的思考，我们进一步总结了战略地图的深层意义在于通过开源、节流、增效实现企业价值的增长。

我们认为，战略地图可以帮助企业实现增值，增值程度关键取决于战略、价值链优势和组织效能的匹配程度，增值公式为企业价值 = 战略 + 价值链优势 + 组织效能。

为了易于实操，我们提出了金字塔模型。具体应用我们将在第四章至第六章进行说明，这些内容将从实操层面帮助经营者采取行动，实现企业价值提升。

第四章

高管管理第一箭：定战略，找准"正确的事"

争一时之长短，用战术就可以达到；争"一世之雌雄"，则需要从全局出发去规划，这就是战略。企业经营要谋长远之利，塑造可持续之价值，须从战略着眼。

无论企业身处哪一个发展阶段，收入增长都是一个最突出的主题。

前面提到收入增长即"开源"，如何开源，并且持续不断地开源？要想解决这个问题，我们需要从战略规划入手。具体来讲，开源需要通过战略规划的七个环节来实现，这七个环节分别是战略复盘、战略意图、战略分析、公司战略、模式设计、业务战略和职能战略。这七个环节按照先后顺序排列形成了战略规划路径，如图 4-1 所示。

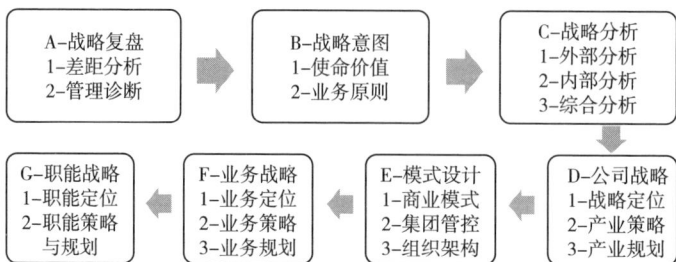

图 4-1　战略规划路径图

第一节　战略复盘

战略复盘在运用财务分析工具分析数据的基础上对业绩差距、战略机会差距和管理差距等方面进行了深层次解读，找出了这些差距出现的根本原因，并梳理出了解决问题的主要思路和方法。我们可以结合战略地图和杜邦分析法来对战略进行复盘，如表 4-1 所示，它可以作为企业自我诊断的参考模板。

表 4-1 战略复盘之企业自我诊断参考模板

战略地图	财务维度	顾客维度	内部运营维度	学习成长维度
杜邦分析法	财务杠杆分析	营业收入分析	成本分析	资产周转率分析
战略复盘结构	业绩差距分析（经营问题）	机会差距分析（战略问题）	业绩差距分析（经营问题）	管理诊断（管理问题）

一、差距分析：识别业绩与机会差距，并分析原因

企业的发展从认识自身差距开始。

企业的差距分析，一方面从运营结果的数据着手，另一方面则重点要看对战略机遇的把握程度。前者是业绩差距，后者为机会差距，它们是两种不同的差距类型。对差距的具体分析我们可以参照表 4-2 进行。

表 4-2 战略复盘之差距分析

维度	细分 / 说明	输入	动作 / 工具	输出
战略复盘之差距分析	评估经营结果与目标之间的差距；评估战略成果与规划之间的差距	运营性财务分析报告；战略性财务分析报告	比较；访谈；问卷；逻辑图	业绩差距；机会差距；改进方向

（1）业绩差距：经营成果和目标相比较

业绩差距主要体现在短期运营结果上，如周生产计划的完成率、月产量和月收入的实现程度等。

业绩差距分析是基于分析报告和差异识别，在业绩差距中找原因、寻对策，为后续的经营策略提供信息帮助的有效工具。那么如何进行业绩差距分析呢？我们可以结合表 4-3 来进行。

表 4-3 差距分析之业绩差距分析

子域	活动	说明	输入	动作	工具	输出
业绩差距分析	分析业务差距	实际和既定目标之间的差距	经营成果；战略规划；经营性分析报告	原因分析；对策分析	5WHY 分析法；标杆分析法	业务差距；根本原因；潜在对策

5WHY 分析法针对差距原因进行不断追问，力求识别问题出现的根本原因。5WHY 的基本逻辑是"因为 B，所以 A；因为 C，所以 B；因为 D，所以 C……"，

直到发现根本因素。注意：这个工具在确定因果逻辑的时候，须保证每一步都有充足的逻辑关系，若有一步不准确，则结果也会不理想。

（2）机会差距：战略任务与规划相比较

机会差距侧重于战略目标的实现情况及问题分析，另外还包括市场变化情况下公司对新机遇的获取与利用程度。

机会差距的识别与分析对于后续战略分析与规划具有重要参考价值，它可以帮助经营者把握战略机会，加强战略动态适应能力。那么如何分析解读机会差距呢？5WHY 分析法和标杆分析法是常用的工具。5WHY 分析法前面已介绍过，下面我们重点来看下标杆分析法。

标杆分析法的核心在于三点，第一点是对标的对象是否有价值或有意义，通常情况下，竞争者之间会选择头部企业作为参照，或直接与竞争对手进行对照；第二点是比较的指标即竞争的关键要素要有价值，否则即使分析了也无法对现实形成有力的支撑；第三点是数据本身的口径要一致，同样的内容，因为数据来源不一，信息可能失真或统计口径不同，这将直接影响对标的有效性。因此，在上述三点都满足的前提下进行对标分析，我们才能更准确地找出问题及应对策略。那么如何进行机会差距分析呢？我们可以参照表 4-4 来进行。

表 4-4　差距分析之机会差距分析

子域	活动	说明	输入	动作	工具	输出
机会差距分析	分析机会差距	实际和市场机会之间的差距	经营成果；战略规划；经营计划；战略复盘分析报告	原因分析；对策分析	5WHY 分析法；标杆分析法	机会差距；根本原因；潜在对策

二、管理诊断：识别差距背后的管理问题

企业在识别业绩差距和机会差距之后，需要进一步找出背后的管理问题，这时便要进行管理诊断。管理诊断的相关操作如表 4-5 所示。

作为外部顾问或内部专家，可以通过组织诊断的方式识别关键问题，并且找出潜在解决方案。

基于企业基本信息，结合高管、中层和骨干人员的访谈内容，外部顾问或内部

专家可以应用组织诊断工具、思维导图对企业问题进行梳理和逻辑判断；同时，还可以通过问题之间的因果联系和假设找出潜在的解决方案。

表 4-5 战略复盘之管理诊断

维度	细分 / 说明	输入	动作 / 工具	输出
战略复盘之管理诊断	评估影响业绩差距与机会差距的管理问题与改进方向	业绩差距；机会差距；管理现状	组织诊断工具；比较；访谈；问卷；逻辑图	管理变革方向；管理优化项目

顾问根据重点诊断问题针对性地设计问卷，利用更大范围人群的回答验证之前对问题的理解。借助问卷数据，顾问可以进一步验证原始假设或方案的有效性，为进一步问题的分析与解决勾勒出变革的基调。

1. 诊断输入与输出

要进行管理诊断，需要输入企业基本信息，这些信息主要包括：

（1）公司整体的收入规模、行业地位、盈利能力；

（2）企业所处的发展期及面临的主要挑战；

（3）股东与高管的主要关注点；

（4）未来主要业务发展思考；

（5）通过战略分析想要达到什么目标；

（6）公司的主要短板与制约因素是什么。

在上述基本诊断的过程中，不同层级的管理者往往关注的内容是不同的。这是国内企业普遍存在的问题，高层认为是 A 的问题，而中层可能把精力放在 B 方面。随着企业规模的不断扩大，业务重心的聚焦会显得越来越难。

企业规模越大，部门墙问题越严重，这是人与人沟通中信息逐渐流失或衰减造成的。例如，一个人心里想的是 100% 的信息，他真正用语言表达出来的内容可能只有 80%，而接收者听到并理解的可能剩下 60%，理解了并认可的也许只有 40%，认可并执行的也许连 30% 都不到。

正因为沟通呈现效率递减的趋势，现代管理才不断引入流程和制度，以此确保指令的统一性和传达的有效性，即通过信息化和作业标准化减少信息不对称带来的管理误差。

然而，动作类的操作是可以通过标准化作业程序去规范和学习的，但思想意识、战略思考类的抽象经验往往是难以准确表达并完全理解的。即便是高层领导，他们在制定战略时，都未必能形成一致理解，所以传播到中层对战略出现多种解读就再正常不过了。

战略地图作为一种战略解码工具，对于各层级之间的战略沟通能起到良好的作用。然而实际经营中，多数企业并没有很好地利用战略地图或其他工具进行有效的战略沟通，我们最普遍的感受便是国内很多企业都缺乏战略共识。

尽管每个企业的业务领域不同，其规模和发展阶段亦不相同，但努力形成战略共识却是所有行业都应该深度挖掘的"金矿"。形成战略共识往往是解决其他问题的前提，在战略同频的基础上，通过基本诊断，我们可以梳理出以下内容，并作为解决这些问题的基础。

（1）这些问题与战略的联系是什么？

（2）问题之间可能存在哪些关系？

（3）可能有哪些潜在的解决方案？

（4）还有没有其他可能性和替代方案？

2. 诊断过程与工具

在对企业基本信息进行收集后，我们一般需要对内容按 MECE 原则进行分类，它的基本原则便是不重复、不遗漏。

MECE 全称为 Mutually Exclusive Collectively Exhaustive，中文意思是相互独立，完全穷尽。它是麦肯锡思维过程的一条基本准则。

"相互独立"意味着问题的细分是在同一维度上并有明确区分的，它强调每项工作之间要相互独立，且不可交叉重叠。

"完全穷尽"则意味着全面、周密，即分解工作的过程中不要漏掉某项，要保证完整性。

在应用 MECE 原则进行分类时，最关键的就是要在同一个维度去思考问题并分类，例如，从性别维度来分可将人分为男人和女人；从地域维度来分可分为亚洲人、非洲人等，依此类推，在同一个维度上去穷尽。反之，如果不严格在同一维度去思考，则会违背 MECE 原则，出现信息混乱的情况。例如若把人分为男人和亚洲人，那么两者便会有重叠，这样的分类便会出现偏差。

在对问题进行分类之后，我们需要把不同类别的问题进行联接，形成问题关联图。

关联图适用于多因素交织在一起的复杂问题的分析和整理。它将众多的影响因素以一种较简单的图形来表示，这样易于抓住主要矛盾、找到核心问题。关联图用简要的语言概括已经分类的问题，然后根据两两的关系建立关联，并拆解无效连接，进而形成整体逻辑。

经过层层分解，我们可以从中找到核心问题，它是解决问题的关键。我们可把这个核心问题作为解决问题的假设，针对它拟定备选解决方案。

经过前四步工作，我们找到了核心问题，并拟定了潜在解决方案，但这仍然不够。我们希望得到一个"因为……所以……"及"应采用这个建议方案……理由包括……"的逻辑组合，这个组合必须是逻辑自洽的"故事"。因此，不论是内部还是外部的咨询师，都有必要在进行正式的数据收集与分析前形成一个简易的"故事脚本"。这个"脚本"包含之前的分析图表与逻辑关系，而新信息和线索的加入则很可能会证明或推翻之前的结论，或对其进行修补、重构，进而使问题及潜在的解决方案越来越准确、明朗。

这样我们便得到了问题分析与诊断的基本过程，如图4-2所示。

症状分类 ▷ 关联图 ▷ 核心问题 ▷ 解决思路 ▷ 形成"故事脚本"

图4-2 问题分析与诊断的基本过程

3. 战略管理诊断：战略PCDA是否完整

企业战略管理成熟度的诊断包含在上述管理诊断中，这个分析当然也可以单独进行，具体诊断操作如表4-6所示。

表4-6 企业战略管理诊断

子域	活动	说明	输入	动作	工具	输出
差距分析	实施战略管理诊断	识别战略管理能力	企业资料；战略管理现状	访谈；问卷	战略管理成熟度诊断表或框架	战略评审与诊断结论

战略管理成熟度诊断是判断战略闭环管理完整性的一个先导性工作。在诊断过

程中，一方面我们要注意战略组织流程上的问题；另一方面要识别人员能力、相关资源等软硬件相匹配的问题，它们对于战略的规划与执行都起着至关重要的作用。

第二节 战略意图

战略意图是企业对于自身存在价值的定位和思考，也是对自身中长期发展蓝图的描绘和行为规范的制定。

任何企业都有必要思考"为何而生"的问题，即使命，如小米的使命是"始终坚持做'感动人心、价格厚道'的好产品，让全球每个人都能享受科技带来的美好生活"。

基于"为何而生"这一初心，企业需要提炼出成员必须共同遵守的行动准则，即价值观。也是在"为何而生"的目标引导下，企业才能准确勾勒出具体的实现初心的过程"画面"和场景，即所谓的"愿景"。

使命、价值观、愿景共同构成了企业的战略意图。

一、使命价值

战略意图之使命价值如表 4-7 所示。

表 4-7 战略意图之使命价值

维度	细分/说明	输入	动作/工具	输出
战略意图之使命价值	明确本级组织存在的意义、价值主张和发展远景	差距分析结论；利益相关者需求	研讨；共识	使命；价值观；愿景

下面我们来进行使命价值的详细说明。

1. 使命

使命就是我们所说的企业的"初心"，即企业存在的意义和价值。通俗讲，就是企业能为个人或社会带来什么价值和影响。使命的提炼可以参照表 4-8 进行。

表 4-8 使命的提炼过程

子域	活动	说明	输入	动作	工具	输出
使命价值	明确使命	为何而生	利益相关者的期望；个人或社会的哪些需求还没有被满足	访谈；提炼	思维导图；相关者分析	使命：存在的价值

以下是一些著名企业的使命：

（1）微软公司——致力于提供使工作、学习、生活更加方便、丰富的个人电脑软件；

（2）IBM 公司——无论是一小步，还是一大步，都要带动人类的进步。

企业的使命有的来自创始人的一个灵感，有的则是主要成员研讨而成。利益相关者在一起提炼使命的过程，可以参考图 4-3 所示的操作步骤。

| 确定产品与价值组合 | 确定影响范围 | 匹配利益相关者需求 | 提炼语言 |

图 4-3　企业使命提炼四步法

第一步，明确通过什么产品或服务带来什么社会利益。

所有成员可以通过头脑风暴的方式罗列出尽可能多的"产品 / 服务 VS 社会利益"组合模式，然后由每个提出者详细说明其组合的含义，在此基础上讨论并最终确定出有效组合模式。

第二步，确定影响范围。

针对第一步中确定好的组合模式，每个参与者进一步提出公司业务服务的辐射范围，并通过讨论最终确定下来。

第三步，明确利益相关者的需求。

针对上述的组合和影响范围，我们要继续讨论在提供产品或服务的过程中，内外部的利益相关者都将有哪些需求、收益或改变。通过需求分析，我们才能将服务与需求进行有效匹配。

以微信公众号"骊才知库"为例，这个平台通过分享平衡计分卡公益课程来提升企业管理者的战略能力与组织管理能力。"平衡计分卡公益课程"和"提升个人与组织能力"两者结合就成为"产品 / 服务 VS 社会利益"组合。其所要影响的范围是中国企业，课程辐射范围很明确。第三步，它的利益相关者首先是需要接受管理培训的企业和个人，其次是"骊才知库"的建设者。受训者的需求是通过学习课程提升管理水平，平台建设者的需求则是通过分享知识实现个人自我价值或满足潜在的商业需求。

第四步，对使命进行总结提炼。

在上述三个步骤的基础上，我们便可以总结提炼出企业的具体使命。

不同企业它们的使命有所不同，但这些使命却具有相同的作用：崇高、明确、富有感召力的使命不仅为企业指明了方向，而且使企业的每一位成员明确了工作的真正意义，进而激发员工内在动机。

2. 价值观的制定与践行

使命描述的通常是我们的理想和责任，而价值观则是每一位成员需要共同遵循的行为准则。价值观的制定可参照表 4-9 进行。

表 4-9　价值观的制定

子域	活动	说明	输入	动作	工具	输出
使命价值	明确价值观	组织的行为准则	使命；环境文化；现有规则	访谈；共创	"世界咖啡"；访谈	价值观

一般而言，企业价值观的制定与践行包括对外对内两个方向。

（1）对外：我们可以从为客户创造价值的角度去思考，例如，若重在满足用户的潜在需求，则对应"产品创新"；若强调提供优质服务，则对应"顾客亲密"；若强调产品物美价廉，则对应"成本领先"。

（2）对内：我们应思考，为了实现客户的这些诉求，企业内部人员需要遵循哪些行为准则，并尽量将其具体化。

结合对内对外两个方向，我们便可以梳理出价值观的主要方向以及具体践行内容，如表 4-10 所示。

表 4-10　某企业价值观的制定与践行

客户需求	动作	内涵	倡导的行为	避免的行为	倡导行为分级描述	避免行为分级描述
产品创新	创新	新产品；新概念	经常提出新建议；积极创造新产品	不与外界交流；排斥新创意	……	……

相对于企业价值观的塑造，团队的价值观词条则更为丰富，其中团队合作是一个重要的思考角度。团队协作的五大障碍包括团队成员缺乏信任、惧怕冲突、欠缺

投入、逃避责任和无视结果。如何通过团队价值观来解决这些问题呢？我们可以参考表 4-11 所示的某团队价值观的制定与践行来具体操作。

表 4-11　某团队价值观的制定与践行

团队协作障碍	动作	内涵	倡导的行为	避免的行为	倡导行为分级描述	避免行为分级描述
无视结果	结果、协作	结果导向；团队协作	以公司利益为重，采取主动措施，敢于协调优化流程	以个人利益损害公司利益；个人单打独斗	……	……
逃避责任	担当、反馈	……	……	……	……	……
欠缺投入	共识、付出	……	……	……	……	……
惧怕冲突	理解、沟通	……	……	……	……	……
缺乏信任	坦诚、反馈	……	……	……	……	……

通过内、外部两个方向的行为选择，企业可以根据实际情况筛选出若干重点项作为所有人员的共同行为指引。对于这些指引，公司将应用于全体成员，可以是软约束（倡导性），也可以是硬约束（纳入绩效考核）。

3. 愿景

愿景是一种由组织领导者与组织成员共同形成，具有引导与激励组织成员作用的关于未来情景的意象描绘。愿景通过长周期的前景描绘，将组织活动聚焦于某个目标，使组织及其成员在面对混沌状态或结构惯性抗力的过程中能有所坚持，持续依循明确的方向、步骤与路径前进[7]。

组织借助愿景能有效鼓舞内部成员，激发个人潜能，不断提高生产力，进而高效向顾客提供价值。

愿景是企业未来 10~30 年要实现的宏大目标，它的绘制可参考表 4-12 进行。

表 4-12　愿景的绘制

子域	活动	说明	输入	动作	工具	输出
使命价值	绘制愿景	未来期待的样子	使命；价值观；利益相关者的期望	访谈；共创	思维导图；"世界咖啡"；相关者分析	愿景；管理方针

愿景的描绘应该满足下列条件：

（1）与使命相匹配；

（2）必须可以激励人心；

（3）必须长期关注，即使在短期内会有一部分损失；

（4）可以在一定时期内实现。

愿景制定小组成员包括企业所有者、企业中高层管理者、优秀员工代表和外请专家。

愿景的制定可以参考下面步骤，如图 4-4 所示。

| 确定展望期 | 选定影响范围 | 愿景特征定位与描述 | 提炼语言 |

图 4-4　愿景制定四步法

第一步，确定愿景展望期。

愿景展望期一般不低于 10 年，建议在 10~30 年之间。

具体时间长度往往需要结合企业在完成使命的过程中实现重大目标所需要的时间去确定。

华为成为世界一流的通信设备服务商花了 20 年时间，其愿景期也基本如此。

随着新技术的涌现，企业的愿景展望期往往呈现短期化的趋势。

第二步，选定愿景展望期影响的范围。

我们所提供的价值愿景在展望期内要选定其影响范围。通常一件产品或一项服务会从小区域向大市场拓展，呈现出"区域—国家—洲际—全球"的发展路线。

公司使命体现了要为利益相关者提供服务，这一点在愿景里也会有所体现，愿景在一定程度上会反映使命的发展路线。

第三步，确定愿景呈现出的核心价值特征。

在确定展望期，并选定影响范围后，我们还要对愿景所体现的核心价值进行提炼，具体来讲，可以从规模、行业排名等方面进行。

例如，某知名企业的愿景描述为"建成国内一流的新型产业基地"。其隐藏的展望期是 10 年，影响范围限定在国内，核心价值特征是"一流""新型"。

第四步：对愿景进行提炼总结。

在上述三步的基础上对愿景进行总结提炼。

二、业务原则

战略指引在很大程度上可以被视为限定条件，它既包括上级单位的规范和限定，也包括公司自身价值的定位约束。

业务原则将告诉经营者，哪些区域公司禁止涉足，哪些底线公司禁止触碰。业务原则相关内容如表 4-13 所示。

表 4-13　业务原则相关内容

维度	细分 / 说明	输入	动作 / 工具	输出
战略意图之业务原则	明确业务；制订经营管理方针	使命；价值观；愿景；上级规范、指引	吸收；转化	战略指针；限定条件

上级规范、指引对于企业的经营来说至关重要。

在战略分析和选择前，通常上级单位和公司的规范、指引是必须提前关注的，企业要对这些内容进行识别、分类与合并，进而形成指导本公司战略管理的管理指针。一旦指针限定条件被明确，后续很多的市场分析和选择都是可以不做的，因为限定即意味着选择，公司只能在其选定的范围内去经营，因此限制条件是战略分析与选择的前置要求。

若缺乏管理指引，后续的战略定位则可能会偏离主航道。在实际经营中，企业可以利用战略原则规避战略方向性失误。

华为曾一度对集团所有子公司的业务范围进行限定：不准进入消费者市场、不准进入金融领域、不做房地产。在当时内部资源有限的条件下，公司必须聚焦主业安排，集中资源走专业化经营道路。在这个前提下，如果华为下属子公司去做地产，就属于战略偏航。即使当时房地产是暴利行业，对于子公司偏离上级单位的战略指引这一行为，企业也必须纠偏。

案例：华为的战略意图

1. 华为核心价值观解析

众所周知，"以客户为中心""以奋斗者为本""长期艰苦奋斗""坚持自我批判"是华为价值观的四个核心支柱。然而外界对这四项内容的具体内涵以及运作逻辑却缺乏了解。

"以客户为中心"并不只是一句口号，它是华为人结合外部环境分析和内部条件基础上，不断将工作成果转为客户满意的行动纲领。

具体而言，"以客户为中心"包括"客户第一"和"客户满意"两个层面。

第一个层面为"客户第一"，即从组织理念上将为客户服务视为公司存在的理由；同时，每个管理者和员工在日常工作过程中，须怀着敬畏之心对待客户，从工作心态上摆正位置。

第二个层面是"客户满意"，它由三个子逻辑构成：

（1）从经营哲学方面保持快速响应，为客户创造长期价值；

（2）在价值导向上，以为客户服务为先，不谋求华为利益最大化；

（3）在经营成果方面，不以短期利益为目的，致力于成为客户的长期战略合作伙伴。

坚持"以奋斗者为本"方面，首要是明确"奋斗者"的标准，其本质是为了从精神上树立艰苦奋斗的观念。对于奋斗者的终极奋斗目标，华为人倡导主观为个人，客观为国家，从底层上将"小我"与"大我"进行结合，让每一个奋斗者都感受到，个体奋斗不仅为自己，也是为社会和民族在工作，从而在内心形成强大的精神动力。

倡导"长期艰苦奋斗"则是以透明、鲜明的具体案例来表达三个层次的逻辑关系：首先，奋斗是面向能创造价值、有意义的工作或事情来说的（华为通过"我的梦"的主题曲讲述一个小姑娘为了实现她和爷爷的音乐梦想学习小提琴而终获成功的故事。它表明任何努力是因朝着梦想而去才变得有意义）；其次，华为通过短跑世界纪录保持者乔伊纳高举双臂冲过终点线的广告，表达华为人为了哪怕 0.01 秒的突破也愿意付出百分百努力的拼搏精神；最后，借用那张为人所熟知的"芭蕾脚"图片，华为人表达了"长期坚持，终有回报"的信念。这三个场景，从奋斗的起点、过程、终点三个阶段诠释其对长期奋斗的理解。

第四个支柱，关于"坚持自我批判"也有具体的实现方式：通过民主生活会，华为的干部们按季度或半年为周期进行自我检讨；同时从业务视角强化危机意识，思考和平衡短期利益和长期利益。此外，华为每位成员都可以通过网络平台心声社区，实名或匿名表达观点，通常是批评意见，可以炮轰高层，也可以借此讨论并凝聚内部共识。

简而言之，华为核心价值观来源于企业实践，经过实践证明和检验后又反过来指导新的业务活动。

2. 华为经营原则

原则 1：战略控制点风险预案原则（B 方案原则）

战略控制点上的风险对企业发展来说，影响是非常大的，一招走错就可能导致全盘皆输。众所周知，手机行业一直视芯片为战略控制点，因此芯片的应急预案就成为这个行业的重要风控举措。2000 年，美国新墨西哥州的芯片工厂因雷电引起大火，诺基亚手机和爱立信手机都受到这一事件的影响。然而诺基亚提前准备了芯片供给 B 方案，而爱立信则没有准备。据说这一事件成了爱立信手机和诺基亚手机的竞争态势的转折点，爱立信一年之后宣布退出手机市场。

华为吸取前车之鉴，对关键业务发展因素都设置 B 方案，包括海思芯片和鸿蒙系统。

华为的 B 方案原则包括如下内容：

（1）采购：供应链除非万不得已，必须开发两家可以相互替代的供应商；

（2）研发：在产品设计上，坚持研发两个版本，一个是正常商用技术版本，另一个是自主可控元器件和技术的版本；

（3）销售：储备多种方案连接客户，取得商业成功。

原则 2："生存—发展—共生"的经营理念

华为管理的基调首先是确保能够"活下去"，不仅是受美国打压时如此，在正常条件下亦同样谨慎。这体现了华为以"生存"为基点的经营思路，它包括以下三个构成部分：

第一是以结果为导向，企业经营必须以结果说话；

第二是用规则的确定性（即规范的制度流程）来管理结果的不确定性（进行熵减）；

第三是保持"灰度"，以中学为体，西学为用，管理不走极端。

华为在满足"生存"的基础上，涉及"发展"的经营思路如下：

（1）持续做大蛋糕，共同分享；

（2）多项产业发展，促进个人成长；

（3）全球市场扩展，避免人才拥挤。

华为的经营原则还包括以下三点：

（1）维持产业生态，不独占所有利益；

（2）尊重知识产权，创造交叉共享；

（3）公司和员工共享收益。

第三节　战略分析

战略分析是制定战略之前的信息整合与过滤，以及让信息产生"化学反应"的过程。

战略地图在"术"的层面属于战略执行的工具，而在"道"的层面则应纳入战略分析的模型，它的作用是通过战略管理循环帮助管理者对"开源"有更深的理解。

无论是由企业内部人员发起，还是由外部咨询公司顾问牵头，战略分析的第一步通常都是通过访谈或问卷对企业进行基本诊断。若这个工作在"差距分析"模块已经完成，那么战略分析可以引用其结果。

在诸多战略分析的方法中，我们建议使用"基本诊断—外部分析—内部分析—综合分析"的思路框架来对战略进行分析，如图4-5所示。

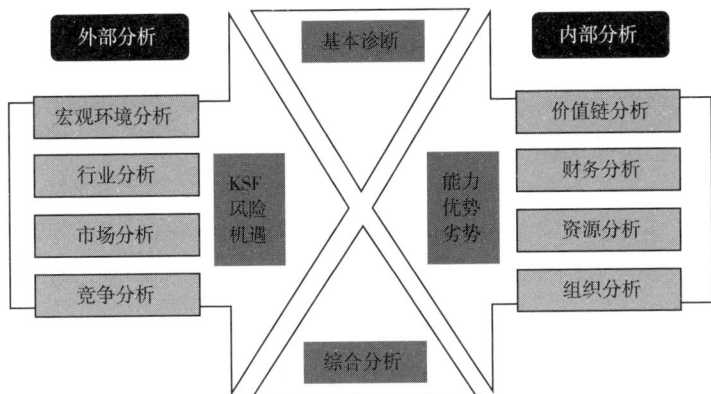

图 4-5 战略分析思路框架

一、外部分析：通过宏观环境、行业分析、市场分析及竞争对手看商业机会

外部分析是对企业的外部条件与经营环境进行数据收集及趋势判断的过程。企业战略管理人员通过外部分析提取对于企业发展重要的信息，比如机遇和威胁，根据外部的机会及可能会遭遇的威胁，相关管理人员对公司原有的战略意图和战略假设进行修正。外部分析相关操作见表 4-14。

表 4-14 外部分析相关操作

维度	细分/说明	输入	动作/工具	输出
战略分析之外部分析	对企业战略的外部条件进行分析，形成对企业机会与威胁的判断	宏观环境；行业环境；竞争环境；客户需求	PEST；五力；竞争分析；客户分析；统计图表；EFE 矩阵	外部机会；外部威胁；潜在策略

1. 宏观环境分析

企业经营运作置身于政治、经济、社会、技术等环境中，这些要素是企业战略分析的宏观环境因素，下面借助 PEST 模型对其进行分析，如图 4-6 所示。

PEST 是英文 Politics（政治）、Economics（经济）、Society（社会）、Technology（技术）四个单词首字母的缩写。

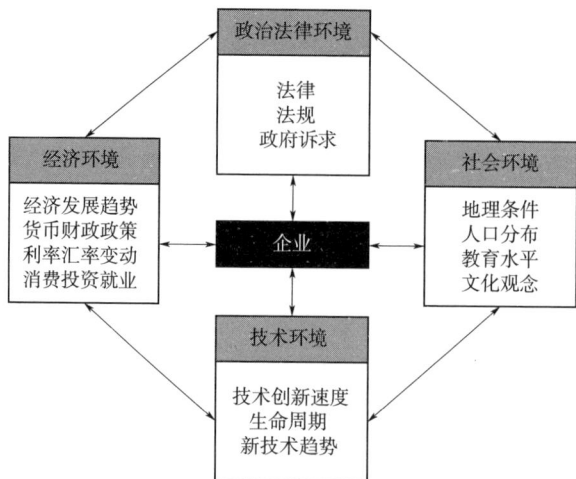

图 4-6　PEST 分析模型

战略分析针对企业面临的整体环境，从 PEST 四个方面去识别机会与威胁的影响要素。相关实施见表 4-15。

表 4-15　宏观环境分析的实施

子域	活动	说明	输入	动作	工具	输出
战略分析之外部分析	实施宏观环境分析	所有企业都面对的因素	统计数据；宏观信息；新闻	筛选；提炼；访谈	PEST	机会；威胁；潜在对策

（1）Politics（政治）因素分析

政治因素主要指对经营产生潜在或现实影响的政治条例，最明显的就是法律、法规。当政治因素有所调整时，企业在经营上很可能会面临重大情势变迁。

政治因素的主要变量包括执政党的政治诉求、产业政策、投资政策、经济体制、管制措施、政府补贴、税法、专利管理、与重要大国关系和环境保护。

说到政治因素对企业的影响，我们很容易便想到了美国政府对华为的限制。

华为是世界上成功的民营企业，它的高速发展让美国意识到了威胁。美国政府不顾市场竞争的公平原则，动用行政力量将华为列入"实体清单"，企图通过切断华为的供应链阻碍其发展。

虽然华为所表现出的镇定和实力让人叹服，但其业务还是或多或少受到了影响，其在美洲的市场份额受到制约。这是政治对于企业发展影响比较知名的案例，虽然美国的做法并不光彩，但其行政影响力却客观存在。

中兴通讯的例子就更能说明政治对企业的影响了。同样是美国基于意识形态对中国企业的打压，中兴通讯因自身的实力和准备不够充分，受到美国政府所谓的制裁之后，不得不以重金交保护费进行"赎身"。

《美国陷阱》描述了阿尔斯通被美国政府"消灭"的经历。一名法国人讲述了亲身经历，揭露了美国司法部在反海外腐败、违反制裁的伪装下，通过起诉欧洲高科技公司的高管，通过给公司开高额罚单的手段，成功打击甚至瓦解了阿尔斯通的内幕。

阿尔斯通是法国的"工业明珠"，负责制造和维护法国境内58座核反应堆的汽轮发电机以及75%的电力生产设备，还曾为戴高乐号航空母舰提供推进汽轮机，拥有让全世界羡慕不已的技术。法国人弗雷德里克·皮耶鲁齐是阿尔斯通公司的高管。2013年，他在纽约转机时被美国联邦调查局以涉嫌违反美国的《反海外腐败法》逮捕。美国同时起诉他多次洗钱、腐败同谋等10项罪名，最高可被判处125年监禁。皮耶鲁齐最后不得不以认罪换取从轻发落。

实际上，通用电气早有意向获取阿尔斯通技术，只是没有合适的机会。虽然在公平的市场竞争中没有办法实现，但通用可以向美国检察官提供公司高薪管理职位，然后与美国反腐败部门建立密切联系。最终，通用公司利用美国对阿尔斯通公司高管的威胁，逼迫阿尔斯通将所有能源电力业务以约130亿美元的价格卖给了通用电器。阿尔斯通的悲惨遭遇不是第一家，也不会是最后一家，从2000年起，通用电气收购了4家受腐败案牵连的公司，阿尔斯通是它的第5个猎物。

这些案例足以说明政治因素和行政力量对于企业经营的巨大影响。

（2）Economics（经济）因素分析

经济环境是由一个国家的经济制度、经济结构、产业布局、资源分布、经济发展水平和发展态势等多种因素构成的综合环境。对于企业而言，在经济环境方面要重点关注三大产业结构与趋势、人口数量及增长趋势、国民收入与经济指标的变动情况，同时，市场的消费水平、就业程度和通货膨胀也需纳入考虑。

常见的经济因素包括GDP及人均GDP的规模、利率、汇率、资本市场有效性、劳动生产率水平、可支配收入水平、居民储蓄水平、失业率和通货膨胀率。

曾经一段时间，中国实行的是"利率双轨制"，利率的确定并不是单纯依靠市场力量，这在一定程度上形成了"劣币驱逐良币"的问题：大型国企、央企占据了大多数金融信贷资源，而大多数中小民营企业无法获得宝贵的金融支持。

在以工业化、城镇化发展为代表的时期，利率双轨制起到了一定的作用，但它无法适应新时期经济新动能产业的发展要求。随着市场化利率开始成为利率市场的主体，不同资质、不同类型企业的融资成本逐步由市场决定。

对于曾经享受双轨制带来"红利"的企业，在利率市场化的背景下进行战略分析就必须考虑融资成本与内部变革了；反之，对于中小企业，尤其是民营企业来说，利率市场化将为企业发展提供资金保障与成本改善，这可视为一个机遇。

此外，经济环境还离不开人口规模。

我国自改革开放以来经济取得了快速发展，这种发展离不开曾经充足的劳动力。从 20 世纪 80 年代到 2010 年前后，我国随着人口规模的扩大，尤其是劳动年龄人口数量的增长，劳动与资本两个最重要的生产要素得到了充分匹配，从而使资本回报保持在较高水平。这正是所谓的"人口红利"。

重要的转折发生在 2012 年，我国 18~59 岁的劳动年龄人口总量开始减少。自 2012—2018 年，该年龄组的人口总量已经累计减少了 2617 万人，超过了澳大利亚的总人口。从人口预测的数据看，劳动年龄人口持续减少的趋势很难逆转。在考虑劳动力规模的同时，企业进行战略分析时，还应关注到劳动力向大城市集中的变化趋势。

（3）Society（社会）因素分析

社会文化因素是组织所在区域的文化特征与价值观念形成的氛围和观念集合，包括宗教、教育、风俗和审美等。

文化水平会影响居民的消费观；宗教信仰会增加或禁止某些活动与消费；价值观会影响企业在当地的形象塑造与活动规范；审美观也将影响企业市场宣传方式与形象的塑造。

社会文化的主要变量包括人口教育程度、劳动力对质量的意识、消费观念的变化、对外来投资的看法、生活方式、对工作的态度、购买习惯和职业习惯。

在印度，你很难想象一辆火车可以载多少人。如果你上网搜索"印度火车"，便会看到这样的场景：车厢内挤满了人，车厢外爬满了人，车厢顶坐满了人。这没有对与错之分，因为在印度这个社会环境下，人们既然选择火车作为交通工具，那么他们无形中便已接受了火车的低速和拥挤。由此我们也可以看出，在印度投资轨道交通和在中国投资是两个完全不同的概念。中印同样都是历史悠久的文明古国，但是文化与习惯的差异构筑了两个国家在交通行业的不同经营条件和较大的成本差异。

（4）Technology（技术）因素分析

技术条件是产业内外新技术、新工艺、新材料的演变与应用，包括专利的申请与流转情况。通信业的5G、6G及量子、光子技术将对现有产业的边界进行改变。人工智能和新能源材料也将对现有产业产生替代性的影响。

技术的主要变量包括研发支出、技术变革新闻、技术转让率、能源利用与成本、互联网变革、专利申请量和专利费用。

PEST分析总结了当下社会常见的四个方面的信息和情报，但是这些内容如果与公司的相关性很低，那么分析将失去价值。

我们建议使用多维宏观环境分析表（如表4-16所示）进行结构性分析，以提高分析效率。

表4-16　多维宏观环境分析表

维度	与××行业相关因素	具体的变化趋势	机会	威胁	可能的对策
政治					
经济					
社会					
技术					
生态					
……					

2. 行业分析

产业环境分析的意义在于通过对产业上下游与相关方的交易成本及议价能力的分析，得出产业本身的机会和威胁，以及产业走向与参与者可能的动态。行业分析的相关实施如表4-17所示。

表 4-17 行业分析的实施

子域	活动	说明	输入	动作	工具	输出
战略分析之外部分析	实施行业分析	对本行业企业面对的因素进行分析	行业数据；行业动态	统计；整合；提炼；访谈	五力模型	关键成功要素；机会；威胁；潜在对策

著名的产业环境分析工具是波特的"五力模型"如图 4-7 所示。

图 4-7 五力模型简图

1980 年，迈克尔·波特在《竞争战略》一书中提出行业结构分析、竞争者分析与行业演化分析可以作为竞争行业的分析模型。他认为，企业面临供应商的议价能力、购买者议价能力、潜在进入者威胁、替代品威胁和同一行业的友商之间的竞争五种竞争，将这五种竞争结合起来综合分析便能得出产业的竞争程度。

（1）供应商的影响力因素主要包括以下内容：

①供应商所在行业的集中化程度；

②供应商在公司采购中的占比；

③供应商的产品是否标准化或可替代；

④供应商是不是产业链上的关键点；

⑤供应商的产品对公司质量、成本的影响程度；

⑥企业转换供应商的成本；

⑦供应商的产业扩展意向与方向。

2018 年发生的中兴通讯被美国断芯事件，足以说明通信设备行业芯片供应商的市场地位。

2018 年 4 月 16 日，美国商务部以中兴违反了美国限制向伊朗出售美国技术为由，公布了对中兴通讯的制裁：禁止美国公司七年内与中兴开展任何业务，包括软件、技术、芯片等。次日，中兴股票停牌。此后，中兴董事长殷一民一度强烈反对美国商务部的不公平决定，表示中兴不接受制裁……然而，中兴应用的基带芯片和射频芯片都采购自美国供应商；而在手机业务上，中兴高端智能手机的处理器芯片也来自高通。这些供应商基本上都无可替代。

事件的结果是中兴共向美国支付了 14 亿美元的民事罚款，并且中兴更换上市公司和中兴康讯的全部董事会成员，接受 BIS 为期十年的新拒绝令。这意味着：中兴管理层和董事会被彻底洗牌，中兴科技的安全保障已受美国威胁，中兴须购买更多美国产品。

回顾中兴事件，我们发现这不仅仅是中美间贸易摩擦中一个"运气不太好"的企业的个体问题，更是所有中国"缺芯"企业的求生缩影。同时，这也说明在通信设备行业，对于手机芯片的供应，美国具有一家独大的话语权。

（2）购买者的影响力因素

购买者的影响力因素主要包括产品的标准化程度、购买量、替代品的可供应量、替代切换成本的使用、购买者后向一体化的意图与能力。

前面我们用中兴事件作为案例，说明美国作为芯片供应商的强大能力。同样，对于客户议价能力，我们也可以引用通信设备行业的故事来举例说明，只不过这次的主角换成了华为。

在中兴事件一年之后，美国把枪口对准了华为，禁止美国供应商向华为提供芯片、软件、服务等一切华为所需要的产品。然而，美国政府没有预料到的是，华为不仅没有像中兴一样妥协，还一夜之间公布了众多的重磅级"备胎"：麒麟芯片、鸿蒙操作系统！

实际上，华为早在十年前就开始默默研发，有备无患。美国政府显然低估了华为后向一体化的能力与意志。

（3）新进入者影响因素

新进入者对于产业的影响主要在于两个方面，第一是进入行业的"门槛"，即行业障碍，包括资本需求、规模经济、产品差异、转换成本、营销渠道、政策等；第二是现有行业内厂商可能的行为，如共同低价打击、市场层次划分等。

芯片产业就是典型的资本需求、规模经济和技术门槛都很高的产业。

芯片一是技术门槛很高，学习集成电路进入研究生阶段才算踏入集成电路行业半只脚；芯片的资金门槛也十分惊人，少则千万，多则几十亿。

尽管我国政府已采取多项政策用来支持芯片产业，国家集成电路产业投资基金一期就已经达到 1 380 亿元，各省及地方政府也投入大量产业基金……然而，芯片行业的技术门槛太高，光投资难以奏效。芯片行业发展是个长期的过程，我国企业需要持续投入。

（4）替代品因素分析

不同行业之间的产品有可能出现互相替代的情况，从而成为竞品。例如，iPad在一定程度上成了图书的替代品，智能手机成为相机、手表、指南针、闹钟、收音机的替代品。

替代品的价值是由一组满足用户需要的功能组合而成的，它也能满足用户，并且用户在便利性、成本、习惯等方面也都能接受。一般而言，基础工业品和农产品，如矿产、能源、水稻等很难被替代，而终端消费品则容易随着科技的进步和消费者行为习惯的变化而产生替代。

对于战略分析者而言，在考虑进入一个新的产业时，需要跳出行业本身去判断各种看不见的替代者，避免仅在现有竞争领域内思考竞争格局。

（5）友商竞争因素分析

友商之间的竞争可以从两个层面进行分析，一个是所有现有竞争对手总体情况的排名与态势分析，另一个是和企业有战略竞争关系的小范围友商之间的细节分析。后者是关键，我们将在后面的"竞争分析"的相关内容中细致解析其工具和过程。

我们建议使用"五力模型"分析结构框架表（如表4-18所示）来进行行业分析，以提高分析效率。

表4-18 "五力模型"分析结构框架表

维度	具体的变化趋势／能力	机会	威胁	可能的对策
供应商				
购买者				
潜在进入者				
替代品				
友商				

在使用"五力模型"时需要注意工具本身自带的盲区，即工具假设是在五力之间的竞争角度去观察，然而现实情况是，产业链上下游不仅仅是竞争的关系，同时也存在合作关系。这些合作是围绕核心厂商形成的供应链协同，这个关系超越议价能力本身。这些厂商在参与供应链与供应链之间的竞争中，本供应链条上下游之间是合作关系大于竞争关系。

五力分析的另一个前提是能够有效界定产业的边界。但是，随着科技的进步，产业间的边界是模糊的，　有时候替代品往往会一夜之间从不同行业出现，难以提前预知，因此这个模型作为工具存在局限性。

为了弥补五力模型的短板，我们需要借助其他工具进行补充分析。

（1）价值链分析

对行业价值链进行分析时，要站在行业生态的整体视角，不但要考虑节点上的厂商之间的竞争，更要考虑上下游之间的合作可能。产业链条上下游通过合作创造更多机会，减少共同的威胁。供应链管理的工具方法符合这一思考逻辑，它们通过对供应链上的信息流、物流、资金流的共享与协同，实现企业的顺利发展，达到了一加一大于二的效果。

（2）行业生命周期分析

行业的生命周期也是需要额外考虑的因素，一个行业的发展总有起点和终点，我们可以通过其发展历程与现有厂商之间的总体规模及需求的匹配情况去判断大致的产业进程。如果行业处于成长期，那么企业在战略上应该更多考虑如何促进市场的开发；如果行业处于成熟与衰退期，那么企业在战略上则应倾向于如何进行市场细分，从而识别更有价值需求的群体，或者是创新（通过创新增加机会），或放弃（降低威胁）。

（3）供需平衡分析

供需平衡分析是在对行业供应量与需求量进行比较的基础上，通过行业产能利用率来对企业存在的问题进行分析和判断。

（4）关键成功要素分析

关键成功要素体现在多个方面，比如研发技术、产品质量、销售价格、品牌建设、销售规模等，这些要素是成功厂商成为行业领先者的决定性因素。通过对成功要素的分析，我们可以找到自身与竞争对手之间的差距，在此基础上做出相应的调整，进而使企业步入健康发展的轨道。

3. 市场分析

市场分析的目的在于识别市场总量以及各细分市场的变化情况，由此挖掘发现市场变化中蕴含的机会与威胁。市场分析的相关实施可参照表 4-19 进行。

表 4-19　市场分析的实施

子域	活动	说明	输入	动作	工具	输出
战略分析之外部分析	实施市场分析	对本行业需求端因素进行分析	市场数据（容量／结构）；客户动态（数量／结构／购买动机）	统计；整合；提炼；访谈	集中度分析图；柱图	客户价值需求；机会；威胁；潜在对策

市场分析包括集中度分析、市场总量与结构分析和客户分析。

（1）集中度分析

市场集中度是对整个行业市场结构集中程度的测量指标，它用来衡量企业在数量和相对规模上的差异，是市场势力的重要量化指标。

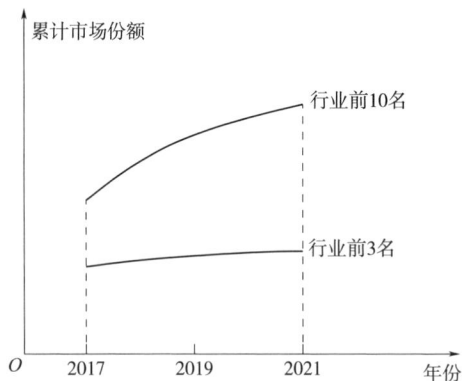

图 4-8　某行业市场集中度分析图

市场集中度通常通过排名在前的若干名厂商的市场占有率之和来呈现，图 4-8 是某一行业在 2017—2021 年间的市场集中度分析图。

市场集中度反映了一个行业的整合程度，如果曲线上升迅速，那么表明行业竞争激烈，优势企业纷纷采用渠道扩张、降价等方式来扩大市场，而平稳的曲线则表明市场竞争结构相对稳定。对比图中行业前 3 名与前 10 名的累计市场份额，我们可以推断，这个行业洗牌比较厉害，行业内可能有新的技术或资源进入，导致行业前 10 名的累计市场份额变化较大。

值得注意的是，市场集中度与行业本身的特性高度相关，不同行业往往难以简单类比，有些行业天然呈现低集中度。例如保质期短暂的生鲜业；储运成本过于昂贵的产品，如冰饮雪糕；无法快速低成本复制的产品，比如纯手工艺品、土特产品；行业产品的生产基地必须建在原材料所在地周围，比如啤酒、矿泉水、制砖、水泥制造等行业。

相反，产品可以标准化的行业，且产品不受天气、运输限制，则容易呈现高集中度，比如操作系统软件、办公系统软件、手机等。

因此进行市场集中度分析时，我们需要注意本行业的生产与销售要素对集中度的影响。

（2）市场总量与结构分析

市场总量与结构分析用于考察市场的走势与内部构成的变化。对于分析者而言，做这项分析的目的在于从"总盘子里"筛选出自己的目标市场（即机会），以及这些变化趋势可能带来的消极影响（即威胁）。此外，我们还要分析这些条件对于战略假设条件与论证结构的冲击。

图4-9为某一行业2017—2021年间的市场总量与结构图，从图中我们可以看出这个行业呈中低速增长，初步判断属于成熟期。市场最大一块业务来自"市政设施"这个细分市场，但这个市场已趋于饱和，增长率明显低于市场平均水平。成长性最好的是规模不大，但相对高速的"能源工业"细分市场。

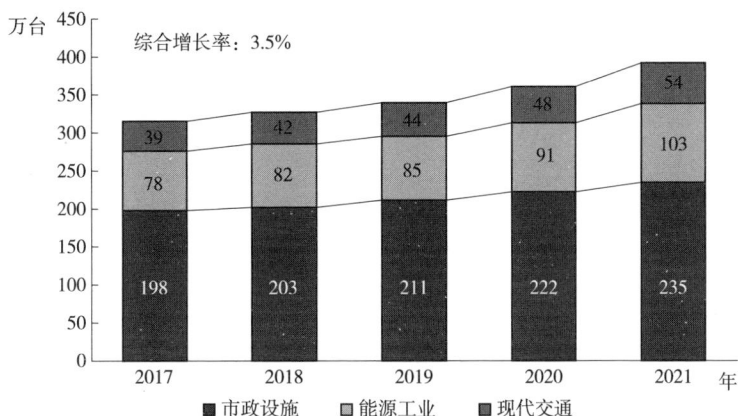

图4-9 某一行业市场总量与结构图

通过对市场总量与结构进行分析，企业可以从趋利避害的角度选择高成长的细分市场，或在现有市场中挤压其他对手，迫使对方转型。这是通过分析我们可以识别到的机会。当然，是否要去抓这个机会，仍要结合企业自身内部的资源与能力进行分析才能决定。

市场结构当然还有其他划分维度，例如按地区、按产品、按金额规模等。企业最终到底选择哪一个维度，这不仅取决于战略意图论证的结果，也取决于这一维度在行业里的重要程度。

（3）客户分析

客户分析是针对客户的消费行为，比如购买动机、购买力、偏好等要素进行的数据分析，它可以帮助企业判断客户未来的购买趋势，还可以帮助企业发现潜在的机会和威胁。对于客户的分析和跟踪，我们通常会结合"客户关系管理系统"来进行数据挖掘，以此作为战略和市场决策的依据。

以下三个要素可以作为客户分析的方向：

①客户特征分析：客户分布情况、基本交易历史信息、购买主要动机、满意度等。

②客户动态分析：通过单位时间交易次数、交易金额、结账周期等指标判断客户的保持情况；通过交易记录和交易数据来判断客户是否准备结束商业关系，寻找他们结束交易的原因。

③客户价值分析：对每一个个体客户或客户群体的成本和收益进行分析，进而筛选出为企业带来利润的客户，结合这些客户为将来制定市场、价格等策略做准备。

4. 竞争分析

企业只有充分分析了竞争者的优势与劣势，才能做到知己知彼，才能有针对性地制定正确的市场竞争战略。竞争分析的实施可参照表4-20进行。

表 4-20　竞争分析的实施

子域	活动	说明	输入	动作	工具	输出
战略分析之外部分析	实施竞争分析	对本行业供给端因素进行分析	对手信息（市场、渠道、技术、策略、财务等）	统计；整合；提炼；访谈	对标分析	机会；威胁；潜在对策

竞争分析主要通过对标分析来进行，对标的内容包含但不限于以下内容：

（1）资金实力：竞争企业的资本结构、财务杠杆使用情况、现金流量和财务比率等；

（2）产品：竞争企业产品在市场上的地位，产品系列的宽度与深度；

（3）销售渠道：竞争企业销售渠道效率与实力、服务能力；

（4）市场营销：竞争企业市场营销组合、市场调研能力、销售人员技能水平和激励政策与方案；

（5）研发能力：竞争企业新产品开发速度，产品基础研究和工艺、仿制等方面的开发能力，研究与开发人员的创造能力与技能；

（6）生产制造：竞争企业的产能、生产成本、设施与设备的技术先进性与灵活性、专利与专有技术、生产能力柔性；

（7）质量管理：竞争企业的质量管理体系、品质控制能力、员工质量意识、原材料来源与质量稳定性等；

（8）战略能力：纵向一体化整合能力、战略管理成熟度、投资管理能力等；

（9）组织效能：竞争企业组织成员价值观的一致性与目标的明确性，领导团队的素质、激励能力和协调能力，组织成员的专业知识、组织结构与企业策略的匹配程度，人才梯队的完整程度，培训体系的成熟度等；

（10）信息化管理水平：信息传递的有效性、组织对环境因素变化的适应性、信息系统选型与运行成本等。

我们可以将上面内容梳理到企业竞争对标分析表上，这样数据呈现更加形象直观。

表 4-21　企业竞争对标分析表

维度	竞争者主要特点与动态	机会	威胁	可能的对策
产品				
营销				
研发				
生产				
组织				
……				

另外，竞争对标分析的要素也可以通过雷达图来呈现，这样对比更明显。图 4-10 是某公司制作的竞争分析雷达图。

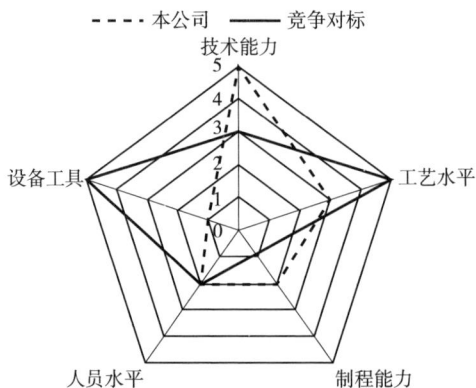

图 4-10　某公司竞争分析雷达图

在竞争分析的基础上，企业可以根据分析结果进行模拟和推演，选择胜算概率大的措施和方案。

5. 外部因素定量分析

迈克尔·波特认为，企业战略是一个企业"能够做的"（即组织的优势和劣势）和"可能做的"（即环境中隐藏的机会和威胁）之间的有机组合。

我们通过宏观环境、行业、市场与竞争四个角度的分析之后，各个层面都会解析出对于企业潜在的机会或可能的威胁。

通过外部分析，我们可以明确下面内容：

（1）系统、客观地认识企业所处的环境，认清自己的市场地位；

（2）了解外部环境变化所带来的机会与挑战；

（3）认识建立企业目标与战略的前提，明确企业可以做什么，以塑造自己的未来。

通过外部分析做出正确的预见是战略能够获得成功的前提。但上述分析多数建立在定性分析的基础上，企业在实际应用时，可以引入外部因素评价矩阵（External Factor Evaluation Matrix，EFE 矩阵）进行定量判断，其实施如表 4-22 所示。

表 4-22　外部因素定量分析的实施

子域	活动	说明	输入	动作	工具	输出
战略分析之外部分析	外部因素定量分析	汇总外部因素并识别关键点	外部分析信息	收集；提炼；计算	外部因素评价矩阵（EFE 矩阵）	整体态势；成功关键因素；机会；威胁；潜在对策

针对外部分析获得的主要因素，不同因素的影响程度我们可以通过不同的权重来体现，在此基础上企业对关键因素的评分计算出单个因素的加权分数，进而计算出总的加权分数。最终我们便可以通过加权分数得到重要的管理信息。

下面我们来看下计算各因素加权分数的基本步骤。

（1）罗列外部分析的主要因素，通常因素控制在 20 个以内。

（2）按机会或威胁将所有因素分为两类。

（3）将机会因素中的各个因素做成一张两两比较的表格，比较相互重要程度，重要的得 2 分，次要的得 1 分，并算出每一个因素的合计得分，如表 4-23 所示。

表 4-23　机会因素相互比较得分表

机会因素	A	B	……	合计得分
A	\	2	……	
B	1	\	……	
……	……	……	……	

将所有机会因素的合计得分相加，得到机会类因素的总分值（作为分母 1）。同样的处理方式可以得到威胁类因素的总分值（作为分母 2）。

（4）计算每一个机会因素的合计得分占分母 1（机会类因素总分）的比重，得到每一个机会因素的权重，所有机会因素权重合计为 100%；然后计算每一个威胁因素的合计得分占分母 2（威胁类因素总得分）的比重，得到每一个威胁因素的权重，所有威胁因素权重合计为 100%。

（5）按照 1~4 分企业现行战略对关键因素的有效反应程度为各关键因素进行评分，评分为 4 代表影响很好，评分为 3 代表影响超过平均水平，2 代表影响为平均水平，1 代表影响很弱。

（6）在（4）（5）基础上计算各因素的加权分，即每一因素的加权分 = 该因素所占权重 × 该因素的评分。

（7）将各类因素的加权分数相加，得到了机会或威胁各自的总加权分数以及所有因素的总加权分数。

那么如何来解读这些总加权分数呢？

（1）所有因素的总加权分数范围为 1~4，平均分为 2.5。

（2）若所有因素的总加权分高于 2.5，则说明企业的现状能够对外部的机会和威胁做出反应；若机会的总加权分数大于 2.5，则说明企业具备相关因素的机会，应当着重考虑分值高的那些因素；若威胁的总加权分数大于 2.5，则说明相关威胁因素需要引起注意，并考虑采取措施进行预防或控制。

（3）如果机会的加权总分大于威胁的加权总分，则表明公司新机遇带来的发展影响将大于威胁带来的影响；反之，则表明威胁产生的作用将大于机会带来的发展。

我们对外部因素进行 EFE 矩阵分析后，便可以梳理总结出外部因素定量分析总表（如表 4-24 所示），在我们需要对战略进行综合分析与判断时，便可以利用它来提取重要影响因素。

表 4-24 外部因素定量分析总表

维度	具体的变化趋势	机会因素评分	机会因素权重	机会因素加权分	威胁因素评分	威胁因素权重	威胁因素加权分	关键成功要素
政治								
经济								
社会								
技术								
生态								
供应商								
购买者								
潜在进入者								
替代品								
友商								
价值链								
产业生命周期								
行业产能利用率								
行业关键成功要素								
市场总量								

维度	具体的变化趋势	机会因素评分	机会因素权重	机会因素加权分	威胁因素评分	威胁因素权重	威胁因素加权分	关键成功要素
市场结构——按细分市场								
市场结构——按地区								
客户分析								
产品								
营销								
研发								
生产								
组织								
……								

二、内部分析：通过内部核心竞争力分析选择有能力抓住的机会

内部分析面向企业内部，针对企业的内部价值链、财务情况、资源分布及组织效能进行评价，相关实施见表4-25。

表4-25　内部分析的实施

维度	细分 / 说明	输入	动作 / 工具	输出
战略分析之内部分析	针对企业的资源与能力进行分析，形成优势与劣势的判断	商业模式；企业能力；企业资源；利益相关者	价值链分析；财务分析；资源能力分析；组织分析；利益相关者分析；对标分析；IFE 矩阵分析	企业优势；企业劣势；潜在对策

1.价值链分析

迈克尔·波特在1985年提出价值链模型，如图4-11所示。他认为："每一个企业都是在设计、生产、销售、发送和辅助其产品的过程中进行种种活动的集合体。所有这些活动可以用一个价值链来表明。"

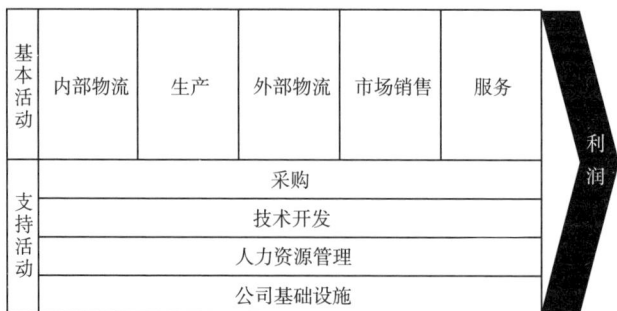

图 4-11 波特价值链模型

任何一个企业都是其产品在设计、生产、销售、交货和售后服务方面所进行的各项活动的聚合体。每一项经营管理活动都是这一价值链条上的一个环节。

价值链的增值活动可以分为基本增值活动和辅助性增值活动两大部分。前者主要指材料供应、成品开发、生产运行、成品储运、市场营销和售后服务。这些活动都与实体商品的加工流转直接相关。辅助性增值主要是指与生产相关的法务、财务、组织建设和人事管理等。

波特认为在众多的"价值活动"中，并不是每一个环节都创造价值。那么如何去度量这个价值？贝恩管理咨询公司的两位咨询人员在《哈佛商业评论》中提出了"利润池：战略新视角"的相关概念和论点，他们认为在行业价值链上某些细分市场的"池水"会比另一些细分市场更深。这意味着在各个细分市场内部利润率也深浅不一，也就是说，那些视角独特的公司，最容易掘取到行业内的高额利润。

利润池的分析在于帮助企业思考公司在传统价值链上的位置和角色，以及如何在低利润行业里识别新的利润来源。

上述分析是针对整个行业价值链而言的，而当我们把视角转向企业内部时，同样可以对主价值链上的各环节进行增值分析，从而为优化流程或流程再造提供依据。关于流程管理分析，我们将在第五章进行详细介绍。

结合对价值链的分析，我们要分析总结出企业的优势、劣势及对关键假设的验证结果。

与外部分析一样，我们需要借助表格来对企业的内部优势、劣势及可能的对策进行总结梳理，可参考表 4-26 的形式来进行。

表 4-26 价值链优势与劣势汇总表

维度	企业主要特点与动态	优势	劣势	可能的对策
研发				
计划				
采购				
仓储				
运输				
售后				
风控				
人力资源				
财务				
战略				
信息系统				
……				

2. 财务分析

企业财务管理的实践主要是对以下五个财务管理功能的实践：

（1）财务会计：输入经济业务的会计凭证，通过会计账簿与逻辑，输出三大报表。

（2）管理会计：输入会计凭证的数据和结果信息，通过全面预算体系及成本费用差异分析找出营运管理中的潜在风险和问题。

（3）财务管理：输入现有债权与股权的情况及现有资本结构，以资本效率为视角，输出降低企业加权平均资本成本的各类方案。

（4）价值管理：输入现有价值构成的财务要素，主要包括现金流、营利情况和资本成本，借助全面预算体系对未来若干年的财务做滚动预测，并预测实现它需要的资本。在此基础上，通过资本回报率和加权平均资本成本的计算输出最终企业的估值，以及提升估值的可能方案与手段组合。

（5）财务分析：输入财务结果数据，通过战略层和战术层的逻辑分析线，输出财务数据对运营问题的提示与剖析，从而为企业的可持续增值提供思路。

我们可以借助财务分析工具，对战略层及战术层的指标分类考察，然后结合两类指标的驱动因素，提炼总结影响经营绩效的相关因素。其中，战略层指标包括盈利能力类、获现能力类、创值能力类、风控能力类和成长能力类，战术层指标包括收入类、成本类、毛利类、期间费用类、运营利润类和专项类，例如内部技改、新品研发项目等。财务分析的实施可参考表 4-27 进行。

表 4-27　企业财务分析的实施

子域	活动	说明	输入	动作	工具	输出
战略分析之内部分析	实施财务分析	摸清财务状况	财务报表与数据	计算	指标分析法	财务状况；优势；劣势

结合战略层战术层的具体指标，以及实施表中的操作方法，我们便可以得到企业财务分析的重点信息，生成企业财务分析总表，如表 4-28 所示。

表 4-28　企业财务分析总表

维度	企业主要特点与动态	优势	劣势	可能的对策
盈利能力				
获现能力				
风控能力				
成长能力				
收入类				
成本类				
……				

3. 资源能力分析

企业的资源分析重点在于对物资与能力资源的盘点，以及这些资源对现在及将来作用的评估。通过分析企业资源，我们可以确定企业的优势和劣势，综合评估企业的战略发展能力。相关实施如表 4-29 所示。

表 4-29　资源能力分析的实施

子域	活动	说明	输入	动作	工具	输出
战略分析之内部分析	实施资源能力分析	摸清有形无形资产	能力清单；资源清单；行业成功要素	收集；访谈；比较	竞争优势要素分析；要素评价矩阵	核心竞争力；优势；劣势

对内部资源能力进行分析可以从以下三方面进行：

首先是从资源能力的使用上进行分析，即对资源能力的数量、质量及使用区域的分析与评估。

其次是对上述资源匹配性的评估，即资源对于业务或战略支持程度的评估。我们要重点考虑产品组合、资源柔性等资源配置的合理性。我们发现有的企业拥有大量的资源，但资源和主业不在同一跑道上，这也属于资源的闲置或错配。

最后从供应链的层面来看，供应商和客户都是经营的资源，我们要从宏观视角去评估在竞争链条中供应商和客户优劣对于企业发展的影响。

通过对上面这些要素的分析，我们便可以得到资源能力分析汇总表，如表4-30所示。

表4-30 资源能力分析汇总表

维度	企业主要特点与动态	优势	劣势	可能的对策
人力数量				
人力质量				
资金实力				
竞争物资拥有率				
资源协同程度				
供应链伙伴协同能力				
……				

华为和苹果之所以能把大部分精力放在研发和产品设计上，很大程度上是因为它们拥有成熟的制造端资源和合作伙伴。例如华为花费了十几年时间研发芯片，而制造端依靠的是台积电的制造资源。无独有偶，苹果把主要精力放在产品设计和创新上，制造端则主要依靠代工之王富士康。

这两个案例运用的都是"长板理论"的思维。在假定战略控制点不受国家间竞争和政府政策影响的前提下，企业在社会化大分工的背景中不应该每一环节都自己来完成，而应借助成熟的资源实现成本的最小化和产品交付效率的最大化，从而形成独特的市场竞争优势。常见的市场竞争优势种类可以分为五大类，如图4-12所示。

企业资源分析是从全局来了解企业资源在量质结构和组合方面的情况。企业资源分析的意义在于，企业的资源都是有限的，它们的使用应该聚焦于战略重点之上，形成所谓"力出一孔"的压强优势，进而突出核心能力的应用价值。

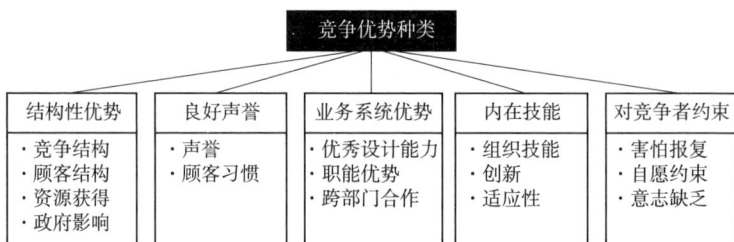

图 4-12   竞争优势种类

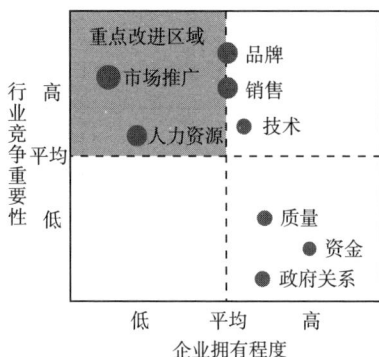

图 4-13   某企业关键战略要素评价矩阵

通过关键战略要素评价矩阵，企业可以识别出重点改进的能力项。图 4-13 是某企业的关键战略要素评价矩阵。

4. 组织分析

组织分析是对企业软实力的评估，良好的组织特征包括目标明确、组织有效、统一指挥、责权对等、分工合理、协作到位、信息通畅及沟通有效。

组织分析的作用重点在于评估组织集、分权与商业模式的匹配程度，组织架构对于战略的支持程度，企业文化在组织管理及使命实现中的适用性，以及信息技术的应用对组织效能的提速程度。组织分析的具体实施可以参考表 4-31 进行。

表 4-31   组织分析的实施

子域	活动	说明	输入	动作	工具	输出
战略分析之内部分析	实施组织分析	摸清组织能力状况	组织架构图；劳动生产率数据	访谈；比较	对标分析	组织状况；优势；劣势

同样的资源和条件，组织能力强的企业可以更有效地应用资源加速实现目标，产生更大的价值。更为重要的是，良好的组织氛围和知识共享能够帮助企业实现最佳实践，同时促进创新，推动组织可持续发展。这也正是近年来"组织发展"这个话题居高不下的原因之一。

那么企业的内部组织设置是否科学呢？我们可以结合企业组织能力评估与总结表来对企业的组织能力进行评估与总结，如表 4-32 所示。

表 4-32　企业组织能力评估与总结表

维度	企业主要特点与动态	优势	劣势	可能的对策
法人治理				
集团管控				
组织架构				
企业文化				
知识管理				
信息化程度				
……				

5. 内部利益相关者分析

内部利益相关者包括股东、经营管理层、中层、基层员工、核心岗位人员等，他们是内部环境隐形资源的重要因素。利益相关者对战略的不同诉求将影响战略措施的可行性，因此有必要将其作为一个影响要素进行分析，具体实施可参照表4-33进行。

表 4-33　内部利益相关者分析的实施

子域	活动	说明	输入	动作	工具	输出
战略分析之内部分析	实施内部利益相关者分析	摸清内部相关者诉求满足情况和潜在风险	内部利益相关者清单	访谈	利益满足评价表	利益相关者关键诉求；优势；劣势

利益相关者诉求调查因企业文化不同，调查难度也有所不同，访谈只是可选择的方式之一，除了访谈之外，问卷法也是一种不错的方法。

我们可以将收集到的信息进行分类整理，在此基础上思考应对策略，进而得到对企业战略具有参考意义的内部利益相关者诉求及对策表，如表4-34所示。

表 4-34　内部利益相关者诉求及对策表

利益相关者	类别	核心诉求	满足打分	理想得分	差额	应对策略
股东	投资回报					
高管	长期激励					
中层	职位发展					
研发	项目回报					
销售	业绩回报					
生产	业绩回报					
……	……					

6.内部因素定量分析

通过对内部价值链、财务、资源能力、组织及利益相关者等的分析，我们可以对企业管理环节中的优势、劣势及应对策略进行总结梳理与评价。当然，虽然是内部分析，但在具体实操的时候，还是要借助外部"参照物"来完成。比如我们在进行财务分析和资源分析时，通常要与同行做对标分析，这样才能识别企业在整个行业中的实际位置。对内部价值链、财务、资源能力、组织及利益相关者分别做了分析其实还不够，与外部因素要做定量分析一样，内部因素也需做定量分析，我们要用到内部因素评价矩阵（Internal Factor Evaluation Matrix，IFE 矩阵）。对于内部因素定量分析的具体实施，我们可以参照表 4–35 进行。

表 4–35　内部因素定量分析的实施

子域	活动	说明	输入	动作	工具	输出
战略分析之内部分析	进行内部分析小结	汇总内部因素并识别关键点	内部分析信息	收集；提炼；计算	内部因素评价矩阵(IFE 矩阵)	核心竞争力；优势；劣势；潜在对策

对于内部因素定量分析的具体操作步骤及解读，我们完全可以参照前面的外部因素定量分析来进行。对内部因素进行 IFE 矩阵分析后，我们便可以梳理出内部因素定量分析总表（如表 4–36 所示），在以后需要进行全局分析时，我们便可以从中快速提取重要影响因素及数据信息。

表 4–36　内部因素定量分析总表

维度	具体的变化趋势	机会因素评分	机会因素权重	机会因素加权分	威胁因素评分	威胁因素权重	威胁因素加权分	关键能力
研发								
计划								
采购								
仓储								
运输								
售后								
风控								
人力资源								

续表

维度	具体的变化趋势	机会因素评分	机会因素权重	机会因素加权分	威胁因素评分	威胁因素权重	威胁因素加权分	关键能力
财务								
战略								
信息系统								
盈利能力								
获现能力								
风控能力								
成长能力								
收入类								
成本类								
人力数量								
人力质量								
资金实力								
竞争物资拥有率								
资源协同程度								
供应链伙伴协同能力								
法人治理								
集团管控								
组织架构								
企业文化								
知识管理								
信息化程度								
……								

三、综合分析：在外部的机会威胁与内部优劣势之间找到适当的策略

在对内外各细分因素进行分析之后，我们通过 EFE 矩阵和 IFE 矩阵得出主要的机会与威胁，优势与劣势，接下来进入战略分析重点环节：综合分析。

所谓综合分析，就是结合前面两两因素匹配的交互影响与判断结果，从中找出对企业战略具有重大影响力的核心要素及潜在对策。其实施可参考表 4-37 进行。

表 4–37　综合分析的实施

维度	细分 / 说明	输入	动作 / 工具	输出
战略分析之综合分析	结合内外部因素，进行组合分析	外部机会、威胁；EFE 核心观点；内部优势、劣势；IFE 核心观点	SWOT 分析法	关键要素；潜在对策

SWOT 分析法是基于“一个企业‘能够做的’（即组织的强项和弱项）和‘可能做的’（即环境的机会和威胁）之间的有机组合”的假设所设计的战略工具。SWOT 分析法又称为态势分析法，它是一种能够客观准确地分析和研究一个单位或企业现实情况的方法。SWOT 分析模型如图 4–14 所示。

内部分析 / 外部分析	优势S 1.优势一 2.优势二 3.优势三 ……	劣势W 1.劣势一 2.劣势二 3.劣势三 ……
机会O 1.机会一 2.机会二 3.机会三 ……	SO战略 1.借助优势 2.利用机会	WO战略 1.减少优势 2.利用机会
威胁T 1.威胁一 2.威胁二 3.威胁三 ……	ST战略 1.借助优势 2.规避威胁	WO战略 1.减少劣势 2.规避威胁

图 4–14　SWOT 分析模型

1. S–Strengths：**优势**

企业可以从以下几方面来提炼自己的优势。

（1）擅长什么？

（2）在生产方面有哪些新技术？

（3）能做什么别家企业做不到的？

（4）同一类产品，自家产品和别家产品相比有什么不同？

（5）顾客为什么会青睐自己？

（6）最近因何成功？

......

2. W-Weaknesses：*劣势*

企业可以从以下几方面来总结自己的劣势。

（1）什么做不来？

（2）缺乏什么技术？

（3）别家企业在哪些方面比我们有优势？

（4）不能够满足哪一类顾客？

（5）最近因何失败？

......

3. O-Opportunities：*机会*

企业可以从以下几方面提炼总结机会。

（1）市场中有哪些机会适合我们？

（2）可以学什么新技术？

（3）可以为市场提供什么新的技术或服务？

（4）可以吸引哪些新顾客？

（5）怎样可以与众不同？

（6）企业在未来 5~10 年可能有哪些新的发展机遇？

......

4. T-Threats：*威胁*

企业可以从以下几方面来总结可能遇到的威胁。

（1）市场近期有什么变化？

（2）竞争者最近在做什么？

（3）是否赶不上顾客需求的改变？

（4）政治环境的改变是否会影响企业？

（5）是否有什么事可能会威胁到组织的生存？

......

优势、劣势、机会、威胁两两组合便可以从多个角度对企业管理进行战略分析，进而生成 SWOT 组合分析图，如图 4-15 所示。

		WT	最弱与最差组合，同步考虑弱点与威胁因素，目标是将两者控制在最小范围	悲观
S	W	WO	最弱与最好组合，着重考虑通过机会弥补弱点，实现机会最大化	苦乐参半
O	T	ST	最强与最差组合，着重考虑优势与威胁对冲，发挥优势，降低威胁的发生概率或影响	苦乐参半
		SO	最强与最佳组合，同步考虑强强组合形成效能最大化，对策要尽可能让两者都放大	理想

图 4-15　SWOT 组合分析图

5. SO 战略

SO 战略是一种理想的战略模式，通过利用内部优势去抓住外部机会。当企业具有特定优势，而外部环境又为发挥这种优势提供有利机会时，可以采取该战略。例如我国提前发布 5G 商用牌照，而华为、中兴在 5G 专利上具有领先优势，两家公司顺势而为把技术与市场要素充分结合，实现了战略增长。

中兴称将积极参与我国 5G 网络的商用部署和建设，与行业合作伙伴紧密合作，积极推动 5G 业务的应用和实践，助力垂直行业数字化转型。

华为则表示，工信部正式发放 5G 商用牌照标志着我国正式进入 5G 时代。华为将凭借端到端全面领先的 5G 能力全力支持我国运营商建好 5G，相信中国 5G 将引领全球。

华为持有 2 750 项 5G 专利，拥有 15% 的 5G 关键必要专利，为世界 5G 专利龙头。2019 年中国移动曾公布 5G 规模组网建设设备租赁单一来源采购结果。华为将为中国移动提供 250 站 5G 基站、中兴提供 80 站，爱立信提供 110 站，诺基亚提供 30 站，大唐提供 30 站。从这一招标结果看，华为在 5G 上实力可观，在 5G 发牌之后，更将借力而上，实现更快发展。

6 . WO 战略

WO 战略是利用外部机会来克服内部弱点，使企业弥补不足而抓住机会的战略。

当企业存在一些内部弱点而妨碍其利用机会时，可以采取措施先克服这些弱点。假设企业弱点是生产效率不高，产能无法充分利用，可当市场的增量需求爆发时，内部就得提高产能利用率去抓住市场机会。这样做有两个优点：一方面，产量的增加促进内部的学习曲线效应产生，人机配合的熟练度将提高；另一方面，由于出货量的上升，摊销固定成本，进而形成更有利的边际贡献，从而使企业盈利能力有所提升。这个策略若成功实现，则会出现市场、企业、员工三方共赢的局面。

格兰仕在20世纪90年代初只属于中型企业，因为没有充裕资金用于研发，所以只能采用"拿来主义"。它采取了一个策略来弥补产能缺口，就是用低价将国外已无成本优势的生产线引入进来，借此它以最小的投入进入微波炉行业。虽然当时它的内部研发能力不足，但那时国内市场需求处于爆发前夜，格兰仕的低价策略与市场期待十分匹配。格兰仕抓住机会点燃市场，通过价格战先把产销量做大，此后逐步提升研发能力，改善品质，一举成为世界微波炉的最大厂商。

7. ST战略

ST战略是指企业利用自身优势回避或减轻外部威胁所造成的影响，最终将威胁转化为机遇。

经典的案例还是华为。

2019年美国将华为列入"实体清单"后，美国谷歌公司暂停为华为提供软件服务，包括Android系统支持及Google应用程序，再是英国ARM芯片巨头停止与华为合作。国际固态技术协会(JEDEC)、SD协会以及制定无线技术标准的Wi-Fi联盟纷纷表示，已经遵从美国商务部对华为公司发出的禁令，将会对华为及其子公司停止他们参与JEDEC的所有活动。

然而才过去4天，制定SD存储卡标准的SD协会又恢复了华为的会员资格。在SD协会的官网显示，会员名单中重新出现了华为的名字……剧情反转之快，大家都没想到。

为什么？原来早在2018年华为发布Mate 20系列的时候，就推出了体积跟Nano-SIM卡一样小的存储卡——NM存储卡，由此改写了手机存储卡的局面。跟之前的Micro SD卡相比，NM存储卡足足小了45%。而且NM卡的数据读写特性要优于SD卡，并且在相同规格下，NM卡占用设备内部的空间也更小。华为在NM卡的技术优势令国际固态技术协会不得不妥协。

此外，华为凭借自身的技术优势，解除了外部"断供"的一个个威胁，克服了一个个困难。除了SD储存卡，自研芯片和手机操作系统皆是依靠自身优势克服外部威胁的典型案例。

2021 年，华为正式上线鸿蒙操作系统，短短数月已经从安卓阵营转化上亿用户，速度之快令人称道。这无疑又是一个以内部优势克服外部威胁的经典案例。

8.WT 战略

WT 战略是一种通过减少劣势避免外部环境威胁的策略。

华为缺乏手机芯片的制造和封装能力，于是自 2019 年被台积电断供之后，就不得不转向芯片自制。减少这项劣势的方式有二，一是自建芯片产线，二是开发芯片堆叠技术。这两项必要举措从根本上避免了再次断供带来的威胁。

20 世纪 90 年代，商务通在掌上电脑低端市场优势明显，联想在品牌和市场份额上都有劣势。联想先避开对手热销的低档产品，从中高端产品切入获利，然后再借用联想品牌优势发起价格战抢占市场。这是一种"曲线救国"的弥补战略短板的措施。

WT 战略的困难在于，企业既有短板，又面临外部威胁，此时被对手攻击的风险较大。对此，退出这个环节，或找到一个强有力的外援，它们都可以为问题的解决打开思路。著名的木桶理论认为，一个木桶能装多少水取决于最短的一块木板。但在社会化分工非常细致的今天，公司未必需要精通一切。如果财务不够专业，可以聘用比自己更有优势的会计师事务所；如果在人力资源上有欠缺，可以向专业的人力资源咨询机构咨询。现代公司更多是在一技之长上走到极致，这样当你有一块板足够长时，通过倾斜也可以保持大量的水，如图 4-16 所示。

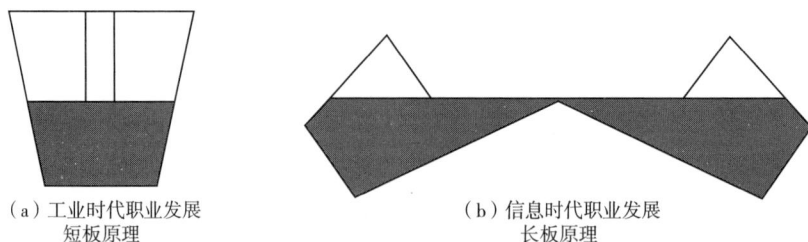

（a）工业时代职业发展
短板原理

（b）信息时代职业发展
长板原理

图 4-16　长短板原理比较

百事可乐在中国的战略就是如此，他们把所有的制作、渠道、发货、物流全部外包，只保留市场部的寥寥几个人运营百事可乐的品牌，重点抓品牌建设这一长板。

借助这个思路，很多 WT 决策情境看似无解，其实解决的方法最为简单：找到合适的合作伙伴协助自己解决短板问题，然后把大部分资源和精力投入到自己最长的那块木板上。长板原理本质上是通过利益共享机制把"蛋糕"做大，这样要比自己修炼短板更加高效。

当然，如果企业在战略控制点上的能力或资源出现短板，那么将会影响全局。这就类似于桶底有一个洞，底洞若不补，板再长也于事无补！

9. SWOT

在完成 SO-WO-ST-WT 组合分析之后，企业便可以筛选出待实施的战略措施集，具体实施如表 4-38 所示。

表 4-38　战略举措的筛选

子域	活动	说明	输入	动作	工具	输出
战略分析之综合分析	选择战略举措	找出可行性的战略举措	战略举措清单	分析	"三度"分析表	待实施的战略举措

由于这些措施组合还没有经过"过滤"，所以缺乏重点，因此，我们需要按照重要程度、紧急程度和影响程度三方面进行量化评估，进而筛选出合适的策略，这就要用到"三度"分析表，如表 4-39 所示。

表 4-39　"三度"分析表

策略组合类别	内容	优先顺序			总分
		重要程度	紧急程度	影响程度	
SO					
WO					
ST					
WT					

我们可以对表中的每一策略按照重要程度、紧急程度、影响程度的不同来打分（可参考下面的"三度"分析评分参考表，如表 4-40 所示），并算出每一策略的总

分，然后对这些分数进行评估，进而识别出有效对策。

表 4-40　"三度"分析评分参考表

对策	评分		对策	评分		对策	评分	
重要度	1	不重要	紧急度	1	不紧急	影响度	1	影响力小
	2	重要		2	紧急		2	影响较大
	3	很重要		3	很紧急		3	影响很大

结合"三度"分析表中的分数，可以将符合下面条件的策略筛选出来：

（1）总分在6分及以上的对策；

（2）单项分为3分的对策；

（3）和基本诊断假设的解决方案一致的对策。

最终被保留的对策数量实际上取决于企业的资源，如果资源足够，就可以保留多个选项并行实施；如果资源不足，则保留核心的战略关键项目。

此外，这里必须补充说明的是，这些对策目前基本还是零散的，没有通过战略地图的逻辑线进行串联。在后续的战略制定阶段，我们将借助战略地图在"术"层面的工具对战略举措进行验证和串接，从而进一步优化举措清单。

案例：华为战略分析之"五看"

华为的成功，首先在于其战略的成功。早在受美国芯片制裁之前的十几年，任正非就敏锐地意识到芯片研发是通信产业的战略控制点，于是默默地启动了海思芯片的研发。

华为对战略机会的识别，首先是从市场洞察开始的。从早期的市场信息分析到后期的战略开发与执行，华为的企业管理逐步从零散走向了系统。

对于战略的研究和分析，华为总结为"五看"：看行业趋势、看市场及客户、看竞争、看自己、看机会。

一看行业趋势：研究价值转移趋势是战略洞察的关键输入。

华为每年会花三个月时间在流程上做市场洞察。在进行战略分析时综合采用

PEST、五力模型、客户分析、市场分析等工具。其分析关注点主要在以下几方面：

（1）突破性的新技术（PEST 中的"T"）；

（2）政府与行业法规的动态变化（PEST 中的"P"）；

（3）全球性竞争者和新进入者（五力模型中的"潜在进入者"及"直接竞争者"）；

（4）行业间的模糊边界（市场分析中的"行业集中度""产品结构"）；

（5）变化中的客户偏好（客户分析中的"动态分析"）；

（6）新的或变化中的利润模式（价值链分析中的"利润池"分析）。

二看市场及客户（市场）：整体规模与盈利空间。

华为战略分析第二看：看市场。重点看市场的哪些要素呢？看行业链的构成与运行模式（价值链分析）；看上下游的客户行业是什么（客户分析中的"动态特征"）；市场规模有多大（市场分析中的"产品结构"）；盈利性如何。

通过看市场，华为识别出了通信市场中通信终端的巨大价值和潜力：消费者业务不仅仅代表海量的终端用户，更是主业基站的核心竞争力的延伸，同时还是未来万物互联软件的核心入口。为此，华为高管敢于突破原有"永不做手机终端"的内部战略的限制，决定先从运营商切入试水。经过一段时间的努力后，配合自家芯片以 Mate 7 进入百万机型厂商行列……华为手机业务在受制裁之前，曾一度超越苹果公司成为仅次于三星公司的世界第二。

二看市场及客户（客户）：利益相关者的诉求与选择性满足。

华为战略分析第二看除了看市场，还要判断客户群体分类及其差异化的需求，并选择性地满足目标客户的关键需求。一年 365 天，任正非差不多有 200 天都在客户界面上。他认为，经常接触客户，跟客户经常互动，对市场的理解水平就会更高。

华为从客户分析层面进行解析，将客户分为产品购买者、产品使用者、内部利益相关者、客户的客户及其他相关主体。针对不同主体的价值主张，华为管理层从需求规模、差异程度、速度需要、成本需要、功能需要、便利性需要等方面展开分析。其间华为综合应用的战略工具包括内部利益相关者分析（客户的"利益相关者"）和关键成功要素分析等。

三看竞争：全方位的竞争要素分析。

华为最早是跟西方通信巨头在国内抢市场，之后又跟国际巨头在国际市场上进行了激烈的竞争。华为先是在国内赢得了竞争，此后又在国外打败了国际竞争对手，成为世界第一。华为在竞争分析方面采用的是一套模拟竞争机制，其独特的竞争分析方法值得关注和借鉴。

华为为了保证其战略决策的相对正确，采用方案PK的模式，即"蓝军""红军"之争。"蓝军"模拟竞争对手进行战略方案和决策对抗，即从竞争对手的角度来观察华为的战略，找出"红军"的弱点和不足之处，然后华为从竞争对手的角度拟定未来三年的战略决策。

在红蓝竞争对抗时，双方主要关注的竞争分析要素包括战略意图与目标、组织架构、财务与KPI、优势和弱点、市场覆盖范围、市场份额、增长率、产能利用率、质量、近期动态。其间所涉及的工具包括财务分析中的"关键财务指标"、组织架构、资源能力分析中的"竞争优势种类"分析、综合SWOT分析中的"SO：机会优势组合分析"等。

四看自己：通过内部诊断及商业画布思考优劣势与对策。

如何客观地看自己往往是最难的。

在内部分析层面，华为首先从内部价值链进行解析。华为关注"平台、资源、人才、关系或关键设备与技术等"与"研产销活动"的匹配情况，同时识别和评价合作伙伴的匹配程度。华为以研发和销售为主，至于制造，它将70%的工程都外包给了别人。可以说它是"微笑曲线"理论的践行者，着眼于回报率高的产业环节，并对其进行高密集投入，从而快速取得竞争优势。

华为看自己，还得看内部优势和外部机会，采用SO策略将优势与机会相结合，进而形成独特的价值主张。这时常见的三个问题分别如下：

（1）我们能给目标客户提供什么？

（2）产品和服务会给客户带来什么价值？

（3）我们能解决客户的哪些痛点？

华为看自己，还看风险防控。这一点在华为对美国的提防上最能凸显出来。通过顾问公司的视角，华为研究了美国如何有效地打击自己，进而提前对可能出现的风险进行识别、排序和预防。

五看机会：识别有效的战略对策，形成产业定位和组合的基本框架。

通过外部因素定量分析（EFE）和内部因素定量分析（IFE）筛选出内外部关键因素，再对这些关键因素实施SWOT组合分析，便形成了华为的"创新焦点"：

（1）市场层面的机会获取策略；

（2）内部运营的要素组合创新（例如Mate系列与荣耀系统的手机品牌组合）；

（3）关键战略业务点的识别等。

这些"创新焦点"需要资源支撑，特别是技术、人力和财力方面的支撑，但企业资源是有限的，要想把有限的资源用到实处，就需要对这些潜在的战略措施进行验证和过滤。前文所述的SO、WO、ST、WT组合策略在重要程度、紧急程度、影响程度三个维度上的定量评估与应用便是一个有效工具。

2003年前，华为每年的销售目标主要由任正非一个人来定。IBM顾问指出了华为当时的问题："2001年华为的销售目标是200亿，2002年就定到了400亿，为什么是400亿？华为在哪类客户、哪些产品上的机会能支撑公司实现400亿？什么都没有。"

华为受到这个批评之后痛定思痛，因此2003年之后华为改变了。他们在IBM的指引下导入战略分析的科学方法和工具及流程，首先看准市场，然后配置合适的资源去实现目标。他们逐步将战略分析与规划的过程标准化，固化为流程和可重复、可传播的管理模式。正是这个管理变革，让华为能够二十年持续"做正确的事"。

第四节　制定公司战略

在制定战略时，首先要思考企业的"使命""愿景""价值观"。

一、战略定位

企业在确定战略目标和发展方向时可以参照表4-41所示的公司战略之战略定位相关内容来进行。

表 4-41　公司战略之战略定位相关内容

维度	细分 / 说明	输入	动作 / 工具	输出
公司战略之战略定位	基于战略分析在战略目标、发展方向方面形成共识	关键要素；潜在对策；战略意图	筛选；分解；共识	战略目标；战略方向（开源路径）

1. 战略方向的把握：几种常见的战略开源路径

伊戈尔·安索夫是企业战略管理的鼻祖。他开创性地提出了公司战略概念、战略管理概念、战略规划的系统理论、企业竞争优势概念以及把战略管理与混乱环境联系起来的权变理论。

战略方向的把握离不开产品和市场，安索夫博士提出的安索夫矩阵对战略方向的把握具体重要借鉴意义，如图 4-17 所示。该矩阵以公司"产品"和"市场"作为矩阵的两个维度，通过两两匹配形成四类市场增长对应的营销策略。

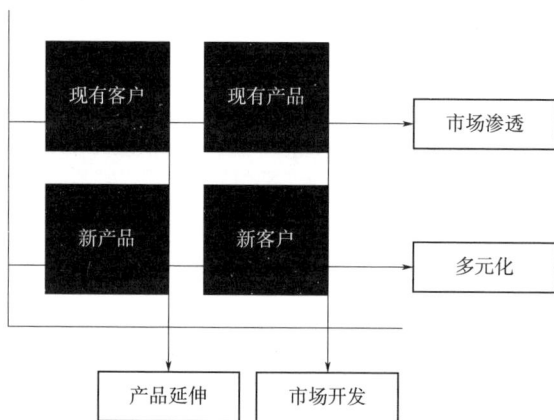

图 4-17　安索夫矩阵

（1）市场渗透

采取市场渗透的策略，就是通过促销或提升服务品质等方式来说服消费者改用本公司品牌的产品，或是说服消费者增加购买量。这项策略的主要特征是以现有的产品面对现有的顾客，在现有产品条件下力求扩大产品的市场占有率。

这项策略要求经营者系统地考虑现有市场、现有产品及营销组合间的关系，以达到促进市场渗透的目的。市场渗透是最常见和通用的增长营业收入的方式，它的实现途径主要有增加使用人数、增加人均用量、增加人均毛利以及上述三个要素的组合。

在产品生命周期的初始期和高速增长期，通过广告增加同一市场内的使用人数是市场渗透的常用手段。尤其针对终端消费者的商品，在这个时期的公众广告对销量具有明显的带动作用。

世界杯期间，拼多多几乎承包了央视五套黄金时间的所有广告。除了高频率之外，拼多多同步利用歌曲强化品牌"拼多多"与"拼得多省得多"的关联。借助半个月的电视广告，拼多多强势崛起，竟然成为中国市场继淘宝和京东之后的第三大电商平台。

拼多多的这种做法便是典型的市场渗透行为，它成功分流一部分原淘宝的商户和终端消费者，同时也降低了中国市场电商消费的参与准入门槛。平价电商曾是淘宝的属性，而拼多多的出现，让中国的电商消费人群向五线和六线城市延伸。

借助技术的力量则是亚马逊的市场渗透方式。它对消费者浏览过的商品进行"高频"显示或类似商品推荐，"帮助"消费者比较和提升消费可能性。这是从"增加人均用量"的角度采取的对策。关于增加用量，牙膏、沐浴露、调味料等厂商经常采用，他们把商品容量出口放大，让人"不知不觉"增加用量。当然，从对客户负责的角度来看，这样的做法未必是理性的：首先，客户用量增加可能引起使用过量，对客户健康不利；第二，客户也会根据使用习惯自行调整使用力度，控制用量。

对于使用人数、单位用量、单客价值的组合，实际上多数情况是混合采用的。拼多多在成长期也会引入一些相对中高端的商品，也会推送商品增加购买机会，同时对下沉市场进行巩固，并向中高端市场进行渗透。

另一个典型的案例是福州起家的朴朴生鲜电商公司，它在初创期与成长期采取了三种策略组合来扩大销售额。

①朴朴通过逐个小区摆摊、入会赠送小植物和日用商品的方式，地毯式地进行原始客群开发（增加使用人数）。

②新客户通过连续的几次优惠下单（价格往往经过补贴，低于当地生鲜的水平）建立良好的消费体验。同时，也会推出一些进口水果和生鲜，价格往往较高，但品质有保障（增加消费黏性和单客价值）。

③朴朴在人流量较多的公交车站进行各种使用"朴朴"的场景的推荐，如在打麻将时不想去超市买菜，晚上临时想吃水果又懒得出门的情况等（增加消费数量）。

（2）市场开发

为开拓新市场，企业必须在不同的市场找到具有相同需求的使用者。在这种情况下，厂商的产品定位和销售方法会有所调整，但产品本身的核心技术则不会改变。

支付宝作为我国电商的杀手级应用，凭借其易用、快速的优点，逐渐取代了现金支付。借助支付宝在国内的成功经验，蚂蚁金服在全球多个国家进行功能"复制"。

东南亚区域的经济增长主要来自电商、在线游戏和广告、休闲旅行。该地区有超过 70% 的人口年龄在 40 岁以下，中产阶层的数量正急速扩张。这是蚂蚁金服的必争之地，因此它在 2016 年并购了新加坡电子支付公司 HelloPay Group，通过这家公司打造了东南亚的"支付宝"。

蚂蚁金服在全球范围内投资了 9 个本地版的"支付宝钱包"，如印度的 Paytm、泰国的 Ascend Money、菲律宾的 Mynt 和韩国的 Kaokao Pay。

截至 2017 年 8 月，蚂蚁金服的业务已经延伸到美洲、欧洲和亚洲的 26 个国家和地区。在美国、新加坡、韩国、英国、卢森堡和澳大利亚拥有 6 家分支机构，并已向超过 12 万名海外商户提供支付宝服务，这其中包括餐馆、便利店、超市、免税店等。

蚂蚁金服的扩张案例属于典型的市场开发，支付宝的核心算法和功能在不同国家和地区差异并不大，只是进行了本地化应用而已。

当然，在具体落地实施策略上，蚂蚁金服在不同国家和地区是有差异性的。首先，对于发展中国家，它主要对在线支付平台进行战略投资，培养其能力。例如蚂蚁金服与印度公司 Paytm 的合作，在蚂蚁金服的技术支持下，一个至少 20 人的团队被派往位于新德里的 Paytm 总部，帮助重建支付技术平台和风险控制系统。其次，对于金融支付成熟的欧美国家，因为监管的需要，蚂蚁金服则通过购买支付牌照的方式切入市场。

（3）产品延伸

研发新产品给现有客户是"产品延伸"策略的核心。厂商通常是以扩大现有产品深度和广度的方式推出新一代产品给现有顾客，从而提高该厂商在消费者中的占有率。

说到利用产品延伸来拓宽市场的典型案例，我们不得不提 Wintel 组合的商业模式。

美国微软公司的操作系统 Windows 从 95 视窗到 Win 10，不断地迭代其产品。对于旧产品，定期进行后台服务提示"退出"，这样使得其新的产品能够不断地推向市场并销售。与此同步，其 IE 浏览器和 Office 套件也同步进行配套升级。因此，大家曾一度认为，Office 的新一代产品最大的敌人是其旧一代或旧两代的产品。至今，我们发现还有一些计算机用的是 Win 7 系统，Office 2007 办公软件。但在微软的市场策略中，推动升级来提升销量的策略始终未变。

英特尔为 PC 提供处理器。随着微软的软件升级，英特尔硬件也需要同步配套升级。微软和英特尔结成了事实上的同盟军，软件与硬件的每一次升级，都互相有所配合与协调。

尽管不少用户认为 Win 7 比 Win 10 的操作便利性更强，但微软仍旧延续主推 Win 10 升级的市场策略，并且英特尔从硬件上进行了配合升级，让八代以上处理器不再支持 Win 7。这从硬件上直接逼迫所有的 PC 厂商和用户不得不改用 Win 10。

产品延伸的另一种类型实际上是产品创新，例如乔布斯把传统电话开发成 iPhone，把一个通信工具演变成"可以通信的娱乐产品"。一部 iPhone 把电话、手表、指南针、浏览器、mp3、记事本、钱包等一网打尽，成为众多传统工具的替代品。智能手机及其应用市场的飞速发展见证了产品延伸策略的威力。

（4）多元化经营

企业是否能够多元化，要从产品、核心技术、客户、供应链等维度的共通性进行识别。两项业务之间上述要素的重合程度越高，表明业务相关性越高，反之亦然。

在安索夫矩阵中，为新的市场提供新的产品属于多元化经营。

横向一体化是对同业竞争的厂商进行整合，但它仍是在提供现有产品，不属于多元化。纵向一体化中，厂商向前收购、兼并或与客户进行战略合作，它们属于前向一体化；若厂商进入供应商的产业，或与供应商进行战略同盟，则是后向一体化。这两种情况都属于典型的现有厂商进入新的产品和市场领域，是相关多元化经营。如图 4-18 所示。

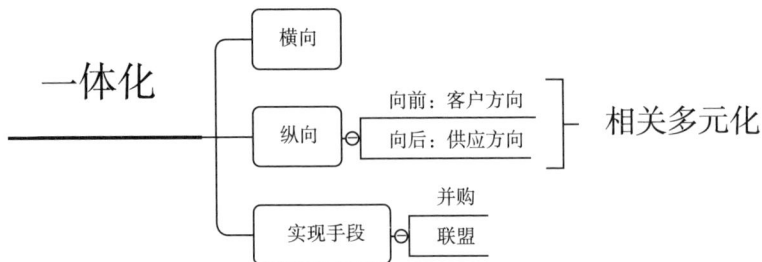

图 4-18　一体化思维导图

如果现有厂商进入与之前的产品和市场完全无关的领域，则属于非相关多元化。这时投入的行业与原有产品的上下游都没有关系，产品的核心技术也完全不同。

从产业实证的案例来看，非相关多元化的成功概率不高。究其原因，第一，我们认为同一企业在不同行业的底层能力（学习成长）是不同的，厂商在 A 领域有能力，但这些能力在 B 领域可能无法直接借用；第二，新产业的流程关键控制点与其能力可能不匹配，原来的产品可以匹配的，在新产品上可能失衡；第三，新产品的市场、用户与原产品不同。这三点都可能引发非相关多元化的失败。

案例：海尔在洗衣机市场中采用横向一体化策略

海尔洗衣机在 20 世纪 90 年代以滚筒为主，产品结构比较单一，其战略重点为扩大自己在洗衣机市场的份额。而红星电器曾是国内最早、最大的双桶洗衣机生产企业，它属于张瑞敏所说的"休克鱼"企业——硬件良好，软件（管理）欠缺。

1995 年青岛红星电器股份有限公司整体划归海尔集团后，更名为青岛海尔洗衣机有限公司，它成为海尔集团下属的第二个洗衣机子公司。其后，海尔采取了一系列"以企业文化激活休克鱼"的整合活动。

海尔没有直接奔着产品线而去，而是注意做一些基础性、引导性的工作。这就是海尔胜人一筹之处，它抓住了整合的关键。管理机制协同是海尔获得经营成果的重要基础，海尔对红星的愿景与战略整合提供了引导，在社会资本方面也提供了支持。

红星被并购后的第三个月实现盈利。10 月盈利 7.6 万元，11 月盈利 10 多万元，

12 月一个月盈利 150 多万元，企业出现了越来越好的发展态势。该公司洗衣机销量不到半年时间便从全国第 7 上升到第 5；全国市场占有率增长 3.7%。截至 1995 年 12 月底，该公司出口洗衣机 8.2 万台，创汇 1 230 万美元，位居当年我国洗衣机行业首位。

案例：可口可乐在我国采用前向一体化策略

可口可乐公司分销采用了特许经营的合作模式。特许经营指特许人与被特许人之间达成的一种合同关系。特许人以合同约定的形式，提供技术秘密和训练雇员服务；而被特许人获准使用特许人的商标、商号、企业形象、工作程序等，并由被特许人自己投资生产。

可口可乐公司通过由当地人自己筹措资金、购买设备，可口可乐提供技术服务，向装瓶厂销售"秘密配方"的浓缩原汁，划定各装瓶厂的销售区域等方式建立全球特许经营体系。

可口可乐在供应链上向各个特许经营的伙伴提供生产可乐的"浓缩原汁"，其他生产由当地厂商自行完成。这一方面节约了可口可乐自行生产所需要的资产和人工，以及向世界各地送货的物流成本；另一方面，通过特许经营伙伴的本地化制造服务，可以更好地结合当地的需求进行供应调节，形成更好的服务和交付。

可口可乐通过助力全球制造厂商，迅速把触角延伸到了市场腹地。

案例：京东商城的后向一体化策略

京东商城在其初期一直都处于"烧钱"的状态，但是它的业务量确实在步步增长。在未盈利的情况下，当刘强东告诉其最大的投资人京东要自建物流时，后者也是大吃一惊，因为物流是更"烧钱"的行业。

京东曾经 70% 的客户投诉均来自物流，客户投诉物流送货慢，货物损坏严重，当时合作物流商的水平无法解决这些问题。刘强东认为，只有京东自建物流系统才可从根本上解决这类问题。解决物流问题意味着公司未来的核心竞争力能够得到提升，用户满意度也会不断提高，这样公司才有盈利的可能。他的核心观点是：为用户体验烧钱是值得的，任何一家公司要"烧"出核心竞争力才有可能成功！

投资人谨慎地同意刘强东在 10 个城市进行试点。不到一年的时间，第一轮的 1 000 万美元的融资就用完了，效果还没有显现出来。刘强东开始找新的投资，在其最艰难的时候，他一周见了 42 个投资人。最终于 2008 年底，在一次合伙人大会上，刘强东认识了梁伯韬先生，后者以个人名义投了刘强东 100 万美元。后来，京东第二轮融资额达到了 2 100 万美元。也正是有了这 2 100 万美元，才使京东很多新扩展的全品类继续存活，各地的库房火速新建。

后来的故事很清楚，由于我国中产阶层的消费升级，高品质商品需求量爆发式增长。市场对于购物的差异化服务体验需求也同步上升。在物流的速度和退货体验方面，京东明显优于淘宝的购物体验，京东商城扭亏为盈。

我们从结果来看，刘强东的战略选择确实符合后来的市场趋势与消费体验。京东"自建物流"后向一体化的战略支撑其占据了我国第二大在线平台商城的地位，达到了预期的战略效果。

2. 分解愿景目标

战略目标要支撑愿景的实现。

战略目标的实现时间以 5 到 10 年为宜。

战略目标的内容主要是描述企业整体要达到怎样一个营收规模、盈利水平。同时，目标的设定也包括整体目标在各年度的分解。愿景目标的分解可参考表 4-42 进行。

表 4-42　愿景目标的分解

子域	活动	说明	输入	动作	工具	输出
公司战略之战略定位	分解愿景目标	长期愿景指引下的中期实现目标	愿景	分解	函数法；财务分解法	战略周期内各年度的发展目标

对于战略目标，我们需要根据组织的定位进行差异化设置。

（1）针对利润中心的目标，主要选择利润、营业收入、销量等指标衡量；

（2）针对成本中心的目标，主要选择成本、产量、技术参数等指标衡量；

（3）针对费用中心的目标，主要选择费用控制、人均效率等指标衡量。

在分解目标时，最常用的两种方法是函数法和财务分解法。

（1）函数法：根据历史的大数据和经验值，通过回归等方式建立数学模型，设置目标衡量指标的公式。借助公式和未来的参数假设，对目标进行时间序列分析，得到未来若干年的目标值。常见的函数模型有指数函数、对数函数和线性函数。

（2）财务分解法：企业的运行结果最终是以财务指标呈现的，因此，多数企业会直接从利润等核心财务指标出发进行分解，得到相关的财务、市场、内部管理等不同维度的管理目标。常用的财务分解工具包括 EVA 分解法、杜邦分析法。

3.更新战略意图

随着内外部环境的变化，原有的战略意图也需要随之调整和优化。相应的目标确认与分解也须配合战略意图的变化而动态适应。

战略意图更新实际上是进行战略选择，就是在"想做"（原始战略意图）、"可做"（外部条件有利）、"能做"（内部资源能力可行）之间找到交集，即找到企业战略中的"应做的正确的事"。

战略意图的更新可参照表 4-43 进行。

表 4-43　战略意图的更新

子域	活动	说明	输入	动作	工具	输出
公司战略之战略定位	更新战略意图	对战略意图内容与战略举措进行匹配和校准	战略周期内各年度发展目标对应的战略举措	匹配；"三力"分析	战略定位识别矩阵表	更新后的战略意图；更新后的战略目标（规模、盈利、排名）；更新后的战略举措

战略意图一般具有强制性和长期性，通常可变性不大。我们可以利用战略定位识别矩阵表（如表 4-44 所示）对变与不变进行一次"碰撞"，最终得出更新后的战略意图。

表 4-44　战略定位识别矩阵表

比较 / 筛选		使命	价值观	愿景
		A	B	C
发展目标	D			
SWOT 分析结论	E			
说明：将"发展目标""SWOT 分析结论"分别与"使命""价值观""愿景"进行比较，相互匹配的打√，无关的画○，相互冲突的画 ×。				
应用 1：SWOT 分析得出的战略举措与价值观相背离时，通常组织会选择放弃该战略举措。				
应用 2：当内外部环境变化要求公司的发展目标超越原有愿景范围时，也很有可能从发展的角度选择优化愿景。				

二、产业策略

1.选择产业组合

明确企业的具体目标之后，选择产业或产业组合去实现目标是必由之路。产业策略的实施可参照表 4-45 进行。

表 4-45　产业策略的实施

维度	细分／说明	输入	动作／工具	输出
公司战略之产业策略	基于目标与方向，选择实现战略的产业组合	战略目标；战略方向	战略控制点；GE 矩阵；BCG 矩阵	产业组合；产业三层面

（1）战略控制点

根据波特著名的价值链工具，我们可以重新思考企业实际的内部价值链的真实构成，并分析每个节点的真正价值。如果一个环节占有非常多的资源，但得到的增值却不大，以致成本大于增值，那么对于企业而言，或许就应该去除这个环节。

企业内部的价值链分析本质上是流程节点的利益分析。

价值链分析的关键不仅在于"增值点"的计算和确定，还有对"产业控制点"的锁定。增值点和战略控制点往往是重合的，当然也有分离的时候。这怎么理解呢？

增值点重点关注"利润池"，以利润作为唯一的判断依据；而战略控制点往往是竞争优势的关键，但在单点本身很可能是不盈利的。例如矿山行业，本身在市场需求低迷时是亏损的，不属于利润点，但对整个产业链而言，它是全产业的原料来源，具有重大的战略价值。

行业价值链		利润率	战略控制点
零部件	A	3%	
	B	12%	●
	C	1%	
组装环节		2%	
营销渠道		15%	●
售后服务		6%	

图 4-19　产业的选择最好兼顾战略控制点和利润点

两者也可能是统一的。波特认为，企业在竞争中长期保持的竞争优势，是企业在价值链某些特定的战略价值环节上产生的优势。行业的垄断优势往往来自该行业的某些特定环节的垄断优势，抓住了这些关键环节，也就抓住了整个价值链。

这个结论对于业务选择的意义在于：企业选择产业，必须首先考虑战略控制点，这个点最好同时也是利润点，如图 4-19 所示。

（2）BCG 矩阵

BCG 矩阵又称市场增长率—相对市场份额矩阵，主要用于产业及其发展对策的选择。实际上，它也是企业科学分配资源的工具，通过资源在不同业务中的调配，确保企业收益。

BCG 矩阵认为，决定产品结构的基本因素通常有两个：市场吸引力与企业实力。市场吸引力属于外在因素，企业实力属于内部因素，两者分别以"销售增长率""和最大竞争对手的相对市场份额比（相对市场占有率）"作为矩阵的两个维度，区分出了四种不同业务状态，分别是问题型业务、明星型业务、金牛型业务、瘦狗型业务。具体如图 4-20 所示。

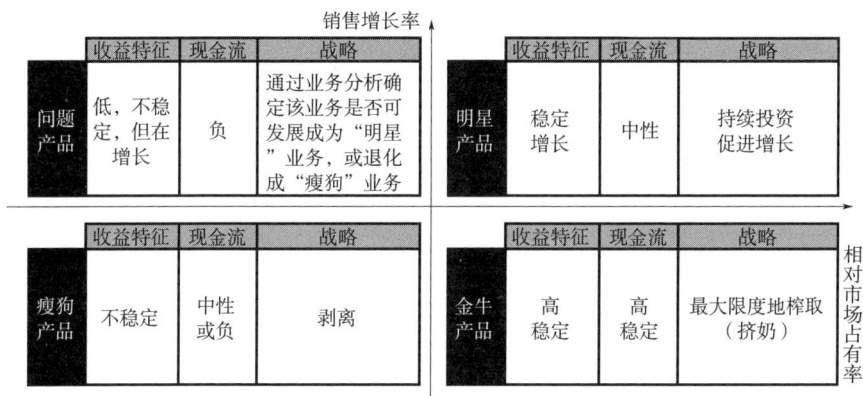

销售增长率								
问题产品	收益特征	现金流	战略		明星产品	收益特征	现金流	战略
	低，不稳定，但在增长	负	通过业务分析确定该业务是否可发展成为"明星"业务，或退化成"瘦狗"业务			稳定增长	中性	持续投资促进增长
瘦狗产品	收益特征	现金流	战略		金牛产品	收益特征	现金流	战略
	不稳定	中性或负	剥离			高稳定	高稳定	最大限度地榨取（挤奶）

相对市场占有率

图 4-20　BCG 矩阵下呈现出四种不同业务状态

①问题型业务是指那些高增长、低市场份额的业务。这类业务市场机会大，但公司在市场营销上存在问题。其财务特点是利润率较低，所需资金不足，负债比率高。例如在产品生命周期中处于引进期、因各种原因未能打开市场局面的新业务。对此类业务可以考虑采取选择性投资战略，找到那些经过改进可能会成为明星的产品进行重点投资。企业此时应采取智囊团或项目组织等形式，选拔有规划能力、敢于冒险、有才干的人负责此类业务。

②明星型业务是指那些高增长、高市场份额的业务。这类产品可能成为企业的金牛产品，需要加大投资以支持其迅速发展。这类产业采用的发展战略是积极扩大经济规模，以长远利益为目标，进一步提高市场占有率。这类业务可以采用事业部

形式，找到对生产技术和销售两方面都很内行的经营者负责管理。

③金牛型业务是指那些低增长、高市场份额的业务。金牛业务是企业现金的主要来源。这类业务的市场已经成熟，但市场总量不断萎缩，公司将不得不花费足够的资源维持金牛的领导地位，否则这个强壮的金牛可能就会变弱，甚至成为瘦狗。

④瘦狗型业务是指那些低增长、低市场份额的业务。此类业务财务特点是利润率低、处于保本或亏损状态，负债比率高，无法为企业带来收益。这是企业应该退出的业务，部分企业会选取其中的一个有价值的细分领域继续进行运营。

通过上述分析可能出现的产业决策包括：

①业务投资，以提高经营单位的相对市场占有率为目标，甚至不惜放弃短期收益；

②业务保持，目标保持或扩大业务单位现有的市场份额，使其产生更多的现金贡献；

③业务收割，通过坚持到市场最好，在产品生命周期结束前尽可能收入现金；

④业务放弃，清理战场，调整资源配置到更有价值的产业。

（3）产业组合

借助愿景的引导和战略目标的设计，企业已经形成较为明确的经营方向。当然，这些经营方向也只是宏观指引，它需要具体的实现路径去支撑。

随着新业态新技术的发展和兴起，原有产业边界扩大和模糊了。例如手机和电视之间原来没有市场冲突，但站在娱乐的角度，当短视频兴起，手机也是电视的竞争品。从大的范围考虑，它们都属于娱乐商品。当手机娱乐与电影院出现竞争时，在某种程度上，手机内容 App 也将成为娱乐行业的一部分。

企业业务范围可以从技术、业务、运作、市场等方面去识别（具体可参考表4-46），但现实往往会超越上述要素的限定，我们需要跨界看到圈外的竞争者。例如麦当劳表面上是快餐行业，但本质上更接近地产业，餐饮只是其收入的一项补充。

表4-46　企业业务范围识别参考表

边界类型	定义方向	定位	表征指标
技术边界	由生产的技术手段与装备及与两者相适应的工艺流程来定义	生产	专用性程度
业务边界	由产业提供其产品与服务的活动方式来定义	产品	差异性程度
运作边界	由产业活动的基础平台及配套条件来定义	组织	专用性程度与可容量
市场边界	由同一类或替代产品与服务的竞争关系来定义	交易	市场结构性质

在认清业务本身边界的基础上，对企业来说，更重要的是产业间的资源配置。若把资源从 A 产业延伸到 B 产业，则可借此扩大 B 产业营业收入；但若把用于 B 产业的资源转到 A 产业，则可以加强 A 产业的竞争能力，实现 1+1>2 的效果。这两者之间如何取舍？

回答这个问题的标准在于公司的战略意图。企业要根据产业的产品、竞争品、目标消费者和整体市场空间等限定条件，考虑眼前的对手和潜在的对手，从五力模型的"潜在进入者"视角去寻找资源配置的方向。此外，企业还应利用相关工具，分析采取措施后现有产业竞争者可能的反应与行为，在此基础上进行模拟推演和概率分析，最终决定产业组合与资源配置方案。

（4）GE 矩阵

当企业选择在多个业务领域进行资源配置时，最常使用的就是 GE 矩阵。GE 矩阵是在 BCG 矩阵基础上，补充决策要素，进而形成更综合全面的评价的工具。GE 矩阵是由麦肯锡公司和通用公司共同开发的对业务单元进行业务组合分析的管理模型。

具体使用方面，如图 4-21 所示，GE 矩阵采用市场 / 行业吸引力代替 BCG 矩阵的市场成长维度，同时，采用业务竞争力代替市场份额作为另外一个分析维度。矩阵中颜色越深的区域，相关的业务越值得关注和投入；反之落在白色区域的业务则要考虑舍弃。

与行业吸引力相关的因素有市场规模、市场增长率、市场收益率、定价趋势和竞争强度等，具体因素及评估说明可参照行业吸引力因素表，如表 4-47 所示。

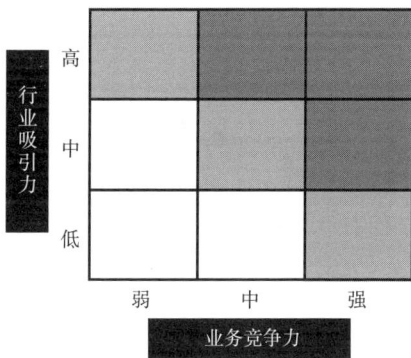

图 4-21 GE 矩阵

表 4-47 行业吸引力因素表

指标	权重	评估构面	评估说明	评分（1~5 分）	最终得分
市场空间		市场规模	主要体现在市场容量 /GDP 上，若市场规模大，则吸引力大		
		市场成长性	主要体现在市场增长率 /GDP 增长率上，若市场成长性好，则吸引力大		

续表

指标	权重	评估构面	评估说明	评分 （1~5 分）	最终得分
竞争结构		竞争强度	若盈利水平 / 行业平均盈利水平高，则竞争强度弱，吸引力大		
		竞争集中度	若集中度高，则吸引力弱		
竞争壁垒		准入壁垒	若经济规模和资金与技术壁垒高，则准入壁垒高，市场吸引力大		
		退出壁垒	若资产专用性高，则退出壁垒高，市场吸引力小		
业务链 竞争		上下游议价能力	若上下游集中度低，议价能力弱，则吸引力大		
		替代竞争威胁	若替代性威胁大，则吸引力小		

分析者通过对每个要素进行评价打分（1~5 分），每个要素的权重可根据其重要性自行设置，权重合计为 100%。行业吸引力中各因素最终得分 = 因素权重 × 因素评分，下面业务竞争力维度采用同样的方式计算。

业务竞争力的影响因素有企业自身资产与实力、品牌 / 市场的相对力量、市场份额的成长性、顾客忠诚度、相对成本结构、相对利润率等，具体因素及评估说明可参照业务竞争力因素表，如表 4-48 所示。

表 4-48　业务竞争力因素表

指标	权重	评估构面	评估说明	评分 （1~5 分）	最终得分
竞争地位		市场份额	若市场份额大，则竞争力强		
		份额成长性	若份额增长率快，则竞争力强		
竞争要素		产品性能与质量	若产品性能和质量好，则竞争力强		
		产品成本与价格	若产品成本低、价格低，则竞争力强		
		渠道	若销售网络多，则竞争力强		
		服务	若服务和备件网络多，则竞争力强		
		品牌	若品牌美誉度和知名度高，则竞争力强		
竞争潜力		技术与研发	若技术储备充分或研发能力强，则竞争力强		
		成本改进	若成本改进潜力大，则竞争力强		

将各业务单元的两维得分（即行业吸引力各因素的总得分与业务竞争力各因素的总得分）在矩阵上描绘，得到 GE 矩阵的散点分布图，并以散点为圆心、业务收

入规模为直径绘制圆圈。图 4-22 为某企业三种业务的 GE 矩阵图。

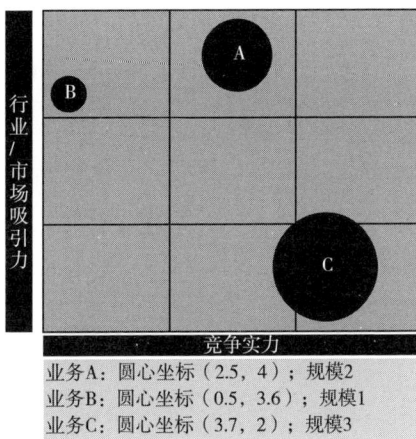

通过 GE 矩阵图，我们可以解读到以下信息：

业务 A：行业前景好，公司有一定实力，属于核心发展业务。

业务 B：行业前景好，公司实力弱，属于培育型业务，根据竞争结果判断去留。

业务 C：行业周期下行，但公司实力很强，属于现金收割业务。

> 业务A：圆心坐标（2.5，4）；规模2
> 业务B：圆心坐标（0.5，3.6）；规模1
> 业务C：圆心坐标（3.7，2）；规模3

图 4-22 某企业三种业务的 GE 矩阵图

2. 业务设计三层面：业务的今天、明天和后天

企业在选择好业务组合之后，就要考虑这些业务的进入方式和具体进入时机了，这时我们有必要将业务做一个分类，可以将其划分为核心业务、成长业务和种子业务。不同业务它们的战略关注重点是不同的。

（1）核心业务：侧重点在于维护行业地位、提升利润率；

（2）成长业务：关注市场发展增速，形成和凸显竞争优势；

（3）种子业务：关注新的业务机会点，找到有价值的趋势和机遇。

针对不同业务，企业所需要的人才与能力是不同的，具体我们可以参考表 4-49 所示的不同业务关键要素差异表。

表 4-49 不同业务关键要素差异表

业务与关键要素	第一层面	第二层面	第三层面
			种子业务：筛选出独特的市场机会
		成长业务：充分激发提升成长业务的发展后劲	
	核心业务：稳固并加强核心业务的规模与盈利能力		
业务象征	大树	小树	树苗
关键人才	经营者	开拓者	创新者
能力要求	利用好现有资源实现资源利用收益最大化	能从外部获取额外的机会和价值	捕捉新需求、发现新机会
经营策略	确保优化运作	快速成长	多点接触

针对不同层面的业务，企业考核重点也有所差异。

（1）核心业务：主要考核近期利润表现、现金流、利润、资产回报率；

（2）成长业务：主要考核收入增长情况、市场份额提升情况、市场地位；

（3）种子业务：主要考核投资回报多少和成功的可能性。

三、产业规划

在企业明确整体的战略目标并完成业务组合设计之后，就会面临实现方式的选择问题。如何对产业进行规划呢？我们可参照表4-50来实施。

表4-50　产业规划的实施

维度	细分／说明	输入	动作／工具	输出
公司战略之产业规划	基于产业组合及发展层次，明确产业实现路线与蓝图	产业组合；产业层次	大前研一分析法；矩阵图	产业组合的实现方式；产业蓝图

1. 设计业务组合实现方式

现实业务组合包括多元化、一体化等多种方式，每种方案可能有多个具体的路径方案选项。企业应该如何进行判断与选择呢？

企业的具体业务场景各不相同，选取工具和方法时必须"量体裁衣"。

对于业务组合实现方式的设计，我们可以参照表4-51进行。

表4-51　业务组合实现方式的设计

子域	活动	说明	输入	动作	工具	输出
公司战略之产业规划	设计业务组合实现方式	根据业务组合与发展顺序设计实现路线	业务组合；业务三层面；更新后的战略举措	提案	大前研一分析法	战略实现方式

业务组合实现方式的设计步骤如下所示。

第一步，设定目标。

在初步锚定发展目标时，需要充分考虑利益相关者对公司发展目标的期望值。例如公司股东的最低要求、员工的追求、政府的发展建议等，在此基础上，以企业愿景作为起点，公司核心成员共同思考规划期要实现的目标。例如一个矿山企业，从资源条件看，可以支持150万吨的年开采量，但作为股东、员工，在可持续发展需求之下，往往期望开采的上限在120万吨以内。这是一个典型的利益相关者影响战略目标的案例。

在充分考虑上述群体的需求与企业愿景之后，核心团队将初步锚定一个目标值，例如"五年之后营业收入提升 2 倍""利润额提升 3 倍"等。

第二步，确定基本情况。

假定没有战略管理团队的干预，以现有业绩为基础，计算企业自然发展状态下期末可达到的目标值，相当于探底，为之后的幅度提升做准备。

第三步，内部挖潜计算。

内部挖潜计算主要在进行利润目标设置时使用。通过计算，我们可以找出对总成本影响最大的环节或产业，同时也能大致计算出成本降低的幅度。

第四步，外部开源计算。

计算现有产业通过营销手段可以扩大的收入，即预测通过"市场渗透""产品开发""市场开发"增加的营业收入与规模。

第五步，在前四步的基础上观察可实现的目标值与原先锚定的目标值之间的差距。

如果没有差距，则上述产业内的降本与增收举措已经到位，无须继续延伸；倘若相反，差距仍旧存在，则需要更多后续措施，即后面的步骤。

第六步，寻找新组合，选择战略备选方案。

针对现有产业边界内难以解决的差距，核心层需要放开视野，寻求边界之外的可能性。产业边界的新可能性来源于"新产品 + 新市场"的组合。

企业可以借助现有产业的优势，在新的领域形成竞争能力。通常我们可以选择相关多元化的路径，或通过布局横向扩张实现一体化，还可以通过纵向延伸实现产业链的多点布局。

当然，企业也很可能出现非相关多元化的冲动，尤其是当某个产业炙手可热的时候，掌握资源的管理者很可能将资金投入这个产业。

这些非相关投资在前期也许会成为集团的利润补充，但后期很可能就是利润的"毒药"。

第七步，评价并确定备选方案。

脱离自己擅长的产业去寻找机会或可能性，这样做本身具有一定的风险。原则上企业应该借助原有优势延伸产业边界，在风险可控的基础上实现资源投资回报最大化。所以对于上一步的备选方案，企业要做出定量评价，对每一种方案的效益与风险进行全面评估，在此基础上确定最终方案。

第八步，制定详细的规划。

制定详细的规划，以便在全公司范围内实施这些战略。

上述步骤方法便是著名的大前研一分析法，我们可以把它总结成流程图的形式，如图4-23所示，这样更加形象直观。

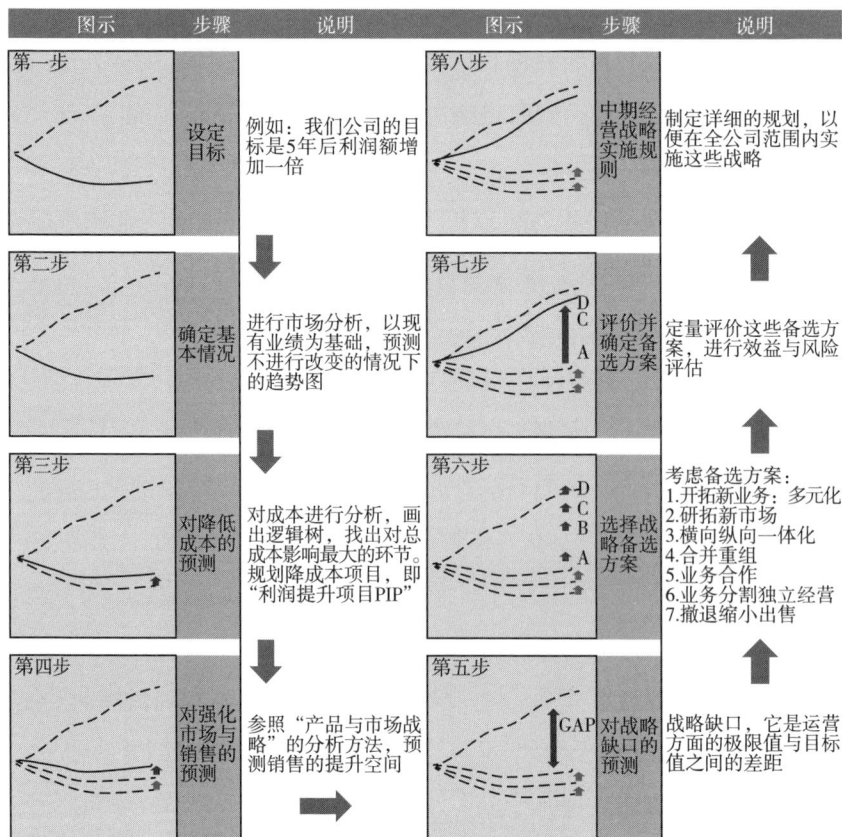

图4-23　大前研一分析法

2. 业务蓝图：产业链与地理位置二维图

对于一个商业组织来说，实现经济上的增值是其永恒的发展目标。

企业需要借助现实的运营实体转化落实，进而实现增值，业务蓝图则是具体的增值落实图，具体来讲，它是在映射商业模式的基础上，结合参与组织的角色、地理位置等要素进行布局的概览图。通过业务蓝图，我们可以清晰地看到上下游产业链以及企业实现增值的路径。

图 4-24 是某有色冶金集团的业务蓝图。由图可清晰地看到，该集团在矿山、冶炼、深加工方面都有业务布局。该图显示了其多个工厂在国内外的布局，以及体现原料国外保障的供应链。除此之外，通过业务蓝图我们还解读到了该企业终端成品技术国内控制的战略意图。

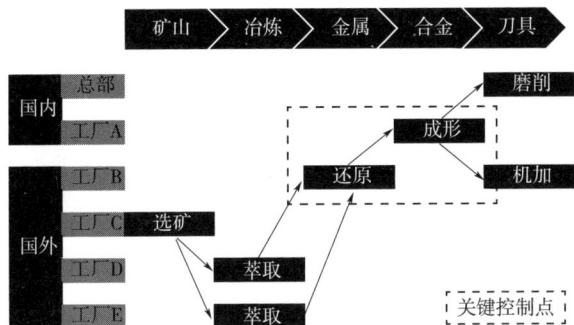

图 4-24　某有色冶金集团的业务蓝图

战略控制点是价值链中对竞争有重大影响的环节，识别这个环节后，针对性采取的措施即为战略关键举措，公司往往需要在战略实施前为关键措施匹配资源。通过战略控制点的运作，企业可以实现高利润或某种竞争优势的控制，进而保证长期效益的延续。

案例：华为战略规划之"三定"

一、华为战略管理四项原则

原则 1：战略是不能被授权的，一把手必须亲自领导、亲自参与整个战略制定与执行的全过程。

原则 2：战略必须以差距分析作为导入，集中力量解决关键问题（包括业绩差距、机会差距等）。

原则 3：战略一定要与执行紧密结合，重在结果。如果战略在制定出来以后即束之高阁，没有执行、没有监控，则其价值必然会大打折扣。

原则 4：战略应为闭环管理。

下面我们来看下华为的战略规划之"三定"，即定战略控制点、定目标、定策略。

1. 定战略控制点

华为对战略控制点的选择包括两个层面，一个是核心竞争力的范畴，另一个是产业链控制点的关键环节。

关于第一个范畴可以理解成一种不易构建，但也不易被模仿、不易被超越的中长期的竞争力，通常的说法是核心竞争力。

如果核心竞争力有"五层楼"，那么企业最容易到达的是有成本优势的"低楼层"，楼层越高，组织能力越难获取。

一楼：成本领先优势、性价比高；

二楼：运营快速、交付能力强；

三楼：主要受规模壁垒、资源垄断和地理屏障影响；

四楼：主要受客户黏性特性（品牌、声誉、转换成本、体验、产品配套锁定）影响；

五楼：主要受体系优势（系统集成、组织效率和专利）影响。

华为最早进入消费者业务依靠的是选择性价比作为能力方面的战略控制点，然而运营商带来流量的同时，也阻碍了华为手机向上构筑良好的品牌形象和产品体验。华为手机业务战略在选择战略控制点方面发生了重大转折：是否应该选择品牌（四楼），放弃运营商所带来的规模壁垒、交付能力和性价比（一楼至三楼）的原有能力优势？

是的，华为最终痛下决心，选择品牌这个更高的能力作为战略控制点。华为手机此后一路"开挂"，不仅实现了品牌含金量提升（四楼），还通过海思芯片的技术配套，迈向了系统集成和专利优势（五楼）。

如果说核心竞争力是战略控制点的第一个层面，那么对产业关键机会节点的控制则是其另一层面。

华为借助 BCG 矩阵、GE 矩阵的变形战略定位分析图去识别和选择关键机会点。也就是说，通过自身的竞争能力（维度一）和产业吸引力（维度二）可以筛选众多 SO 策略，得出众多的机会点，在此基础上找到其中属于"明星"的业务或细分市场。

如果业务处在"明星"位置，就说明这个机会点非常好；如果业务在金牛区域，则属于老的业务，那就处于收割阶段，以现金流回收为管理重点；若业务在问题区，则对于业务的取舍必须重新思考。

在与运营商合作中后期，华为手机业务实际处于问题区：虽然市场吸引力是足够的，可华为没有任何竞争优势。当时的华为没质量、没营销、没渠道，而众多的友商已经在产品、规模、品牌、专利上不断向上攀登，如果华为不改变，迟早将面临退出的局面。后来华为毅然放弃运营商的束缚，大胆地走向独立渠道和品牌差异化的道路，最终达到了良好的战略效果。

2.定目标

当华为敢于放弃运营商渠道继续其手机之路时，外界最大的疑虑是其出货量是否会大幅度下滑。然而华为内部却完全不受此影响，他们以超出想象的速度设定其发展目标。

2012 年，华为刚开启自己的手机品牌就提出硬件要做全球第一的目标。

2016 年，华为终端年收入刚超过 1 000 亿人民币，就定下了 1 000 亿美元的目标。

定目标通常有历史基数法、战略意图指引法，很显然，华为选择了后者。他们通过大胆而激动人心的挑战值激发整个团队的动力。

华为制定的目标貌似激进，但决策者却有着不为人知的底气：

（1）华为当时面对的是 4G 手机高速发展的风口期，市场具备高速成长的空间；（可做）

（2）华为当时有强大的知识产权，有资格和国际巨头谈开放合作，足够的专利优势保证了华为产品能够在全球通行无阻而无知识产权问题；（能做）

（3）华为内部的战略机制可以保障手机业务以聚集力量进行密集投资，实现"饱和攻击"。（能做）

我们从结果再一次去验证，华为的目标都已经成为现实。

3.定策略

仍以华为手机业务为例，当华为确定要达到 1 000 亿美元的市场规模后，随之而来的是如何实现的问题。华为是要在中国市场继续巩固和挖潜，还是把视线重点放在以欧洲市场为代表的海外市场上？

华为海外市场团队进一步进行策略设计：组织策略、驻地选择、攻关策略、物流策略、售后服务策略，甚至包括后勤策略等。

在上述策略得到有效实施后，2019 年消费者业务收入 4 673 亿元，占公司总收入的 54.4%，同比增长 34%，智能手机发货量超过 2.4 亿台。这还没有计算当年受美国禁令影响损失的营业收入，据悉，华为消费者业务在海外市场至少有 100 亿美元的制裁损失。

第五节　模式设计

一、商业模式

商业模式包含盈利模式，但不局限于盈利模式。

商业模式可以理解为企业与企业之间、企业内部部门之间，乃至企业与顾客之间、企业与渠道之间的交易关系和连接方式，以及这些方式之间的利益关系。

商业模式将企业内外部各种资源和要素整合起来，形成具有独特核心竞争力的运行系统，并通过提供产品和服务实现持续盈利。具体实施可参考表 4-52 进行。

表 4-52　商业模式实施表

维度	细分 / 说明	输入	动作 / 工具	输出
模式设计之商业模式	设计符合公司战略的业务层商业模式	业务蓝图；业务组合	设计；对标	商业形态；业务模式；盈利模式

我们对商业模式的设计要考虑以下三个要点：

（1）商业形态：在"设计商""制造商""运营商""贸易商"中选择一类或多类角色；

（2）业务模式：根据不同角色的组合形成企业独特的运营交付系统；

（3）盈利模式：不同交付系统之间，选择盈利可行性高的模式，并且进行验证。

1. 商业形态与业务模式

商业形态本质是选择的问题，就是从行业的参与方式上进行第一次判断。从某种程度来讲，企业的属性和成长基因已经决定了其参与方式，企业基本上没得选择。

确定参与方式之后，我们可以进一步确定企业的活动边界。不同企业在价值链中的分工不同，其参与价值创造的活动范围也存在差异。同样是手机厂商，有的可以做芯片，如华为，有的则只能做品牌和组装，如小米。这背后本质上是能力资源方面的差距，能力资源一方面决定活动范围，另一方面又影响着配置。

在所选定的活动范围中，供、产、销、配送、服务等活动都是在供应商、厂商、员工、管理者、分销商、用户等不同角色之间展开的，因此，业务模式中会有不同角色存在。

参与活动的不同角色在活动中形成互动关系，这些互动的性质和频率构成了整个业务模式的完整构件。

上述几个方面的思考与设计是商业模式的核心。

2. 设计盈利模式

商业模式的可持续性取决于不同角色对于利益的获得及满意程度，因此商业模式的利益相关者收益来源与计价是关键设计点，也是盈利模式的重点设计内容。

盈利模式是商业模式设计的落脚点，它直接诠释商业的本质问题，即如何实现收入与盈利。盈利模式不清晰，是不少互联网企业的痛点，光有人气无法实现真正赢利，也只能是"赔本赚吆喝"。

同样是提供 PC 的产业，戴尔的盈利模式在 20 世纪 90 年代成功创新为定制化生产模式，通过这种模式，戴尔直接与顾客建立起了联系，既解决了现金流的问题，又降低了库存风险，同时用户也能享受到个性化的产品。

在设计盈利模式时，不仅要考虑组织本身的收益，还要对所有参与角色的利益共享机制进行思考与安排，比如如何计价，不同角色的现金获取点与支出点在哪儿等。

广义的商业模式设计除了要确定商业形态、业务模式、盈利模式之外，还包括业务定位与业务规划。

3. 业务定位

业务定位依托于公司整体战略对业务的诉求，有的业务是为了实现战略保障功能，有的业务则需要实现战略突破。业务定位决定企业采取的商业模式，包括商业形态、交易结构、盈利模式等。换句话说，业务存在的价值决定了其存在的形式。

集团公司对其中一项业务的定位，于业务单元而言就是其战略意图的输入内容之一，是战略的硬约束，也是业务定位的第一层含义。

业务定位的第二层内容是业务本身如何进行业务细分和客户识别。

（1）业务细分：产业价值链的具体位置、角色；

（2）客户群识别：集团对本业务的客户的限定、业务单元本身对于客户群的方向性选择。

4. 业务规划

业务规划是在业务定位与盈利模式都完成后，在规划期内对业务目标实现过程中的里程碑节点的描绘和设计。图 4-25 是某企业的业务规划图。

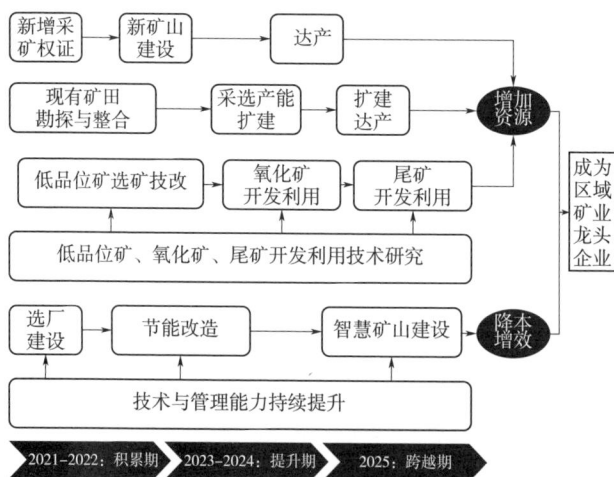

图 4-25　某企业业务规划图

二、集团管控

表4-53 集团管控实施说明表

维度	细分/说明	输入	动作/工具	输出
模式设计之集团管控	设计符合公司战略的管控模式	战略目标；企业管控现状；企业资本属性	设计；对标	管控模式；管控内容设计（职能、分析清单、流程）

1. 管控模式

集团管控模式基本上可以分为"财务控制型""运营控制型"和"战略控制型"三种管控模式，另外也有介于其中的"财务战略型""战略运营型"等模式。

采用财务控制型管控模式的企业，集团总部一般会作为投资决策中心，以追求资本价值最大化为目标，管理方式以财务指标考核控制的方式为主。财务管控特点是母公司通过财务管理和领导实现管理诉求，下属单位每年都会被分配各自的财务目标。母公司关注的是其盈利情况和自身投资回报、资金收益，不过问其生产经营的具体内容，而单纯评估其财务业绩。财务管控型的集团总部规模较小，也不向下属单位提供共享服务，职能人员主要是财务管理人员。集团职能主要包括财务和资产运营、集团的财务规划、投资决策和实施监控，以及对外部企业的收购、兼并职能。

采用战略管控模式的企业，总部一般作为战略决策和投资决策中心，以追求集团公司总体战略控制和业务协同效应为目标。管理方式通过战略规划和业务计划体系进行，总部负责审批下属单位的战略规划、计划和预算，再交由下属单位执行。战略控制型管控模式是集权与分权相结合、相平衡的管控模式，强调程序控制。集团总部主要负责整体的战略规划、财务和资产运营。总部规模并不大，主要作用集中在进行综合平衡，提高集团的综合效益。例如平衡各企业间的资源需求、高级主管的培育、品牌管理、最佳典范经验的分享等。

采用运营型管控模式的企业，集团总部会作为经营决策中心和生产指标管理中心，高度集权，追求集团主要经营活动的统一和优化。集团对下属单位的资源进行集中控制和管理，具体活动从战略规划制定到生产经营活动或具体业务的执行，几乎什么都管。统一战略规划、统一采购、统一分配、统一销售、统一调度、统一人事管理是该种模式的常见管控做法。总部职能人员人数多，规模庞大。

企业集团的各种管理模式都有成功与失败的案例，只有适合不适合之分，难以直接照搬到其他企业。企业应该在对标先进企业的基础上，综合考虑业务相关性、管理能力等因素，结合自身特点进行集团管控模式创新。

表 4-54　三类集团管控模式比较

比较维度	财务型	战略型	运营型
业务特征	多个非相关业务	多个全相关联业务	单业务或多个同类业务
集分权程度	分权	平衡	集权
总部定位	价值管理者	战略指导者	生产运营者
战略控制	下级单位战略，以报备为主	制订集团战略指导原则，指导战略编制过程，审核下级单位战略并配置资源	全面负责战略制订，下属单位只负责实施
投资控制	不控制，只关注结果	重大投资审批	大小投资全面控制
经营计划控制	不参与	提供工具模板和重大经营指标要求，具体计划由下级单位自拟	全面制订计划，下属单位只负责执行
人力控制	只管理一把手	管理下级单位班子成员，进行核心干部规划	全面制订人力规划，下属单位只负责执行
业务介入	不介入，只看财务结果	介入战略管理和中长期关键指标的控制与实现	介入所有经营与决策活动
总部共享服务价值	财务资源	财务、战略协同	全面服务

管控模式的具体选择可综合考虑集团下设的战略重要度、与主业相关度、产业市场响应形态、成熟度、股权比重和管理成熟度等因素。

管控环境也会在很大程度上影响管控模式的选择与设计，比如产业风险、信息化水平和授权文化等环境因素的影响。

2. 管控内容设计

选择管控模式之后需要匹配进行管控内容方面的设计，包括管控平台、管控环境、管控机制三方面的内容，如表 4-55 所示。

表 4-55　管控内容设计

管控平台	管控环境	管控机制
公司治理； 管控模式； 组织体系	风险； 信息； 文化	战略规划； 经营计划； 预算体系； 业务评价； 管理报告系统； 绩效管理； 审计监察

三、组织架构

组织架构的本质是为了实现企业战略和管控目标所进行的分工。它既是业务目标要求，也受运营模式的驱动，是战略和流程的执行者。由于流程之间需要流转和决策，组织也就成了决策权的划分体系以及各部门的分工协作体系。其设计如表 4-56 所示。

表 4-56　组织架构的设计

维度	细分 / 说明	输入	动作 / 工具	输出
模式设计之组织架构	设计与业务模式、管控模式匹配的组织架构	管控模式；治理结构；分权清单；架构及人才情况	设计；对标	组织形态（直线制、职能制、事业部制、矩阵制）；组织图

直线制是一种最容易理解的管理形式，简单说就是"人盯人"，如图 4-26 所示。它的特点是企业各级行政单位从上到下实行垂直领导，下属部门只接受一个上级的指令，各级主管负责人对所属单位的一切问题负责。它的优点是结构比较简单，责任分明，命令统一；缺点是只适用于规模较小、生产技术比较简单的企业，它对生产技术和经营管理比较复杂的企业并不适宜。

职能制除主管负责人外，还相应地设立了一些职能机构，各职能机构有权在自己业务范围内向下级行政单位发号施令，如图 4-27 所示。职能制的优点是专业分工管理工作比较精细，能充分发挥职能专业性，但其缺点是职能部门间容易形成"部门墙"，从而影响业务流程的顺畅执行，需要额外的管理去梳理和协调，从而增加管理成本。

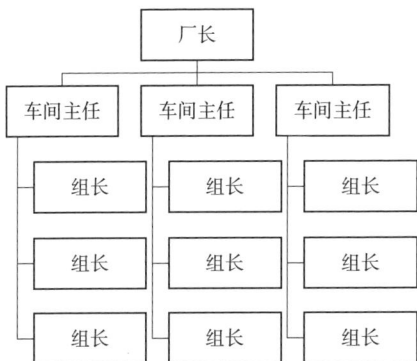

图 4-26　直线制组织

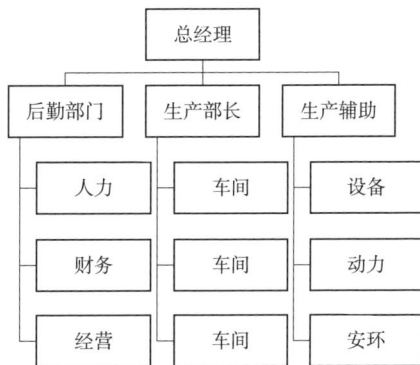

图 4-27　职能制组织

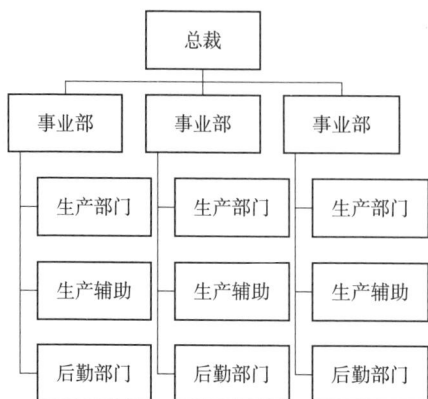

图 4-28　事业部制组织

事业部制是一种高度（层）集权下的分权管理体制（如图 4-28 所示），适用于规模庞大、业务组合多的大型企业，如央企。事业部制采用独立核算、自负盈亏的模式，按地区或按产品类别分成若干个事业部，公司总部只保留人事决策、预算控制和监督大权，并通过利润等指标对事业部进行控制。

矩阵制既有按职能划分的垂直领导系统，又有按项目划分的横向领导关系结构，如图 4-29 所示。这种组织形式适用于特殊项目或任务的跨职能部门的专门机构，尤其适用于横向协作和攻关项目。例如某个产品开发项目小组用矩阵方式，由有关部门派人参加，可做到条块结合。这种组织结构形式是固定的，人员却是变动的，需要谁，谁就来，任务完成后就可以离开，任务完成后就解散。其优点是机动、灵活，博采众长；但是矩阵制缺点也很明显，项目人员受到双重领导，人员的工作动力往往明显受到职能直接领导和项目负责人之间的关系影响，随机性和波动性较大。

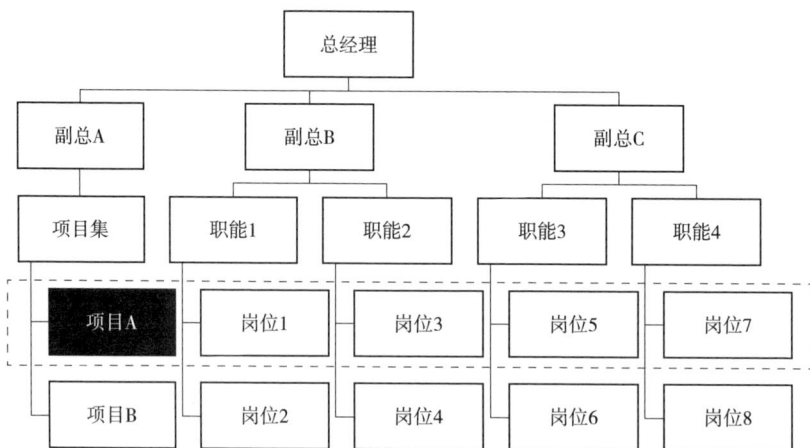

图 4-29　矩阵制组织

第六节　业务战略

一、业务定位

表 4-57　业务定位说明表

维度	细分 / 说明	输入	动作 / 工具	输出
业务战略之业务定位	根据公司战略，明确业务目标与发展方向	公司战略；商业模式	设计；对标	业务目标；业务发展方向

1. 明确业务目标

业务目标是主业务和附属业务在战略规划期的比例、增速、规模、盈利水平、市场占有率和排名等一系列目标，其制定可参考表 4-58 进行。

表 4-58　业务目标的制定

子域	活动	说明	输入	动作	工具	输出
业务战略之业务定位	明确业务目标	根据公司目标设定业务目标路线	公司战略目标；业务组合战略举措	分解	函数法；德尔菲法	各业务战略目标（规模、盈利、排名、市场占有率等）

函数法是通过分析总结业务影响因素与业务结果之间的规律，然后预测未来的影响因素，进而利用数学函数计算出业务目标值的方法。这里可以用到多种函数模型，比如一次函数、二次函数、幂函数、指数函数、对数函数等。

德尔菲法是对所要预测的问题征得专家的意见之后进行整理、归纳、统计，再匿名反馈给各专家，并再次征求意见，再集中，再反馈，直至得到一致意见的方法。德尔菲法是企业制定业务目标的一种常见方法。

企业制定业务目标时，可以组合使用函数法、德尔菲法，从而得到比较客观准确的业务目标。

2. 明确业务发展方向

业务发展方向是实现业务目标的总体性说明与要求，通过它我们可以知道业务发展是从市场出发还是从产品出发，或是两者都要兼顾。我们在寻找业务发展方向时可以参照"业务发展方向说明表"来操作，如表 4-59 所示。

· 111 ·

表 4-59　业务发展方向说明表

子域	活动	说明	输入	动作	工具	输出
业务战略之业务定位	明确业务发展方向	明确实现业务目标的整体方式	业务目标	选择定位	安索夫矩阵	市场开发；市场渗透；产品开发

关于安索夫矩阵我们前面已经提到过，它以产品和市场两个方向，区别出了四种关于产品、市场的组合和相对应的营销策略，这四种策略分别是市场开发、市场渗透、产品开发和多元化经营。

市场开发是以客户数量增长为目标的发展方式，通常的评价指标为面向新客户的销售额增长率、新客户与总客户数量的比例。

市场渗透的表现方式是存量客户或市场占有率的上升。

产品开发则是以增加产品品种来拉动销售的模式，通常衡量指标为新产品销售额的增长率、新产品收入相对总产品收入的比例。

二、业务策略

表 4-60　业务策略说明表

维度	细分 / 说明	输入	动作 / 工具	输出
业务战略之业务策略	为实现业务目标选择产品组合，并制定策略	业务目标；业务发展方向	匹配；对标；选择	产品组合；竞争策略

1. 产品组合

产品组合是在选定产业之后要进行的细化业务设计。

这个步骤的主要任务是通过产品规划分析进行客户与细分市场的分析与选择，确定产品组的定位与层次。产品组合的设计可参考表 4-61 进行。

表 4-61　产品组合的设计

子域	活动	说明	输入	动作	工具	输出
业务战略之业务策略	明确产品组合	将目标分配到具体的产品（线）和市场位置上	业务战略目标（规模、盈利、排名、市场占有率等）；业务发展方向；市场信息数据	选择定位	市场分析（类型—生命周期—趋势）；竞争分析（五力模型—对标）；产品结构（占比—成长—市场吸引力—市场竞争力）	市场细分产品（线）定位；产品（线）组合规划；细分目标产品线排序；产品线规划三步走及目标

（1）产品规划分析

首先，进一步分析细分市场和客户，为产品组的定位与组合提供决策依据。

产业定位划定业务单元的运营边界，商业模式影响着具体业务的商业、交付与盈利形式。在此基础上，细分市场和客户的差异性为具体产品的设计提出更细节的要求。因此，在面对具体市场之前，我们须对此信息进行充分分析。

先对市场进行细分，通过识别细分市场和客户的特征与差异性，找到不同的满足需求的产品组合。

消费类市场的细分要素如下：

a. 地理：位置、城镇规模、气候条件等；

b. 人口：年龄、收入、数量、教育程度、结构与分布；

c. 行为：购买频率、习惯、数量、金额、偏好。

生产类市场的细分要素如下：

a. 地理：自然地理、产业群；

b. 实力：规模、盈利、现金流、行业地位；

c. 需求：偏好、历史交易习惯；

d. 渠道：直销、代理、网络。

其次，对产品或产品组从市场吸引力因素和市场竞争力因素两个维度进行市场分析判断，具体可使用市场吸引力因素评价表（如表 4-62 所示）和市场竞争力因素评价表（如表 4-63 所示）来评价分析。

表 4-62 市场吸引力因素评价表

评价要素	细分要素	分值（1~5 分）	权重	加权分值
市场规模				
市场增长率				
利润潜力	同业竞争程度			
	替代品能力			
	供应商议价能力			
	客户议价能力			
	新进入者能力			
战略价值				

表 4-63　市场竞争力因素评价表

评价要素	得分（1~5 分）	权重	加权分值
市场份额			
市场份额的成长性			
产品优势			
品牌优势			
渠道优势			
生产能力			
营销能力			
融资能力			
管理能力			
……			

第三，在完成上述两个维度的分数统计之后，我们可以结合前面的 GE 矩阵工具给产品进行矩阵定位，并且思考其管理策略。

对于吸引力强、竞争力弱的产品，我们应该提升内部能力，选择部分市场区域；

对于吸引力强、竞争力强的产品，我们应该采取投资、增长、保持优势的策略；

对于吸引力弱、竞争力弱的产品，我们一般不选择，除非是其他产品类的配套；

对于吸引力弱、竞争力强的产品，我们应该采取保持市场份额，争取收入的持续时间的策略。

第四，对所有的产品类进行综合考虑和权衡，在此基础上制定产品类发展规划，如图 4-30 所示。

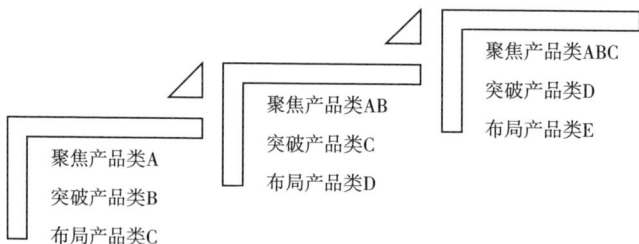

聚焦产品类ABC
突破产品类D
布局产品类E

聚焦产品类AB
突破产品类C
布局产品类D

聚焦产品类A
突破产品类B
布局产品类C

图 4-30　产品类发展规划

（2）设计产品组合

关于产品类别的组合，是同一产业中功能、作用、市场、客户、技术都不尽相同的产品分类的动态管理。产品组合包括产品系列的宽度、长度、深度和关联性四个因素。

产品系列的宽度是指企业的产品线总数。产品线也称产品大类、产品系列，是指一组密切相关的产品项目。这里的密切相关可以是使用相同的生产技术，产品有类似的功能，同类的顾客群，或同属于一个价格幅度。企业通过增加产品组合的宽度，可以充分发挥企业的特长，使企业的资源得到充分利用，提高经营效益。例如iPad 和 iPhone 之间的组合。

产品系列的长度是指一个企业的产品项目总数。产品项目指列入企业产品线中具有不同规格、型号、式样或价格的最基本产品单位。通常，每一产品线中包括多个产品项目，企业各产品线的产品项目总数就是企业产品组合长度。例如 iPhone 8 和 iPhone 8 Plus。

产品系列的深度是指产品线中每一产品有多少品种。增加产品的规格、型号、式样、花色，可以迎合不同细分市场消费者的不同需要和爱好，进而吸引更多顾客。例如 iPhone 6 可以有灰色、银色和玫瑰金。

产品系列的关联性是指一个企业的各产品线在最终用途、生产条件、分销渠道等方面的相关联程度。较高的产品关联性能为企业带来大的规模效益，提高企业在某一地区、行业的声誉。苹果公司的产品借助与其关联性极高的专卖店进行形象推广和吸流，同时借助 iTunes 进行软件管理和内容消费的交易，从而使品牌得到了迅速发展。

通过产品组合管理，企业可以追求以下目标：

a. 价值最大化：通过资源分配实现最大化组合价值（各个项目的商业价值之和）；

b. 项目平衡：基于预先设定的决策准则，维持项目间的恰当平衡，包括长期与短期平衡，高风险与低风险平衡，具体项目或市场类别平衡；

c. 战略协同：确保组织整体战略与经营战略、创新战略始终保持一致；

d. 资源平衡：确保资源和焦点不会过于分散，多数公司在产品组合中往往囊括了太多的项目。应该确定适当的项目数量，以达到管理资源需求和可用资源之间的最佳平衡；

e.财务稳健：确保产品组合所选项目能够实现产品创新战略中所设定的财务目标。

在同一品类之内，不同的产品族或产品构成不同层次的组合。通过组合，企业力求使产品组合的广度、深度及关联性处于最佳结构，以提高企业竞争能力和取得最佳经济效益。

具体来讲，产品组合的三个方向如下：

a.扩大产品组合的广度，利用企业现有设备增加不同品种类型产品的生产；

b.发展产品组合的深度，以满足市场对同类产品的不同要求，提高市场占有率；

c.强化产品的关联性，从本企业降低成本、提高质量出发，尽量缩小产品组合的广度和深度，集中生产少数优质产品。

在具体操作中，我们可以从以下三个方向进行产品组合：

a.增加、修改或剔除产品项目；

b.扩展、填充和删除产品线；

c.增设、加强、简化或淘汰产品线。

在操作策略上，我们可以借助下面方法对产品组合进行设计。

首先，扩大产品组合的目的是提升市场占有率，实现内部的规模效应，其实现策略可以从广度和深度两个方向考虑。开拓产品组合广度是指增添若干条产品线提升产品服务范围；开发产品组合深度则是指在原有的产品线内增加新的产品内容和服务。

其次，缩减产品也是一种手段，其目标是聚焦垂直细分领域，集中资源突破某一领域。要取消那些获利小的产品，以便集中力量经营获利大的产品线和产品项目。

第三，提升产品的附加值也是平衡计分卡财务维度的一个建议，即在原有的产品线内增加高档次、高价格的产品项目，通过附加价值提高收益水平。

第四类方法与高端化相反，是在原有的产品线中增加低档次、低价格的产品项目，通过价格杠杆撬动和扩大市场占有率。

（3）设计产品层次

产品层次方面重点要考虑产品类排序问题，可以从财务能力、竞争地位和市场吸引力三个维度进行计分评价，具体可以参考"产品评价计分表"进行，如表4-64所示。

表4-64 产品评价计分表

评价因素	细分指标	权重	评分（1~5分）	产品类1的加权分值	产品类2的加权分值	产品类3的加权分值
市场吸引力	市场规模					
	市场增长率					
	市场收益率					
	市场战略价值					
竞争地位	竞争程度					
	市场份额					
	产品优势					
	品牌优势					
财务能力	开发费用					
	收入增长率					
	现金流贡献					

计算每一产品类的加权总分值，然后对产品或其类别进行排序，企业便可以找到重点产品类，进而为资源配置以及后续的市场工作开展提供参考。

2. 竞争策略：如何赢过对手

如果说战略定位回答的是 What 类的问题，那么竞争策略回答的则是 How 类问题。

竞争策略重点考虑如何超越竞争对手；

竞争策略重点在于让客户价值诉求和内部优势能力实现最佳匹配；

竞争策略是厂商之间动态观察、试探与调整的，既有长期战略的稳定性约束，也反映市场竞争变化灵活性的行动方针。其制定参考表4-65进行。

表4-65 竞争策略的制定

子域	活动	说明	输入	动作	工具	输出
业务战略之业务策略	制订产品（线）竞争策略	找到业务打赢的方式	产品线规划三步走及目标	分析	价值主张；产品线 SWOT 分析	竞争策略

前面我们已经提到，战略地图之道在顾客维度有三个层次：客户指标、价值主张和竞争策略。由表及里，层次思考得越深，我们对市场的定位判断就越清晰。

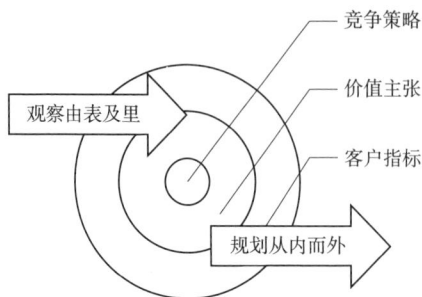

图 4-31 顾客维度的三个层次

竞争策略
价值主张
客户指标
观察由表及里
规划从内而外

客户只是一个外显的结果，这个结果是企业依附在产品或服务上的价值主张（卖点）被客户认识与接受的产物，而价值主张又是由更深层次的企业竞争策略驱动而成。

三者之间，从观察的角度是一个由表及里的剥洋葱的过程，而从工作计划的角度，则应由内而外来建设，如图 4-31 所示。

企业竞争策略是企业战略的一部分（它属于战略六个层次的第四层），它要解决的核心问题是：如何让本企业产品在市场上奠定特定地位并维持这一地位。

美国著名战略学家迈克尔·波特提出三种基本竞争策略：成本领先策略、差异化策略、集中化策略。

（1）成本领先策略

成本领先策略的核心是企业要最大程度地降低成本，通过降低商品成本来维持竞争优势。这要求企业在通过建立高效、规模化的生产设施，降低直接与间接的制造与服务成本的同时，还需要管控管理费用。为了达到这些目标，企业需要从产品设计开始，全流程确保总成本低于竞争对手。

富士康以低成本优势在国际电子产品零部件生产和组装领域攻城略地，通过一系列变革压缩成本，最终通过成本领先优势一举跃为全球市场领导者。2005 年富士康集团已经布局完成计算机、通信、消费性电子、通路、汽车电子、数字信息内容产业链条。

理论上成本领先可以带来售价上的优势，具备低价碾压竞争对手的实力，但是有这个定价能力和具体实施定价又是另一回事，后者是市场策略和定价策略的问题。就富士康而言，它确实如同我们通常所理解的，走的是低成本、低价格的竞争路线。

产业界内富士康号称"赤字接单，黑字出货"，即以低于竞争对手的价格接受订单，通过制造、营销各个环节的努力，压缩和节省成本，仍以竞争性价格将货交给客户。在国际客户的代工订单招标中，能够满足国际客户品质要求的外包厂商也就只有包括富士康在内的数家。为确保订单的规模与数量，富士康虽然采取极低的价格，但其维持内部价值链的高效运转，以规模与体量提升自己竞争力，掠夺其他企业生存空间，最终从财务报表反映出来，富士康仍然可以盈利。以此手段，富士康的订单形成马太效应，成为代工产业内的一家独大。

（2）差异化策略

差异化策略的重点在于公司提供的产品或服务要别具一格，或功能多，或款式新，或更加美观。如果别具一格战略可以实现，它就会成为在行业中赢得超常收益的可行战略，因为它能建立起对付五种竞争作用力的防御地位，利用客户对品牌的忠诚而处于竞争优势。

差异化策略要求企业关注以下几个方面：

需求分析：企业必须深入了解顾客，知道顾客需要什么，看中的价值是什么，愿意支付的价格是多少，从而找到产品的差异化方向。

差异设计：企业必须有能力创造其独特性，企业必须培育并保持能够创造顾客感知价值的、竞争对手难以模仿的能力，从而为差异化奠定基础。

差异传播：企业必须要让顾客感知到产品的独特价值。

案例：苹果公司成功实施差异化策略

1. 产品差异化

（1）外观：苹果公司的产品外观时尚大方新潮，能给人带来深刻印象。如iPhone轻巧流畅的外观很好地把握住了消费者心理。

（2）功能：借助苹果公司强大的创新能力，苹果公司的每一个新产品的问世，总能带来很多不同于其他品牌产品的新功能。如iPod shuffle，这是第一款可以支持语音发音的数码音乐播放器。此外，苹果独特的IOS系统使得其产品的稳定性及响应能力得到提升，形成良好的用户体验。

（3）定位：苹果公司的产品定位高端化，高价、高颜值、高附加值。几乎每一个产品都领先于同行业发展水平，所以价格一般也都高于同类产品。

2. 营销差异化

（1）新奇：苹果的产品一般一年才更新一次，型号少而精。在其产品设计开发的保密性上，苹果公司从产品设计环节到生产环节，直到官方正式发布前的最后一分钟，苹果力求不泄露任何产品细节。这使得消费者时刻保持新奇感和关注度。

（2）体验：苹果公司在全球建立了很多产品体验零售直营商店。在零售店里，购买者可以舒适地试用可能从未试用过的各种产品，比如创建一部家庭电影、电影制作、图形设计以及关于其他东西的讲座培训。为此，苹果公司推出了"one to one"售后服务，它可以提供私人培训、小组培训和开放式培训，进而让用户更好地掌握及运用它们的产品。

（3）设计：苹果公司在产品设计的细节上也进行了营销。前苹果高级营销管理人员透露："这些白色的 iPhone 耳机并不是由工程师设计的，而是苹果的营销手段。因为人们在用 iPhone 听音乐时，唯一能看得见的部分就是那个白色耳机，这就使得戴白色耳机成为一种新潮时髦的象征。"白色耳机因此成了 iPhone 的象征，其独特之处在于它以不同寻常的方式将自己与他人区别开来，而且不会影响客户的体验享受。

3. 服务差异化

（1）iTunes：在消费者购买产品以后，通过 iTunes 数字音乐管理软件，顾客可以在 iPod 播放器中对收听的音乐进行搜索、浏览、下载和分类管理。iTunes 不仅是网上音乐、影视、游戏、应用软件商店，更是一款功能强大的管理软件，这一关键附加特性增加了消费者价值。另外，由于 iTunes 上的各种商品都是付费下载，因此也增加了苹果公司的商业利润。

（2）售后：苹果对于屏幕、电池等主要产品部件在一定期限内提供免费更换服务，这与其他竞争厂商不同。对于用户而言，苹果的售后为自己提供了便利性，苹果手机不仅质量好，不容易坏，一旦有问题还可以免费维护，甚至免费更换。与竞品相比，它便为客户带来了高价格、高服务的差异性的特征与感受。

苹果公司通过实施差异化策略建立起了较高的忠诚度，同时对其他新进入的企业就构成了较高的行业进入壁垒。除此之外，实施差异化战略还可以有效应对替代品带来的威胁，替代产品必须能够满足顾客同样甚至更多的需求，还要克服顾客忠诚和转移成本的障碍，才可以维持市场地位。

（3）集中化策略

《孙子兵法》中也提到过这样的作战策略："故形人而我无形，则我专而敌分。我专为一，敌分为十，是以十攻其一也，则我众而敌寡；能以众击寡者，则吾之所与战者，约矣。"这就是集中化策略的思想。

集中化策略主攻某个特定的客户群、某产品系列的一个细分区段或某一个地区市场。其前提是公司能够以更高的效率、更好的效果为某一狭窄的战略对象服务，从而超过更广阔范围内的竞争对手。由此我们也可知该战略具有赢得超过行业平均水平收益的潜力。每个企业的资源都是有限的，为了取得相对强大的竞争优势，就需要把资源集中起来，以取得战局中一个或几个关键点上的相对性优势，而后由关键点的成功带动全局成功。

通常这个策略是中小企业受到资源与能力限制的情况下，主动调整资源投放时采用的竞争方法。如果说差异化策略和成本领导者策略的目的都是服务广大市场，聚焦策略则主要是追求某一个领域的专和精。比如，只向某一类顾客提供一系列产品，或者向大量的客户群提供非常局限的产品，或者只把自己的市场聚焦在某一个狭小的地区。

华为的"力出一孔"正是集中化策略的体现。

任正非在无线业务会议上对"力出一孔"从战略选择、资源配置、竞争力构建、人才选拔四个维度做了分享，并提出"力出一孔"的目的是争取更大机会，拉开竞争差距。

他说："研发的力量太发散，让竞争对手赶上来了。每一个产品线、每一个工程师都渴望成功，太多、太小的项目立项，力量一分散就把整架马车拉散了。无线产品线要力出一孔，要加强向主航道的投入，提高主航道的能力，在主航道上拉开与竞争对手的差距。要有战略集中度。你们不知道水能切割钢板吧？造船厂很多钢板都是用水切割的，高压的水穿过很细的孔力量是很大的！"

他还说："我们公司就是太重视细节了，缺少战略家。我们要打开城墙缺口，我不在乎你是一发炮弹炸开的还是六发炮弹炸开的，我要求的就是打开城墙，冲进去占领这个城市，那有多少财富呀！我不是说不该降低成本和提升质量，而是要看战略机会点，看谁更重要，一定要把战略力量集中在关键的突破口上，集中在主航道上、主战场上。"

可以说，"力出一孔"是华为战略管理的核心思想，也是华为作为一个后来者弯道超车的关键所在。没有聚焦，怎么可能有独特竞争优势呢？

（4）蓝海战略

波特的成本领先、差异化、集中化三大策略更多是基于产业竞争的前提去设置的，而韩国战略学家金伟灿教授和美国战略学家勒妮·莫博涅教授认为，在充分竞争的领域再怎么努力也难以长期获得很好的利润。他们在2005年提出，传统的竞争极端激烈的市场是"红海"，而"蓝海"是一个未知的市场空间，没有竞争的领域。企业可以通过价值创新手段得到崭新的市场领域，从而获得更快的增长和更高的利润。

有的企业经营者提出，利用创新的举措找到创新的市场，不就是差异化战略吗？《蓝海战略》的作者认为，波特的三大策略是分别独立的，而蓝海战略可以兼容三者或组合三者。蓝海战略强调，竞争可以通过"剔除—减少—增加—创造"四个维度创造与现有竞争者不同的特色。它强调打破现有产业的边界，在一片全新的无人竞争的市场中进行开拓，其关键策略（如图4-32所示）在于：

①哪些被产业认定为理所当然的元素需要剔除？这个问题可以剔除产业中企业竞争攀比的元素，这些元素经常被认为理所当然，虽然它们不再具有价值。

②哪些元素的含量应该被减少到产业标准之下？这个问题促使企业做出决定，看看现有产品或服务是否在功能上设计过头，只为打败竞争对手，企业所给实际超出了顾客所需，并徒然增加了成本。

③哪些元素的含量应该被增加到产业标准之上？这个问题促使企业去发掘产业中消费者不得不做出的妥协。

④哪些产业从未有过的元素需要创造？这个问题帮助企业发现买方价值的全新源泉，以创造新需求改变产业战略定价标准。

（5）全面客户解决方案

根据平衡计分卡作者的观点，顾客维

增加	减少
让一些基本要素的分量高于行业水平	降低行业一些习以为常的标准
创造一些行业从未尝试的新要素	放弃行业一些司空见惯的做法
创新	删除

图4-32 蓝海战略四维对策

度里的竞争策略都应该以差异化为原则，战略其实就是追求差异化实现的过程。因此，他们建议的竞争策略是总成本领先、产品领先、全面客户解决方案、系统锁定。

关于成本领先和产品领先，我们在前面富士康公司和苹果公司的案例中已经说明。对于全面客户解决方案，物流行业的"door to door"服务模式便运用了这一策略。传统的出口货物，货主要负责报关、装箱、制作提单、找船、制作信用证等各种工作，但在第三方物流出现后，货主只要提供货物清单和公司签章，其他环节都由第三方物流公司包办，包括从出口国的清单、船运，到进口国的清关与交付。这是物流的全面解决方案。

此外，随着我国咨询行业的发展，越来越多的服务商开始在咨询的基础上进行产品延伸。从科目来说，原来做战略咨询的服务商（顾客维度），逐渐延伸到运营层面的咨询（内部运营维度），有的运营咨询商延伸到人力资源（学习成长维度），这是趋势之一；另一个趋势是咨询的解决方案从专业延伸到落地实施服务。咨询方案除了提供好的方案建议之外，还提供落地过程的培训辅导，以及实施环节中的工具，例如 IT 系统的配套。因此，咨询行业逐步从单点服务向综合配套的业态转变，这是市场驱动的全面客户解决方案的商机。

（6）系统锁定

用户的高切换成本通常是系统锁定战略的来源。例如中国三大电信运营商，它们对用户最大的系统锁定是手机号码。由于号码无法在运营商之间自由切换，而用户的大量朋友、客户都绑定在原来的号码中，这样便形成了巨大的换号成本。此外，用户个人的银行账号、微信号、水电煤气等众多的号码也与手机号绑定，对于普通用户而言，无论从主观还是客观，都很难放弃原有手机号码。

用户的使用惯性也是系统锁定战略的方式。回顾滴滴出行、美团等软件的崛起过程可以看出，在其平台推出之际都依靠大量的补贴去培养用户。当大量的用户已经适应出行提前网络预约车辆之后，滴滴开始取消补贴，而用户已经体验到其便利性，需要时仍会消费。针对司机也同样，原来的高额补贴聚集大量的网约车司机和车辆，并且通过加盟费的方式绑定。当滴滴取消补贴之后，司机虽然会在某种程度上利益受损，但他已经习惯并依赖于这个软件提供信息和支付渠道，难以转换。

案例：谭木匠的蓝海战略

谭木匠高度专注于木梳等小木制品行业，从一个小作坊发展成为年零售过亿元的明星企业，遥遥领先于同行，是木梳这个小领域里面的"隐性冠军"。在行业定位上，谭木匠具有"集中化策略"的特征。

谭木匠的价值主张是木梳品质和文化营销。它通过分析我国发梳市场的实际情况和顾客的需求采取行动，剔除行业中不必要的元素，把一些影响不大的元素减少到产业标准以下，通过这个步骤能够去除没有创造价值的成本（具有成本领先策略的要素）。对于其价值主张的质量，把对竞争力影响大的元素增加到产业标准以上，品质上超越现有竞争对手，实现产品口碑（有产品差异化的运用）。

具体策略方面，谭木匠充分应用蓝海战略四维对策，如图4-33所示。

剔除	减少	增加	创造
小地摊、超市、便利店	广告支出	工艺技术含量、品牌内涵张力	传统文化的情感体验

图4-33　谭木匠的蓝海战略

1. 剔除

剔除小地摊、超市、便利店。因为这些渠道与其古典文化和现代文化相得益彰的定位不符；其次批发商户竞争激烈，常常为争夺市场互相杀价，影响公司定价；此外这些渠道的回款相对较差，不利于公司的现金流。因此，谭木匠果断调整渠道，避免出现在廉价渠道。

2. 减少

减少广告支出。星巴克咖啡很少打广告，但这不妨碍其成为世界上最大的咖啡供应商。谭木匠也同样，它的形象传播并不依靠传统的大众媒体广告轰炸，而是把有限的广告经费用于礼品广告、店面广告等渗透力强的手段上，主要依靠自身定位的力量在传播上取得优势。这一方面节约了无效广告的成本压力，另一方面又极大地降低了品牌传播的障碍和干扰度，避免了与其他竞争品牌的广告竞争，以灵巧的方式轻易占据有利位置，水到渠成地扩大知名度和影响力。

3. 增加

增加工艺技术含量和品牌内涵与张力。品质把关成为谭木匠的重点之一，每一把都是经过三十六道手工工序精心打磨而成。取材方面，大多取材于上等的黄杨木、桃木、枣木。工艺方面，实木通过草染、生染等手工工艺精心打磨，再经蒸、烘、高温加压等特殊工艺处理。功能方面，木梳通过草木染工艺，利用严格的中药配方，再把这些中药进行压汁，然后把梳子放在里面浸染。最终，通过整个生产链条各环节的加码，形成谭木匠在产品上的独特优势。

4. 创造

创造传统文化的情感体验。谭木匠注重对加盟连锁店的标准化管理，尤其注重店员的素质，各片区经理和督导在店面装修时就会对加盟店的店员进行培训。通过员工的素质提升，创造木梳功能之外的对客户尊重和对传统文化关联的新元素。例如，强调"顾客是亲人"是谭木匠的服务理念，唯有把顾客当亲人，为其提供优质、高效、满意的服务，企业才能得以生存和发展。

3. 价值主张：如何击中客户痛点

竞争策略的选择主要包含对产品和服务的价值主张的选择与组合。例如谭木匠选择将产品的高品质与文化内涵相组合。价值主张就是给消费者一个理由，也就是客户为什么要买你的产品？我们正在提供给客户哪些系列的产品和服务？我们针对细分客户提供了什么样的价值主张？我们该向客户传递什么样的价值？我们正在帮助客户解决哪一类难题？我们正在满足哪些客户需求？

不同客户对价值的认可度和认知度是不同的。有的看重品质，有的重视价格，有的强调交期，不同客户的关注点是不同的。因此，价值主张一定不是为所有客户设计的，它只针对你的目标客户。如果有不同的目标客户群，就要有不一样的价值主张。

以滴滴为例，它对于乘客的价值在于方便出行，且相对干净安全，但其价格比出租车略贵。对于乘客而言，可以获得的价值是提前约车的便利；对于车主而言，滴滴可以就近提供需求信息，节约无效路程，哪怕被平台抽取费用，但和自己寻找和开发客户相比成本低得多。因此，解决信息不对称的问题，是网约平台的主要存在价值。

清晰的客户价值主张可以准确链接你的产品服务与目标客户。价值主张的设计通常分为以下三个步骤：

（1）用户分析：判断顾客需求及价值取向的发展趋势。

（2）要素选择：对能够影响客户的价值要素进行罗列、比较和组合。

（3）策略匹配：与竞争策略进行匹配，修订价值要素组合。

进行价值主张设计的时候，我们可以参照价值主张设计模型来进行，如图4-34所示。

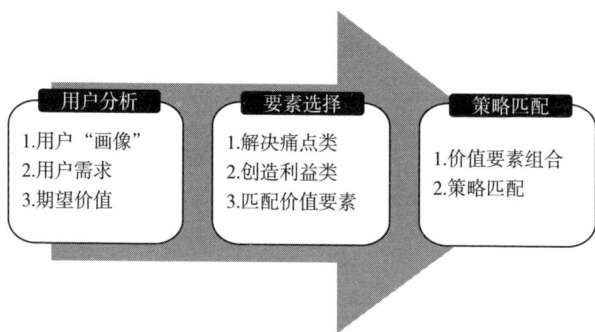

图4-34　价值主张设计模型

（1）客户分析

价值主张设计的基础是目标用户的需求及价值取向的分析，我们建议从客户"画像"的描绘入手。

用户"画像"包括以下思考点：

①客户的基本特征：性别、年龄、社会层次、收入、教育水平、几线城市、职业等。

②客户的使用场景：在哪些不同的情境下使用我们的产品与服务？会和什么人一起使用？

③客户的使用行为：在不同情境下，用户如何使用？

罗列客户的基本"画像"之后，针对其需求可进一步梳理：

①客户的挑战：客户面临的主要困难与挑战是什么？最终想解决什么问题或实现什么目标？

②客户的痛点：目前市面上的同类产品没有满足什么需求？我们将解决什么问题？

③客户的担忧：如果使用我们的产品或服务，客户存在哪些担忧或要承担哪些风险？

在对客户的需求进行整理并找到核心需求之后，我们要模拟或预测客户的期待价值：

①客户的期望：如果你是客户，你会期望产品具有什么样的质量水平？客户希望获得哪些利益？

②用户的价值：用户最想要什么？他们的痛点解决与否的衡量标准是什么？

③用户的增值：除了解决用户的核心问题，附带增加什么对其会有价值？

（2）要素选择

通过对用户的需求与价值分析，我们可以整理出客户的类别与不同使用情境下的需求，接下来，我们将企业提供的产品、服务与客户的需求或期望进行匹配。

首先，关于痛点类问题的提问："我们的产品能否……"

①……降低客户在某个领域的风险？如财务风险、质量风险、安全风险。

②……清除客户在实现某个目标上的障碍？如人员能力不足、组织架构不完整等。

其次，关于创造效益类问题的提问："我们的产品能否……"

①……比现有的解决方案表现更好？如更高的效率、质量、功能或速度。

②……在现有基础上更省时间、省钱、省力？

③……让用户更轻松完成一个任务或目标？

④……让用户得到一种新的方式去获得满足感？

回答上述问题后，我们需要提炼产品与用户期望之间最匹配的特征，即核心卖点。

以下价值主张是战略地图中按"产品＆服务""客户关系""自我形象"进行归纳的可以参考的价值主张要素，如图4-35所示。

产品/服务特征					关系		形象
价格	质量	可用性	选择	功能	服务	伙伴关系	品牌

图4-35 战略地图的价值主张模型

当然，以上要素与客户期望匹配之后，还要考虑其实现方式或传统方式，以及多要素的组合影响，它们是接下来竞争策略需要考虑的部分。

（3）策略匹配

竞争策略包含价值主张的要素或要素组合，它是动态的，需要通过价值主张的设计过程进行优化与取舍。

我们可以利用竞争策略匹配表来对产品进行精准定位，如表 4-66 所示。

表 4-66　竞争策略匹配表

用户需求	价值主张	竞争策略	用户需求与价值主张的匹配度 × 价值主张与竞争策略的匹配度
A	价格	成本领先	（取最高值）
B	质量	产品领先	
C	可用性	综合解决方案	
	选择	系统锁定	
	功能	蓝海战略	
	服务		
	伙伴关系		
	品牌		
	……		

匹配度按 1~3 分计算。在具体操作时，把用户需求 A 分别与价值主张各因素对照，正相关性最高的，其匹配度计分为 3，相关性适中的，其匹配度计分为 2，不相关或负相关的，其匹配度计分为 1；同样地，也将每一个价值主张因素与所有竞争策略一一对照，对匹配度进行打分；最后将两个匹配得分相乘，选出得分最高的组合，比如需求 A＋价值主张（价格）＋竞争策略（成本领先），这一组合可以帮助我们更精准地定位产品。

假设我们在设计某娱乐视频的产品的价值，通过分析下沉市场可知，消费人群主要是四五线城镇的青年人和中年人。其主要需求是开心、解压。这类用户的主要特征是消费能力有限，不希望影院、话剧、现场演艺等形式，廉价与便利性是其主要的价值主张。对照打分"价格"和"可用性"都为 3 分，其他价值主张都低于此；而与"价格"匹配的竞争策略得分最高的是"成本领先"策略，得 3 分，与"可用性"匹配的是"产品领先"策略得 3 分；最终找到得分最高的 2 个组合为："开心"需求＋价格低＋成本领先；"开心"需求＋便利＋产品领先。因此，与既能满足开心和解压，又相对便利、廉价的方式相匹配的便是成本领先和产品领先的竞争策略。

从成本领先的策略排除了高成本的渠道，如影院，最好的方式就是免费视频。

同时为了满足便利性，选择的产品最好以手机为载体，而且在观看方面最好能利用碎片化的时间。

结合上述的用户特征、需求、价值主张和可能的竞争策略，我们得出的结论大致如下：

关键要素 1：通过手机观看短视频以满足四五线城市的中青年需求，使其获得便利廉价的娱乐产品。

关键要素 2：除了廉价和便利，在增加目标用户愉悦度方面最好选取贴近生活的真实感强的视频。

产品结论：通过手机观看短视频以满足四五线城市的中青年需求，使其获得便利廉价、贴近其生活的娱乐产品。

"快手" App 正是符合上述定位的产品。它通过后台算法推荐搞笑视频（开心解压），同时推出同城短视频（增加真实感），产品很快成为备受欢迎的短视频娱乐平台之一。

三、业务规划

业务规划关键在于制定产品目标，而制订产品目标核心在于客户类指标的确定与管理。业务规划的实施可参考表 4-67 进行。

表 4-67 业务规划的实施相关说明

子域	活动	说明	输入	动作	工具	输出
制定业务战略之业务规划	制订核心产品目标，完成业务规划	确定核心产品的卖点与目标	竞争策略	分析	区域市场分析；渠道分析；产品 SWOT 分析	客户指标集；区域战略规划与目标；渠道规划与目标

客户指标与市场份额的关系如图 4-36 所示。

通过匹配产品或服务与目标客户的价值主张，企业在不同程度上建立起了客户满意度。具体衡量方法是通过价值主张的要素逐个进行问卷、对标比较，进而得出结论。

建立起了客户满意度才有机会让原有

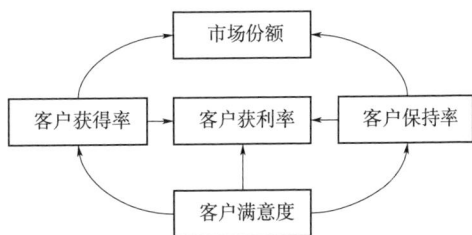

图 4-36 客户指标与市场份额的关系

客户持续购买，即巩固客户保持率，这一指标可以通过绝对数量或者成功率来衡量。

在产品形成口碑的基础上获得更多的客户，即客户获得率，这一指标也可以通过绝对数量或者成功率来衡量。

市场份额是从竞争角度统计公司各个产品在"总盘子"里的比例，它的持续提高也是建立在获客率和保持率不断增长的基础上的。

获客率、保持率及满意度共同影响客户个体或客户群的获利能力。例如同样的商品，哪怕价格、销量和竞争对手一样，但客户的满意度高，促进回款则比竞争对手好，即在一定程度上降低了成本。财务成本的相对节省也是提高客户获利率的一个来源。

对于客户指标的监控是为了监测公司对于价值主张的实现程度。它可以检验我们之前设计的价值主张和采用的竞争策略是否奏效。

产品目标管理通过客户指标管理来实现，即通过"竞争策略—价值主张—客户指标"的循环管理，为企业营业收入的可持续增长（"开源"）服务。

对于企业而言，"开源"是战略地图在顾客维度的落脚点。战略的出发点则是替客户创造价值，为社会作贡献，这是初心或使命。

企业经营者可以通过战略制定、战略解码、战略执行和战略控制与调整实现闭环管理，进而对经营绩效提供有效支撑。

区域战略规划与目标、渠道规划与目标都是对公司整体战略的分解结果，通常细分至不同市场区域或不同分销渠道，具体的细分颗粒度视管理需要而定。以区域为例，有的目标细分到省级，有的则细分到县市；以渠道为例，有的目标细分至总代理，有的则细分至零售点。

第七节　职能战略

一、职能定位

表 4-68　职能定位的实施相关说明

维度	细分/说明	输入	动作/工具	输出
职能战略之职能定位	明确职能设置的价值与目标	公司战略；业务战略	战略解码	战略地图；职能目标；职能使命价值

1.开发战略地图

开发战略地图是在"术"的层面，通过关键任务逻辑图的方式对战略进行表达和呈现，它的优点在于用一张图即可讲清楚战略逻辑。关于战略地图的开发可参考表4-69进行。

表4-69　开发战略地图相关说明

子域	活动	说明	输入	动作	工具	输出
职能战略	开发战略地图	通过战略地图找到职能与战略的连接点	竞争策略；业务目标	推理	战略地图模板	战略地图

2.明确职能定位

职能定位是解决为满足商业模式的实现，各职能如何协同，如何充分发挥自身优势的问题。

如何明确职能定位呢？我们可以参照表4-70进行。职能战略应回答：

（1）职能存在的必要性是什么？其核心价值有哪些?

（2）职能应该为业务承担哪些使命？

（3）职能匹配业务需要的发展愿景是什么?

表4-70　明确职能定位相关说明

子域	活动	说明	输入	动作	工具	输出
职能战略	明确职能定位	职能的战略意图体系	战略地图	分析	业务模式	职能使命；职能愿景

二、职能策略与规划

对于职能如何实现其定位目标，可参照表4-71来进行。

表4-71　职能策略与规划相关说明

维度	细分/说明	输入	动作/工具	输出
职能战略之职能策略与规划	实现使命和业务要求所要实施的任务	战略地图；职能使命；职能愿景；职能目标	战略地图模板；分解/WBS(工作分解结构)	职能战略地图；关键任务集

正如公司战略决定业务战略的边界，业务战略也决定内部价值链的策略选择。

例如，当公司的竞争策略是产品差异化时，内部价值链则把资源倾斜给产品开发的相关职能，流程以产品开发为中心，响应速度和时间完全按照开发进度和要求进行规划。

如果公司的竞争策略是成本领先，则标准化的制造流程和成本控制规范成为公司的价值链主要策略，管理的重点转移到日常标准的维持和人工操作规范性上。

如果公司的竞争策略是以蓝海战略所规划的产品或服务为主要内容，那么若这些产品或服务增加一部分，或减少一部分，则对应的职能也相应地增加或减少，工作重心也有所调整。

由上可知，内部价值链的策略是动态的，它会随着企业竞争策略的变化而变动。职能工作内容针对不同企业的不同策略会进行差异化设置，甚至同一企业内部不同产品的策略、同一产品在不同时期的策略也都不尽相同。

内部价值链的职能调整动因如下：

（1）不同产品的不同竞争策略；

（2）同一产品不同时期的竞争策略变化；

（3）同一策略在不同产品上的变化。

供应链上的职能针对上述不同策略采取不同职能分工后，可能遇到多类产品的多个策略对本职能要求产生冲突的问题。这类情况是普遍存在的，多数企业日常工作中的职能设计并没有意识到对策略动态性要求的适应，在模糊之间形成一种"以不变应万变"的局面。

面对需求冲突，现实中职能很可能面临组织绩效和客户要求倒逼，在组织或流程上被动进行调整和适应。例如组织为响应市场，不得不成立一个事业部，形成自己的研产销的小价值链，以重获竞争优势。

职能战略包括主价值链职能策略和辅助价值链职能策略。

1. 主价值链职能策略

主价值链运营的主要职能包括但不限于：

（1）研发职能策略：通过现有技术迭代升级实现竞争优势，或通过技术替代现有技术与功能，或者利用现有技术实现不同应用领域的价值。

（2）供应职能策略：供应职能策略往往是竞争策略的延续，其强调速度的竞争。力求市场占有率高的供应策略往往与成本相关。

（3）生产职能策略：通过精益化生产管理形成的高效率、低成本的制造方式。

案例：富士康低成本供应职能战略

富士康以成本领先作为其主要竞争策略，持续降成本是其关键任务，其对应的是供应商 VMI（Vendor Managed Inventory，供应商管理库存）供货制度，如图 4-37 所示。

富士康外部采购零部件采取的是 VMI 管理方式，即由零部件厂商自己承担管理库存的责任。也就是说，从财务上讲，富士康的零部件库存一直为零。对于零部件厂商而言，这种交易条件是极为不利的。富士康利用能够在自己的工厂里进行报关的特权，对从海外交货的零部件厂商也同样采用了 VMI 管理方式。

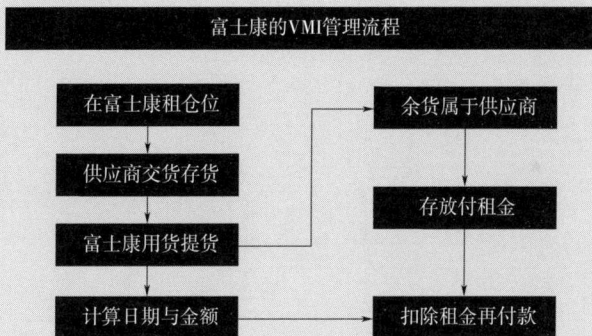

图 4-37　富士康 VMI 库存管理流程

当然，企业和供应商本身存在一个相互比较、相互选择的过程，双方都有议价权利。像富士康这样的产业主要角色才有能力进行 VMI 运作方式，也就是供应商与其合作的价值大于 VMI 管理增加的成本。本质上，供应链双方要在互赢的合作中找到平衡。

2. 辅助价值链职能策略

主价值链直接为企业创造价值，而辅助价值链提供的则是后勤和保障，它没有直接创造价值，其价值要通过主价值链的成功和收益间接实现。

在知识经济深入发展、信息技术飞速跨越的时代，无形资产显著表现出投资回报率上升的态势，与此相对应的是企业对辅助价值链重视程度的上升。

辅助价值链主要包括以下内容：

（1）财务职能战略：满足战略发展的资本结构和四大财务政策输出（投资、分红、负债、运营资本）。

（2）信息化职能战略：构筑企业信息化体系的指导方针，为企业的数据安全、业务效率提升与知识信息共享水平提供支持。

（3）人力资源战略：主要体现在人力与组织的使命和角色、战略人才识别与梯队建设、人才激励与保留策略等方面。

案例：A集团人力资源职能战略

（1）A集团人力资源职能战略地图，如图4-38所示。

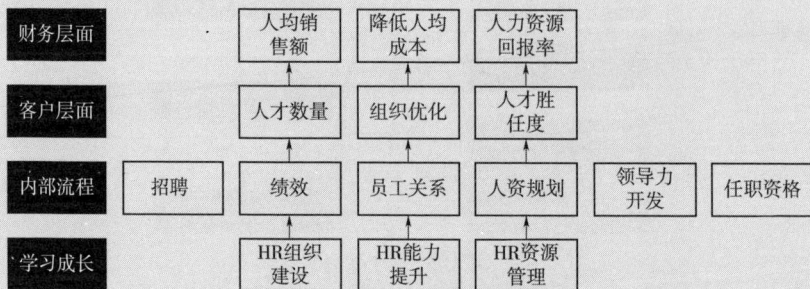

图4-38　A集团人力资源职能战略地图

（2）A集团人力资源部门战略定位包括战略伙伴、解决方案集成者、流程运作者、关系管理者、变革推动者和核心价值观传承的驱动者。

（3）A集团人力关键任务如下：

①企业文化的塑造与重建；

②编制人力战略、人力规划，实施战略性组织变革；

③战略性岗位体系设计与开发、构建战略性胜任力素质模型；

④战略人才梯队建设，包括关键人力资源开发与员工能力建设；

⑤构建战略性绩效管理体系；

⑥构建战略性薪酬激励体系。

（4）A集团人力关键策略如下：

策略一，结合业务进行战略解码，输出未来五年战略性岗位，设计相应的人才画像；

策略二，评估战略岗位、关键岗位的中期人才需求、人才缺口及补充方式；

策略三，继续实施核心管理后备梯队人才发展计划；

策略四，……

本章小结

战略是"开源"之基，战略之重在于指明方向、定好目标、设定范围。

本章对战略设计过程进行了全面讲述，通过内外分析、综合分析，进而形成战略目标、业务目标、竞争策略及战略地图。

战略是企业价值的龙头，是一个企业的灵魂，也是价值链优势和组织效能作用的牵引。

一旦战略明确，企业就必须根据战略控制点对企业资源进行组合与运用，借助流程管理、经营计划、运营管理、项目管理等综合运营，力求形成综合成本最低的核心竞争力，即价值链优势。

第五章

高管管理第二箭：建流程，塑造价值链优势

前一章我们讲了"开源"，这一章我们讲"节流"。

这里的"节流"不仅仅是节约成本，而是内部运营过程中充分利用资源和能力，取得相对综合成本较低的价值链优势的一系列努力。

节流可以理解为战略控制点与内部能力资源的匹配所产生的叠加优势，这个过程也是核心能力与行业关键成功因素的对接运营活动和项目活动。

节流是一座桥梁，连接外部需求和内部资源。

节流是通过产品与服务实现组织增值的实质环节。

节流在某种程度上弥补了 BLM 模型（Business Leadership Model，业务领先模型）在战略解码、流程管理以及运营分析等方面的欠缺。BLM 相对粗放地将战略管理划分为规划和执行两个环节，但对如何分解与衔接语焉不详。实际上，华为在使用 BLM 时也发现了这个缺陷，于是华为在战略与执行之间补充并引进三星集团的 BEM（Business Execution Model，业务执行力模型）等战略解码工具进行配套使用。

当然，仅仅补充战略解码工具无法承接战略规划到执行的功能。为了帮助企业在战略分解与日常经营时更有效地进行分工与协作，在本章内容中我将结合咨询工作的实践经验，对流程内控、年度经营计划和项目管理等进行说明。

总之，节流是战略分解与执行，是从流程管理到战略执行，再到战略控制的战略闭环的必要活动，也是价值链优势的塑造过程，如图 5-1 所示。

这个过程的实操方案是本书在连接战略规划与执行方面的创新，也是经过业务实践证明可行且易用的。

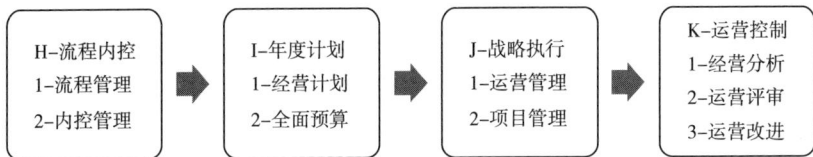

图 5-1　价值链优势塑造过程

第一节　流程内控

一、流程管理

流程管理是基于商业模式选择下的实现细节设计。

任何业务管理开展的过程都可以高度概括为输入、输出、中间过程、过程关系、价值等要素的组合[8]。

基于不同的竞争思路，各个组合所关注的价值是不同的。有的关注速度，力求简化活动和活动过程的关系；有的关注品质，在活动中需要增设控制与检测程序……总之，在设计流程前，思考的是竞争的需求与商业模式如何具体化。

流程设计从业务蓝图的绘制开始，经过流程架构设计、流程分类分级生成，而后配置相关配套工具表单，对流程进行强化和固化。

流程管理不仅包括基于商业模式的初始设计，也包含运营过程中的不断调整和再造，即流程优化。现实的商业环境是动态发展的，流程动态性调整是适应战略和商业模式的变化的必然要求。流程管理的实施可参考表 5-1 进行。

表 5-1　流程管理的实施相关内容

维度	细分 / 说明	输入	动作 / 工具	输出
流程内控之流程管理	根据价值链活动建立、优化、固化活动过程	现有流程； 商业形态； 盈利模式； 价值观； 竞争策略； 职能策略与规划	价值链分析； 流程设计； 流程优化	流程图； 流程说明； 流程工具

1. 流程设计管理

流程本质上是输入、输出、中间活动及活动间关系的集合，从要素上还包含流程的价值和交付对象，即用户。因此，流程的经典六要素包括输入资源、活动、活动与活动之间的关系、输出结果、结果对客户的价值和客户，如图 5-2 所示。

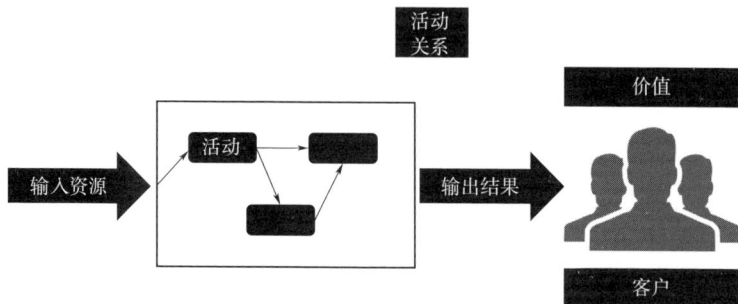

图 5-2　流程六要素

流程管理是企业管理的一个分支，也是一个工具，它从流程层面切入，关注流程是否增值，形成了一套"识别或设计流程、运作流程、信息化流程和优化流程"的循环体系，如图 5-3 所示。

企业在进行流程设计管理时，第一步往往更多是识别，或者说是识别大于设计。因为企业若能运作，则流程已经是客观存在的，流程设计管理是把现有流程通过分级、流程图等形式使之更系统条理的过程。现有流程制度是实际流程梳理工作的输入内容。

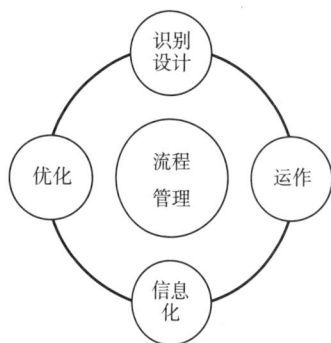

图 5-3　流程管理循环体系

流程在本质上要为业务战略服务，也受企业价值观和职能策略的影响，流程设计管理的内容比较丰富，在具体操作时，我们可以参照"流程设计管理相关内容"来进行，如表 5-2 所示。

表 5-2　流程设计管理相关内容

子域	活动	说明	输入	动作	工具	输出
流程管理	流程设计管理	根据价值链对流程进行梳理、绘制和文件输出	价值链；活动；文件	梳理	Visio；流程框架	流程清单；流程图；流程说明

（1）流程设计原则

流程的首要作用是对于商业模式的落地实施，这是流程价值的本质要求，其设计必须与竞争策略所引导的价值链战略匹配。

假设业务的竞争策略是成本领先，则其战略控制点应该定位在采购、制造两大领域。这两大领域作为重点流程，都应该围绕成本最优的思路去设计。

以富士康为例，其业务整体战略是成本领先，它通过大批量标准化的生产运营来获得竞争优势。在这种业务战略的长期指导下，节省已经内化为一种文化，一种习惯，成为一种自觉的行动。富士康的营销费用仅占营业额的 4%，比日系企业的20% 这一平均值低许多。

流程设计的第二原则是考虑组织能力与资源的匹配性。

世界上没有最好的流程，只有最适合的流程。

每个组织所拥有的文化、硬件、人员和发展阶段都不尽相同，其所需要的流程也有所差别，并不能简单复制，企业需要充分考虑自身实际情况以确保流程的可实施性。假设 A 企业在设计流程时希望把支出的审批权都集中在总经理处，因为其对标的 B 企业是这么做的，可设计者忽略的条件是，B 企业有信息化 OA 和手机审批系统进行支撑，总经理随时随地具备审批条件，而 A 企业却没有这个流程应用基础，采用的仍是纸质审批，除非让总经理每天守在办公室等签批，否则公司的采购、报销等与支出相关的业务势必会因总经理外出而耽误，新流程可能影响企业正常运营。

流程设计的第三原则是权衡流程实现成本。

流程在本质上是事的集合，任何事的发生都有成本，流程中的事如果价值大于成本，则应该对其进行删减。例如流程中的风险控制点需要相应的机制去降低风险概率，但若为此设计过长过繁的审批流，时间和精力及运营系统的不良影响已经大于风险本身的损害时，这样的风控措施就是没有价值的，甚至是负价值。

（2）流程分级

流程分级像是用放大镜看价值链，首先从行业价值链识别出企业所在的节点；然后继续放大，展开公司内部价值链；再往下延伸，流程把每个任务、活动、动作逐一展示，并讲清楚其间的物流、信息流和资金流。这就是流程的层级。如图 5-4 所示。

图 5-4　流程分级示意图

企业在行业价值链层面的思考属于业务战略层面的事；在内部价值链（一级流程）的思考则更多基于商业模式的实现，引发对职能策略的要求；而企业二级流程通常是一个职能领域内部的步骤或分工，例如采购管理（二级流程）内部延伸出供应商管理（三级流程）、采购价格管理（三级流程）、采购订单管理（三级流程）三个模块，这三个模块对应了采购部门职能的主要部分；若再往下细分，则供应商管理还可以分为"供应商开发流程""供应商评价流程""供应商投诉处理流程"（四级流程）……最终，当流程分解到一个岗位独自可以完成的颗粒度时，则用"操作手册"或"作业指导书 SOP"去规范具体动作和工作标准，这便完成了采购流程分级的任务，如图 5-5 所示。

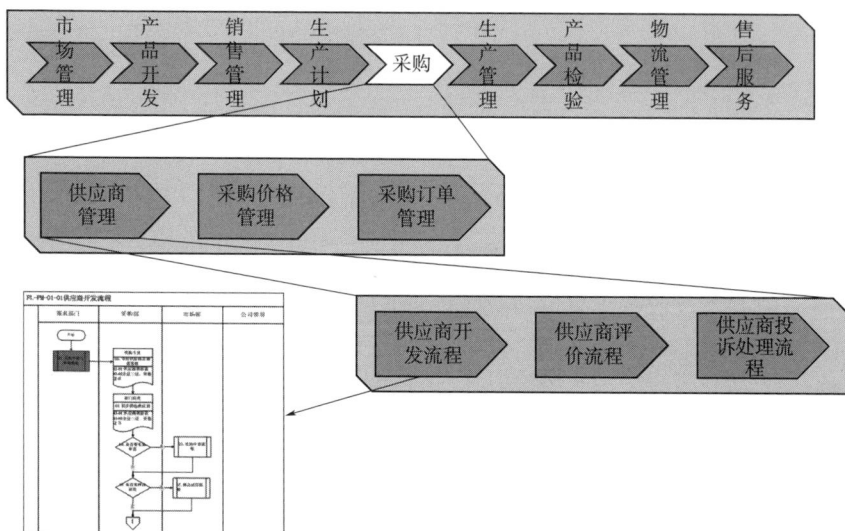

图 5-5　采购流程分级图

（3）流程图

流程图是业务流程显性化最直观的工具。

在管理实践中，通常采用的是二维流程图。通过任务（或子任务）的发生顺序以及承担部门两个维度去定位流程中的事件以及事件之间的关联，如图5-6所示。

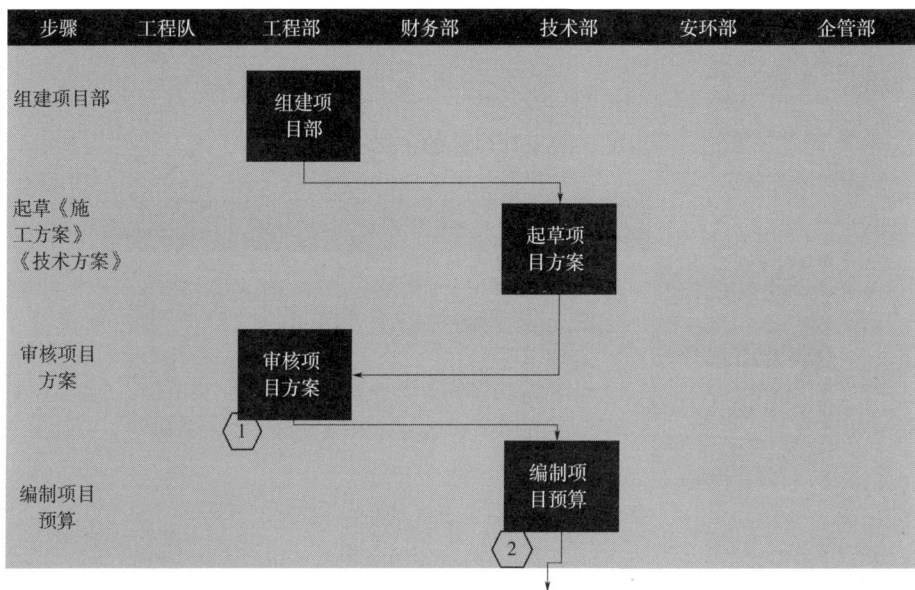

图5-6　二维业务流程图举例

流程图的绘制关键是记录和厘清任务和部门的对应关系，在具体描绘的时候，难点在于任务颗粒度的把握。例如一级流程图本身可能只是价值链上的环节，但很多时候仅仅以价值链无法说明业务核心过程中所必需的环节，因此在一级流程的颗粒度方面，很可能将小于价值链的任务或需在其任务上补充。一级流程图要达到的目标就是在一张图上把公司如何挣钱的几个步骤说清楚。注意一级流程的颗粒度是以部门为单位的，相关的动作应该是这个部门的重点职能，否则可能存在分工错位。

关于如何绘制流程图，以下信息仅供参考，我将它概括为一个箭头、两个维度、三个图标。

①一个箭头：这是活动的运行方向，其关注点在于思考流程的输入、过程和输出，如图5-7所示。

图 5-7 绘制流程图之"一个箭头"

②两个维度：关注执行者与任务的结合，通过二维定位确定职责。两个维度的思考关键点在于人与事的匹配程度、效率与风控的平衡，以及成本优化，如图 5-8 所示。

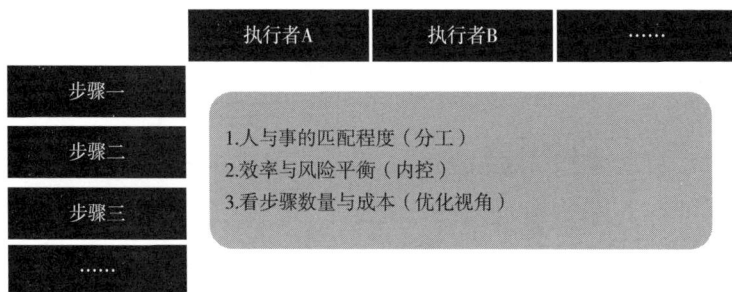

图 5-8 绘制流程图之"两个维度"

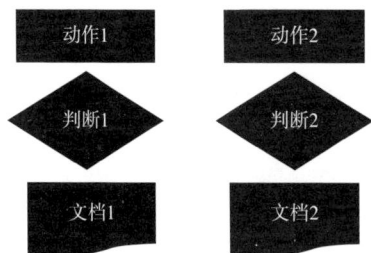

图 5-9 绘制流程图之"三个关键图标"

③三个图标：如图 5-9 所示，矩形代表动作或任务，菱形代表判断点，半弧矩形代表文件，它们在二维流程图中分别表示工作内容、判断内容和输出内容的符号。通过符号我们结合箭头方向就很容易了解一个流程任务的实施者与前后关系及其输出内容了。

（4）操作手册

操作手册也称为作业指导书（如图 5-10 所示），是在流程末端用于描述具体活动被如何完成的说明书，也称为标准操作程序（即 SOP，Standard Operation Procedure）。

通过动作描述和展示图片等形式，让一个陌生人也能明白某一项活动的具体操作过程与标准，它便是作业指导书的基本功能。

流程管理描述到四级或五级通常是以作业指导书的形式存在。至于何时用流程图，何时用操作手册，我们可以从参与的岗位来判断：如果某一岗位的具体工作可以由一名员工独立完成，则采用操作手册；如果是多岗位协作或跨部门的任务，则用流程图。当然，同样是一个岗位，可能"身兼多职"，这是岗位职责的范围，与作业说明书不冲突。同时，也可能存在一项活动过于复杂，一个操作手册写不过来，而由多个手册去描述的情况。

通常而言，操作手册用于生产一线操作类岗位。对于后勤职能类岗位的通用性活动，也会设计操作手册，例如"如何使用公司 ERP 报销""如何申请加班"等。对于职能型和技术型岗位，往往难以具体描述操作过程。例如设计一个产品，我们虽然可以说明它的操作步骤，但这只是过程说明，隐性的设计思路和创意是无法描绘的。因此，在设计操作手册时，关键要看岗位价值和使用需求，对于个性化的、非重点的动作没有必要设计。

作业指导书	文件编号	编制日期	页数	版本
				A/0
工序名称	标准工时		标准产能/H	
工序排号	作业类型		人员配置	
序号 材料编号		材料名称	材料规格	数量
1				
2				
3				
4				
5				
操作说明			技术要求	
检查上道工序				

图 5-10 作业指导书示例

2. 流程优化

表 5-3 流程优化相关内容

子域	活动	说明	输入	动作	工具	输出
流程管理	流程优化	对流程的有效性进行评估和纠正的过程	流程图；流程文件；问题	诊断；优化；再造	Visio；流程框架	新流程体系

（1）流程诊断

流程诊断通过对现有流程的梳理，找到职能、岗位职责、操作过程的交叉或空白，并对这些交叉或空白进行删减或增补，进而实现流程不重叠、不遗漏的效果。同时，为保障业务的顺畅运营，流程诊断还会检验权限的设置情况，力求达到权责匹配。

流程的常见问题包括部门权限、职责不清；岗位权限、职责不清；操作过多或缺乏标准；信息不对称、不共享；物流路线与周转不及时等。

流程诊断通过访谈、观察及梳理现状流程图来识别问题。

我们可以通过流程诊断表来整理流程在价值链上分工的问题，下面以研发立项流程为例来看下，如表 5-4 所示。

表 5-4　流程诊断表

主价值链	产品研发			
	研发立项		产品开发	
职责定义	从市场出发分析客户需求，明确产品开发方向		根据市场需求对具体产品进行研究开发	
主要活动	研发信息收集、市场研究、项目方案制定、可研分析、项目方案评估、正式立项		产品需求分析、设计方案制订、产品开发、实验测试、量产测试	
主价值链问题	职责问题	问题类型	职责问题	问题类型
	×××	职责缺失	×××	职责缺失
	×××	职责弱化	×××	职责弱化
	×××	职责交叉	×××	职责交叉
	×××	职责错位	×××	职责错位

（2）流程优化

流程优化是在诊断基础上对流程进行改进。具体优化工作包括减少重复环节、增加或调整任务等。

ECRS 是指在现有工作方法的基础上，通过"取消—合并—重排—简化"四项活动实现对现有组织、工作流程、操作规程以及工作方法等方面的持续改进。

ECRS 技巧是流程优化的常用工具，核心步骤包括 Elimination（取消）、Combination（合并）、Rearrangement（重排）和 Simplification（简化），如表 5-5 所示。

表 5-5　ECRS 流程优化工具的四个核心步骤

取消	重排	合并	简化
过量产出	表格	活动	脏活
活动间的等待	程序	团队	累活
不必要的运输	沟通	顾客（流程下游方）	乏味的活
重复加工	物流	供应商（流程上游方）	数据采集

取消	重排	合并	简化
多余库存			数据分析
缺陷、失误			数据传输
重复活动			
活动重组			
反复检验			
跨部门协调			

二、内控管理

表 5-6　流程内控之内控管理相关内容

维度	细分／说明	输入	动作／工具	输出
流程内控之内控管理	为保障新流程的运行所设置的制度、风险控制方案	流程图；流程文件	识别风险；匹配措施	制度；风险控制点；权限审批表

1. 制度

企业管理制度是企业员工在企业生产经营活动中须共同遵守的规定和准则的总称，包括企业治理结构规定、专业管理制度、工作或流程、管理表单等管理制度类文件。企业通过制度要求员工在职务行为中按照企业经营、生产、管理相关的规范与规则来统一行动、工作，从而实现企业的发展战略。

个人认为制度就是流程的文字化说明和奖罚配套，是对流程的支持和规范。

如果说流程是河流，制度就是保障河流走向的河堤。制度不仅具有保障流程的作用，也同时起到内控的作用，为企业风险防范提供"法律"依据。

制度框架通常包括制度名称、制订的目的、使用范围、制度所涉及的不同角色的责任、具体过程说明、制订修订权说明、相关制度和附件。

2. 风险控制点

根据个人经验，风险控制点多数集中在与合同、资金支付、投融资、仓储控制、信息安全等相关的业务点，不同流程都可能会涉及。上述是相对共性的风险区域，而对于每个企业，各自有各自不同的业务，具体风险点需要根据流程和实操进行一一比较、验证来判断。例如图 5-11 所示的工程项目，从图中我们可以看出有 4

个关键环节都只由一个部门负责，这4个环节便成了四个风险控制点。以工程材料采购为例，公司目前选供应商、交易、请款都集中在同一个部门，公司既不了解供应商信息，也无法判断价格的合理性，这对于公司来说就是一个重要的风险点，而控制方式可以是设置供应商信息库，或将供应管理与采购执行分离，或是引入比价程序等。

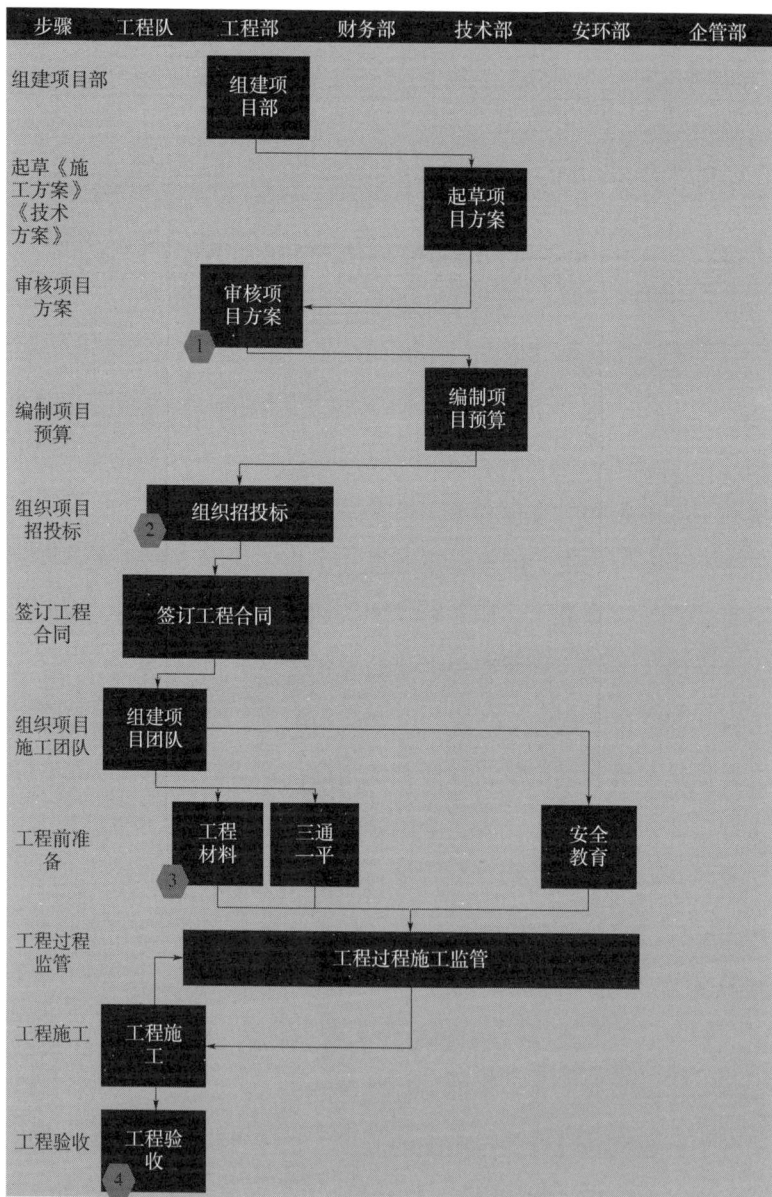

图 5-11　某工程项目的 4 个风险控制点

针对风控点的控制措施，可以先在流程图上标注，备注上简述，然后将其汇总在表格中，进而形成风险点及控制措施表，如表5-7所示。

表5-7　风险点及控制措施表

环节	风险	控制措施
客户开发与信用管理	潜在市场需求开发不够；缺乏合理的资信评估	1. 在进行充分市场调查的基础上，灵活运用销售折扣、销售折让、信用销售、代销和广告宣传等多种策略和营销方式，不断提高市场占有率； 2. 建立和不断更新维护客户信用动态档案，信用管理部门对客户付款情况进行持续跟踪和监控
销售定价	定价或调价不符合价格政策	1. 应根据有关价格政策确定产品基准定价，定价或调价需经审核批准； 2. 在执行基准定价的基础上，授予销售部门一定限度的价格浮动权，同时明确权限执行人； 3. 销售折扣、销售折让应经审核批准

3. 权限审批表

权限审批表既是风险控制的一种方式，也具有信息交换的功能。通过审批路径与角色的设置，我们可以对公司业务和管理流程上的事找到对应的控制路径。

下面是一个权限审批表的示例，如表5-8所示。当然，它作为一个示例，其审批的流程节点很完整，但在实际运作时并不一定每个环节都经过，而要根据管理的必要性进行识别。如果公司规模在500人以下，个人建议简化审批流程，可以分三步走，"提案+审核+审批"即可。

表5-8　权限审批表示例

职权事项	对应制度	职权与业务流程规范							备注
		提案	审核	会审	审议	审批	决议	备案	
管理体系制度	待制定	A						B	
制造类改善项目评审/评奖		A	B			C			
独家供货供应商申请	待制定	A						E	
重大经营战略调整	待制定	A	B			D			

注：A~E代表不同岗位。

案例：华为通过建流程实现管理标准化

1. 华为建流程的三个阶段

任正非访问 IBM 后，被其管理体系所折服，下决心引进其管理模式，其中一个核心内容正是流程管理。

华为与 IBM 合作进行流程变革与优化包含三个阶段：

从 1998—2008 年是华为流程管理的起步期，在这个阶段，华为采用的策略是"先僵化，后优化，再固化"，先原汁原味地采用 IBM 的最佳实践。这个阶段是最痛苦的，因为流程意识不到位，加之业务本身与 IBM 之间有不少差异，硬性导入新的流程管理曾一度引起不少管理者的抵制。但是任正非很明确，宁可削足适履也要实现管理科学化和系统化。

当华为坚持下来后发现，通过 IPD、ISC 等流程的导入和应用，产品无效研发率显著下降。华为流程管理所带来的管理规范化成效开始呈现，由此形成的市场竞争力支撑华为通信业务从国内逐渐走向国际，也奠定了它参与国际一流厂商间竞争的管理基础。

随着华为业务的国际化，市场的业务场景也发生了变化，单一模式的流程无法匹配业务的动态性，因此，华为在 2009—2013 年进行了流程管理的第二阶段变革。这一阶段流程的主基调是"让听得见炮火的人呼唤炮火"，它强调一线作战前台的灵活性和流程授权，让客户差异化的需求可以及时得到响应和满足。这个阶段，华为中台的供应链等流程也随着前台的变动进行配套优化，而后台包括财经、人力资源、法务、审计等流程则是相对刚性和标准化运作的。在这个阶段，流程管理随着业务变化形成前、中、后不同的策略。

随着华为的业务规模越来越大，华为的流程建设进入第三个阶段，即 2014 年至今仍在持续动态优化。这个阶段的主题是"端到端流程体系优化"，它的核心意图是实现"从客户需求中来，到客户需求中去"的全过程畅通，在一级流程上避免流程的"断头路"。在梳理流程的过程中，端到端的冲突或过于烦琐的流程都被清理或作了调整，流程管理已经完全融入华为运作体系。

2.华为流程设计的PDCA方法论

IBM和华为在配合进行流程建设过程中采用的方法特别值得国内其他企业学习，它是PDCA的一个闭环。

（1）P（Plan，流程设计）：规划流程框架、确定流程责任者、设计流程内容、设计模板和设计流程指标。

（2）D（Do，流程实施）：流程试运行、培养流程执行人、流程问题解决和例外管理。

（3）C（Check，流程审核）：流程指标分析、流程体系审核和流程专项审计。

（4）A（Action，流程改进）：流程改善提案、流程改善活动、流程成果发表和流程优化激励。

3.华为流程架构搭建

（1）华为一级流程

①核心业务领域（面向主价值链）包含四个端到端流程：战略规划/商业计划（DSTE）、集成产品开发（IPD）、客户关系管理（CRM）、集成供应链管理（ISC）。

②管理支撑领域包含四个支持与监管流程：人力资源、财经管理、信息＆流程、基础支撑。

（2）华为二级流程

①"战略规划商业计划"包括战略规划（SP）、年度商业计划与预算（BP）、任务书开发、品牌管理。

②"集成产品开发（IPD）"包括产品/服务解决方案开发、技术与平台开发、生命周期管理。

③"客户关系管理（CRM）"包括营销活动管理、问题处理、投标管理、合同管理、机会点管理、线索管理、主动支持。

④"集成供应链（ISC）"包括计划管理、采购管理、制造、交付、退货。

⑤"财经管理"包括账务管理、财经管理。

⑥"人力资源"包括招聘调配、员工发展、员工培训、薪酬福利。

⑦"信息与流程"包括IT需求管理、解决方案执行、运作维护。

⑧"基础支撑"包括运作管理、项目管理、质量管理、法务管理、信息管理、

风险管理、环境健康与安全。

4.流程管理的本质在于适配业务

关于华为流程变革的"故事"并不鲜见，但能看到其本质的却不多。实际上，流程在本质上是为了适配业务发展的需要。随着业务的变化，流程要进行动态性调整。

当初IBM在大型计算机研发中首先采用集成产品开发模式，让上千人研发协同起来并取得极大成功，卓越的产品研发能力让IBM成为蓝色巨人。在当时特定阶段下，IBM面对竞争采用了高效的产品开发模式，但是随着个人PC的兴起，新的业务形态要求流程进行调整和变化，但IBM没有及时变革，最终将PC业务转给了联想。

华为也面临同样的问题，IPD虽然规范了各部门围绕价值协同工作，支撑了华为近20年的发展。但业态差异越来越显著时，IPD也显得负担沉重（华为IPD的决策评审点有5个，技术评审点有7个，是友商的三倍）。

我们可以学习并借用华为建流程的PDCA方法论，其流程框架只能参考。各个企业有所不同，其发展阶段也不一样，在对企业进行流程管理时，我们需要量体裁衣，不是面面俱到，更不能生搬硬套。

第二节 年度计划

年度经营计划是落实战略规划最近一年的具体年度执行规划，是面向年度目标的产销协同与资源匹配。年度经营计划包括两个模块：经营计划和全面预算。

一、经营计划

经营计划包括最近一年的战略关键任务和年度目标以及实现目标的各部门计划，其相关内容如表5-9所示。年度经营计划需要全面预算进行配套，提供实施资源。资源与计划的生成是一个交互影响的过程。

经营计划是战略目标的承接和具体落实，主要有两个构成：一方面是对战略重点任务的识别；另一方面是根据职能对工作进行分工。其中针对战略重点任务的识别主要是通过战略地图的研讨对战略进行解码，进而输出年度"必赢之仗"。对关键任务的识别与输出可参考表 5-10 进行。

表 5-9   年度计划之经营计划相关内容

维度	细分/说明	输入	动作/工具	输出
年度计划之经营计划	将中长期战略规划分解到一个年度的任务、活动与具体计划	战略规划	战略解码；战略地图	关键任务清单；任务衡量指标；年度"必赢之仗"；职能年度工作计划

表 5-10   经营计划之关键任务相关内容

子域	活动	说明	输入	动作	工具	输出
经营计划	关键任务	根据战略澄清与研讨对年度重点任务形成共识	战略规划	澄清；解码；细分	战略地图；OGSM；IPOOC	关键任务清单；任务衡量指标；年度"必赢之仗"

1. 战略澄清

从战略规划到年度经营规划，管理层需要对战略内容形成共识。企业战略实施最常见的问题是在公司战略、业务战略、职能战略、战略澄清、战略解码、关键任务、年度"必赢之仗"、行动计划的计划颗粒度上没有瞄准共同的标的。意义分别如下：

（1）公司战略：主要解决在哪个领域竞争的问题，关键是识别业务组合。

（2）业务战略：主要解决在某个领域如何打赢的问题，关键是识别竞争策略与方案。

（3）职能战略：主要解决支撑与配合业务战略的问题，关键是识别支撑举措与可行性。

（4）战略澄清：主要解决管理层对战略内容的共识问题，关键是识别战略内容颗粒度。

（5）战略解码：主要解决执行层对战略的"化学"分解问题，关键是识别目标认知与关键任务。

（6）关键任务：主要解决关键任务的优先度问题，关键是识别任务顺序、资源和周期。

（7）年度"必赢之仗"：主要解决执行层最新年度的关键任务落实问题，关键是识别年度必须完成的关键任务及其相关的资源配置、人员分工[9]。

（8）行动计划：主要解决"必赢之仗"的分解问题，关键是识别项目集管理与关键里程碑。

在公司战略澄清方面主要针对以下几方面内容：

（1）公司的使命、愿意、价值观；

（2）公司业务组合与其三个层次的选择；

（3）未来几年的成长目标，包括新业务发展目标和原有业务发展目标；

（4）实现业务组合与业务目标的方式，多元化还是一体化，或是退出；

（5）实现方式的可行性、价值评估与备选方案。

在业务战略澄清方面主要针对以下几方面内容：

（1）澄清商业模式创新（现在和未来）；

（2）发展阶段与速度，以及实现路径；

（3）业务竞争策略（市场战略、渠道战略、品牌战略）；

（4）关键成功因素或核心组织能力；

（5）内外风险因素与对策。

2. 战略解码

企业在战略澄清之后只是对关键任务形成了宏观认识，此时还需要通过战略目标对关键任务进行分解、分工与资源匹配。企业在这个阶段常常出现的问题是在经验和工具不充分的情况下，简单将目标进行"物理"分配，通过压任务的方式进行分工。当然，在外部市场高速成长的情况下，借助"风口动力"可以短期达到战略目标，但面临行业激烈竞争时，简单的战略指令已经无法让团队形成合力，让资源发挥"刀尖"般的作用。为了让战略有效地进行"化学分解"，这时关键而必要的工作是进行战略解码。

战略解码的工具很多，除了最常用并且很有效的战略地图之外，还有三星、华为用过的 BEM 分解法和以流程为视角的 IPOOC 法。

IPOOC 法主要是以流程为视角从输入、过程、输出及结果四个维度去分解战略主题，进而形成关键任务。

（1）Input（输入）：一般包含资源；

（2）Process（过程）：从战略角度看，影响战略举措达成的关键活动、过程是什么；

（3）Output（输出）：从流程视角看流程的直接输出，例如产品、制度或客户满意度；

（4）Outcome（结果）：从内部视角看收益，例如经济结果、客户感受、品牌增值。

3. 经营计划关键任务

关键任务是实现战略目标道路上最重要的路标，它们彼此具有承上启下的逻辑关系，它们是战略地图上重要任务的描述或其合并、分解。

关键任务是企业在战略实现道路上一定要做好的几件大事，这些事若处理好，战略实现就会成为大概率事件。

什么可以称为关键任务？判断标准与企业规模及行业有关，但一个基本的识别条件就是，对于实现战略目标，如果没有努力完成这件事，战略将面临巨大风险；或者这项任务本身就是企业成功的必要条件之一。例如对于一个矿山企业而言，资源接续就是一个可持续发展必须思考的话题，不管现在公司做得多大多好，总有坐吃山空的那一天，因此，在资源用尽之前提升扩充储量，或培养其他产业进行替代就是一项关键任务。有没有储量对于矿山企业而言是生和死之间的选择，它是企业的关键任务。

同样是矿山企业，拥有储量就可以活得很好吗？未必，矿山的开采越来越注重安全和环保，对于废水、废渣的处置若无有效处理方案，则也面临关停、整顿的压力，因此建设无尾排放的绿色矿山，也算战略关键任务。

关键任务通常具有长远性，可以通过长期影响去选择内容。在确立短期任务时，我们可以从关键任务中截取当年或次年的任务里程碑去描述。

最终，关键任务以清单的形式出现，作为整个战略期的工作指引。

以矿山企业为例，关键任务清单可能如下：

（1）五年内获得××探矿权证，八年内有采矿权证，储备20万吨金属；

（2）三年内完成废水再次利用的技术研发，五年内实现尾砂综合利用；

（3）其他。

根据上述关键任务，其短期工作目标可能会是矿点寻找与探矿权证的办理。

关键任务的衡量需要搭配任务衡量指标进行目标锁定和完成情况跟踪，这时以流程为视角的 IPOOC 法可以再次被应用，即通过关键任务的输入、过程、输出及结果状态四个角度去思考采用什么指标可以更有效地评价其实施与完成情况。输入与输出相关的指标通常是成本指标，过程内容主要考虑时间、效率指标，结果则考虑质量指标和效益指标。

从理论角度，指标的筛选会应用 SMART 原则进行设置，具体到战略主题相关的指标选取，在筛选时建议采用以下四项原则：

（1）战略相关性原则：指标要紧扣战略重点且清晰明确。

（2）可测量性原则：注意把握实际的数据统计口径以及数据收集、分析水平，避免好看但无法统计的指标。

（3）实施者可控制性原则：尤其在组织绩效方面，要十分注意权、责、利对称，匹配好相应的资源与权力。

（4）激励性原则：目标太高或太低都无法有效激励团队，最好是大家"跳起来能够得着"。

4. 年度"必赢之仗"

我们通常会将一年的关键任务称为"必赢之仗"，即"非打不可、聚焦能量、输不得的战斗"。

"必赢之仗"所具备的特征是需要公司高层挂帅、具体明确、有可能取胜之战、对公司战略重点推进成败有决定性影响、影响公司全范围和需要在公司层面调动资源才能达成。

"必赢之仗"是年度运营计划的重要内容，它主要包含以下要素：

（1）"动词＋宾语"结构的行动名称；

（2）"起始—结束"明确的时间定义；

（3）"指标＋目标数值"的衡量标准；

（4）包含一位高管成员的责任人。

"必赢之仗"的形成过程是"解事、解人、解心"的团队成员进行思维"化学反应"的三部曲：

（1）"解事"：通过战略解码对战略重点工作进行层层分解，避免形式主义，要对重点、难点进行透彻分析；

（2）"解人"：找到能够且愿意承担重任的人，注意充分授权；

（3）"解心"：让关键人员都能全程参与解码过程，努力形成真正的共识，即团队关于必赢之仗的一致心理认同，而不只是表面认知。

"必赢之仗"的关键内容包括下面几点：

（1）这个战役是什么？深层含义是什么？

（2）这个战役不是什么？

（3）战役对长期战略的价值是什么？对组织变革的价值是什么？

（4）描述未来 1~2 年后成功时的样子。

（5）这次战役的突破口是什么？

（6）战役的衡量指标是什么？

（7）战役的有利因素和阻碍因素分别是什么？

OGSM 根基于管理学大师彼得·德鲁克的"目标管理"（Management by Objectives，MBO）概念，在企业愿景之下，通过"目标""指标"将理想转化为可以被执行的具体行为。早在 20 世纪 50 年代，为了实现精益生产，日本丰田汽车设计并执行了工作计划表，它便是 OGSM 的雏形。美国太空总局在 1969 年以"目标管理"方法进行专业分工，完成了人类首度登陆月球的巨大计划，它可以算是"目标管理"首桩被完美执行的大型项目。OGSM 后来被快速消费品产业龙头宝洁公司所采用，成为内部执行的重要工作表格。

OGSM 工作表的精髓在于力求简单、一目了然，用大脑、用双手，通过随手可取的方式便可以让彼此有效沟通，不需要依靠复杂的计算机系统。因为简单，所以人人可用。

（1）使命（Objectives）：根据公司的战略目标明确 3 年内部门需要达成什么以及工作的方向是什么。用一句话简单表达部门设置的目的。

（2）目标（Goals）：为实现使命所设置的当年的目标，一般要量化。

（3）策略（Strategies）：为实现目标在方式方法上所做的选择，需要综合考虑资源、时间等条件的限制，要注意选择在计划时间内真正能够完成的内容。

（4）衡量指标（Measures）：主要用来衡量策略是否成功，衡量指标应该是明确的，可实现并与目标目的相一致。

（5）行动计划（Tactics）：即具体行动计划和方案，用于生成实际指标。

在应用 OGSM 工具时，上下级间具有承接及映射关系，如表 5-11 所示。

表 5-11　OGSM 工具的上下级承接及映射关系

O	G	S	M	T
目的	目标	策略	衡量标准	行动方案
做什么	做什么	怎么做	怎么做	怎么做
文字	数据	文字	数据	综合
组织上下级分解关系说明		下一级单位的 O（目的）要匹配上一级单位的 S（策略），是对上一级单位 S（策略）的承接	下一级单位的 G（目标）要匹配上一级单位的 M（衡量标准），是对上一级单位 M（衡量标准）的分解	下一级单位的 S（策略）要匹配上一级单位的 T（行动方案），是对上一级单位 T（行动方案）的落实

5. 年度运营计划

年度运营计划是从销售或生产职能开始，各相关部门根据企业目标与关键任务的分工，进一步细化完成部门内部的任务分解，其实施如表 5-12 所示。

表 5-12　经营计划之年度运营计划相关内容

子域	活动	说明	输入	动作	工具	输出
经营计划	年度运营计划	针对年度目标与关键工作内容进行部门分工	年度目标；关键任务清单；任务衡量指标；年度"必赢之仗"；职能规划；	分工；资源匹配	职能计划表模板	销售计划；研发计划；生产计划；财务计划；人力计划等

（1）年度运营计划的分解

年度计划不单纯是对中长期战略的简单承接，更要关注近期内外部变化对潜在策略与行动方案的影响。如果公司已经获知重大条件变化的信息却不采取调整措施，那无异于是对战略的"刻舟求剑"。

借助下面的矩阵（如表 5-13 所示），我们可以辨识原有方案的适用性，并采取相应的决策。这里我们需要注意的是，年度运营计划的分析需要针对企业内部拟采用的"策略"与外部"变化"进行相关性分析，两者相关性高的策略保留，发生冲突的应重新思考策略的适用性。

表 5-13　年度计划策略—变化点识别矩阵

相关性 变化＼策略	策略 1	策略 2	策略 3	策略 4	策略 5	策略 6	……
环境变化点	√			○	√		
行业变化点		√	√	○		√	
竞争变化点		√	√		○	○	
客户变化点				√	○	√	
业务目标	√			○	√		
关键任务	○	○	√		√		

说明：√表示正相关；○表示无关；　表示冲突。

（2）销售计划

销售计划是指根据战略目标和市场预测按客户或产品的品种、销售收入所编制的季度、月度计划。

表 5-14　销售计划分解表

类型	类别	型号	年度销售 收入目标			月度销售收入分解											
			N 年	$N+1$ 年	同比	1月	2月	3月	4月	5月	6月	7月	8月	9月	10月	11月	12月
现有产品	A 系列	产品 1															
		产品 2															
	B 系列	产品 1															
		……															
新品上市	C 系列	产品 1															
		产品 2															
	D 系列	产品 1															
		……															

（3）研发计划

研发计划是指根据战略产品开发目标，在年度所推进的新产品设计和研制计划。

表 5-15　研发计划表

类型	类别	型号	设计开发		试制试验		小批验证			量产
			起始时间	结束时间	起始时间	结束时间	起始时间	结束时间	预留再次小批	
新品研发	A 系列	产品 1								
		产品 2								
	B 系列	产品 1								
		……								
产品优化	C 系列	产品 1								
		产品 2								
	D 系列	产品 1								
		……								

（4）生产计划

生产计划是指根据产能规划或销售计划编制的生产品种、质量、数量的月度计划。生产计划下会延伸出产能调整计划、人员配置计划以及物资供应计划等。物资供应计划是根据生产计划、新产品试制计划的数量，通过 BOM 表或零件配比清单得出的原材料、燃料、动力、外协件、外购件、外购工具等的需要量、储备量和供应量、供应渠道和期限。生产计划将配套生产成本计划作为预算的输入内容，如表 5-16 所示。

表 5-16　生产成本计划表

项目 \ 时间	年度目标			月度分解											
	N 年	$N+1$ 年	同比	1 月	2 月	3 月	4 月	5 月	6 月	7 月	8 月	9 月	10 月	11 月	12 月
直接人工费用															
水电燃料动力费用															
辅料耗料费用															
变动制造费用															

（5）财务计划

财务计划就是根据上述职能计划编制的收支计划。其中，产品成本计划是以生产计划为线索、历史成本结构为依据，对未来成本构成进行的预测和估算。

表 5-17 财务计划分解表

时间 项目	年度目标			月度分解											
	N 年	N+1 年	同比	1月	2月	3月	4月	5月	6月	7月	8月	9月	10月	11月	12月
一、营业总收入															
主营业务收入															
其他业务收入															
二、营业总成本															
营业成本															
主营业务成本															
直接材料成本															
营业税金及附加															
销售费用															
管理费用															
财务费用															
投资收益															
三、营业利润															
加：营业外收入															
减：营业外支出															
四、利润总额															
减：所得税费用															
五、净利润															
营运指标：毛利率															
存货周转率															
应收账款周转率															

（6）人才计划

人才计划就是为实现上述计划所需要的人力供需分析以及缺口的弥补计划。其重点在于关键岗位的识别以及关键人才的获取与管理。

表 5-18 人力资源计划分解表

时间 项目	年度目标			月度分解											
	N 年	N+1 年	同比	1月	2月	3月	4月	5月	6月	7月	8月	9月	10月	11月	12月
万元工资利润率 （净利润/万元工资额）															

续表

时间 项目	年度目标			月度分解											
	N 年	N+1 年	同比	1 月	2 月	3 月	4 月	5 月	6 月	7 月	8 月	9 月	10 月	11 月	12 月
劳动生产率 （总营业收入 / 在职员工总数）															
销售人员生产率 （主营业务收入 / 销售人员数量）															
离职率 [离职人数 / $\frac{1}{2}$（期初人数 + 期末人数)]															

年度运营计划通常以文本形式呈现，配套各部门年度计划和项目计划表。

另外，年度运营计划也和全面预算配合生成，并且共同用于战略控制的过程管理。

二、全面预算

"兵马未动粮草先行。"战略关键任务需要与企业的资源、能力相匹配。在正式实施前，要对完成各关键任务需要的资源（类型、数量、质量等）进行全面预算。全面预算相关内容如表 5–19 所示。

表 5–19　年度计划之全面预算相关内容

维度	细分 / 说明	输入	动作 / 工具	输出
年度计划之 全面预算	为长周期的战略任务和本年度的经营活动匹配资源； 通过财务语言完成收支分析与报表预测	战略规划； 年度经营计划	配置； 取舍	战略项目资源分配表； 年度经营资源分配表； 财务预算表

全面预算首先应是事与物、事与人的匹配，匹配完成后是人、物的资金换算，不同任务按年度为单位进行估算，进而形成战略期的资金需求计划。将这一计划与公司的现金和未来现金流量比较后，可能会出现资金无法支持所有战略任务的情况，这时会有两个选择：第一，提前规划资金补充，满足所有关键任务；第二，若无法获得新资金，则不得不放弃部分关键任务，企业也因此会面临一些风险。

为任务筹集资金是第一步，其次还要进行市场结果的预计，推算出可能的财务结果。再进一步，公司最好还能对关键因素进行弹性分析，进而得到战略期内若干年的模拟财务报表。

1.全面预算的过程

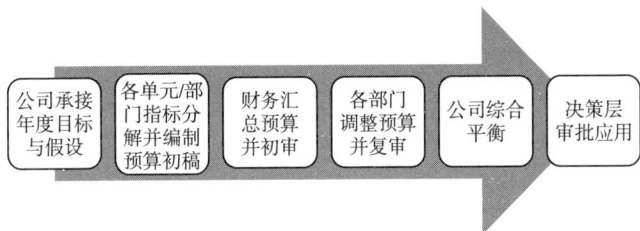

图 5-12　全面预算编制过程图

年度预算和年度经营计划息息相关，是从关键任务中截取最近要完成的任务，组成下年度的工作重点和资金需求。

2.全面预算的内容构成

全面预算的内容构成如表 5-20 所示。

表 5-20　全面预算的内容构成

模块	构成	细分	关键产出
经营预算	销售预算	销量预算	销售收入与构成
		单价预算	
	成本预算	生产预算（料工费）	生产成本与构成
		采购预算	
		研发预算	
	费用预算	可控费用	销售费用、管理费用、财务费用三项费用与税收
		不可控费用	
		人力预算	
		其他费用	
资本预算	资本预算	投资预算	投融资与资本成本
		融资预算	
财务预算	报表预算	资产负债表	三张报表预算
		利润表	
		现金流量表	
	滚动预算	运营资金	运营资金风险

在经营预算方面，核心是围绕销售与生产对销量与价格进行评估，在此基础上对成本进行预算。根据营业收入规模，我们可以将经营预算、财务预算、资本预算这三项费用按历史值和控制目标进行设置，尤其是要识别可控费用，并对其进行细化分析，进而形成控制方案。

资本预算是战略和经营计划的一部分，它既有中长期战略目标或任务分解在当年的项目，也有经营需要进行资本调整的需求，总之，它是长中短期通盘考虑的结果。

3. 生产预算示意

表 5-21　生产预算示意表

生产预算	1月	2月	3月	4月	5月	6月	7月	8月	9月	10月	11月	12月	全年累计
预计销售量													
加：预期期末存货													
总需求量													
减：预期期初存货													
采购量													
委外量													
预计生产量													
生产成本预算													
材料比重													
材料成本													
直接人工比重													
直接人工成本													
制造费用比重													
制造费用													
当月产品采购成本													
当月委外成本													
月度总成本													
当月付款													

4. 现金流预算示意

表 5-22　现金流预算示意表

现金流预算	1月	2月	3月	4月	5月	6月	7月	8月	9月	10月	11月	12月
现金期初余额												
加：现金流入												
应收账款												
其他流入												
现金流入合计												
减：现金流出												
直接材料												
间接人工												

续表

现金流预算	1月	2月	3月	4月	5月	6月	7月	8月	9月	10月	11月	12月
管理费用												
资本性支出												
所得税款												
其他支出												
现金流出合计												
现金余缺												
融资安排												
借款												
还款												
利息												
期末余额												

通过财务预算可以形成与财务相关的模拟资产负债表、利润表和现金流量表，这些成果让管理者从经营结果的角度去审视未来的管理重点和具体的量化控制点，而这些量化控制点也因其重要性成为绩效管理的输入内容。在企业的不同发展阶段，管理者可以借助预算和绩效两个抓手对企业进行重点控制。

5. 企业在不同时期的预算控制重点

表5-23　企业在不同发展时期的预算控制重点

发展时期	现金流特点	子公司预算管理重点	核心关注	子公司权限设置	集团财务管理重点
创业阶段	有限	成本＋费用	资本预算	较高权限	费用总额控制
发展阶段	紧张	收入＋成本＋费用＋现金	销售预算	部分权限（除现金外）	资产负债率控制
成熟阶段	稳定	收入＋成本＋费用＋现金＋投资	成本预算	部分权限（除投资、现金外）	投融资控制
衰退阶段	紧缺	现金	现金流预算	有限权限	现金流控制

案例：华为年度经营计划

华为通过"五看""三定"明确业务战略后，通过战略解码将战略分解到年度日常工作计划中。

1.战略解码

华为公司通过战略解码解决的问题包括：

（1）企业规模越来越庞大，一线"作战部队"的压力不能毫无保留地传递到后部职能部门，不能形成职能部门服务业务部门、业务部门服务客户的导向。

（2）战略方向靠少数高管团队决定，没有各个部门和各级部门的参与讨论，在战略共识上没有达成一致，在执行上有所偏差。

（3）公司的战略目标很远大，但是基层不知道如何实现，执行起来没有动力，年度目标没有人当主要负责人，缺乏奖惩制度。

华为战略部门选择三星集团的BEM（Business Execution Model）业务执行力模型进行战略解码，用以落地战略规划。BEM结合六西格玛质量方法思想，用"零缺陷"定义目标，用DMAIC等工具进行过程改进，其核心是量化、可验证。

华为在2011年将BEM导入公司战略系统并用于战略解码，将战略愿景层层分解成为可量化、可执行的策略，并进一步转化为个人的绩效承诺书，在此基础上制订相应的考核方案。BEM通过六个步骤让分解后的战略能够实现承前启后、上下对标。前三步分别为：

第一步，战略澄清。明确战略及描述，对战略的范围、内涵明确定义（可参考本书"战略澄清"相关内容）。

第二步，关键任务。识别支撑战略目标达成的战略关键举措或成功要素，输出关键任务表（可参考本书"战略地图之术""关键任务"相关内容）。

第三步，识别战略衡量指标。明确战略举措范围、内容与对应的衡量方式，输出战略指标表（可参考本书"关键任务"中的IPOOC工具和指标设置四项原则）。

2.年度经营计划与行动方案

华为通过BEM完成战略到关键任务的转化后，对每一个年度具体需要实施的内容又通过下述三步继续分解与确认。

第四步，确定年度关键任务。分析差距，确定本级组织年度关键任务、目标和措施，输出本层级的关键举措与目标列表（可参考本书"必赢之仗"相关内容）。

这个环节在华为又被称为"CTQ-Y导出"，即Critical-To-Quality品质关键点的英文首字母缩写，其意是针对 IPOOC 的过程和产出两个阶段的关键业务特性提出管理目标，从而支撑业务战略目标的达成。其中，Y 是 CTQ 的衡量指标，来源于公司关键成功要素或关键成功领域 KPI。我们可以通过进行目标与现实之间的差距分析，同时兼顾利益相关者的意见和需求，进而形成可衡量的定性或定量指标。

从 KPI 到 CTQ-Y 之间的主要操作步骤如下：

（1）进行差距分析，识别需要改进的方面。

（2）收集并分析多方面的意见和诉求，从客户视角定位核心需求。

（3）筛选主要核心 CTQ 要点。

（4）匹配 Y，形成指标集。

第五步，解析年度关键任务。基于上述年度关键任务，逐级分解年度关键措施与目标，输出多层级的关键举措与行动计划表（可参考本书"必赢之仗"和 OGSM 工具相关内容）。

指标的细分方法有很多种，最常用的有两种，一种是内容分解法，它根据指标内容将大指标分解成小指标；另一种是 QQTC 分解法，这种方法按照数量（Quantity）、质量（Quality）、时间（Time）及成本（Cost）四个维度对指标进行分解考核。

以内容分解法为例，降低成本 10% 这一指标可以分解为降低生产成本 5%、降低采购成本 8%、降低管理成本 10%、降低……

以 QQTC 分解法为例，招聘管理考核可以分解为招聘岗位计划完成率（数量）、用人单位对招聘人员符合要求的满意度（质量）、关键岗位入职完成率（时间）和招聘费用预算控制率（成本）。

第六步，明确关键任务人选与分工。根据组织资源分析与相关的人员匹配情况，确定组织层面的年度重点工作和主要负责人。

第三节　战略执行

一、运营管理

运营管理是与产品生产、服务密切相关的各项管理工作的集成，包含对运营过程的计划、组织、实施和控制。运营过程是一个投入、转换、产出的过程，包含了劳动过程或价值增值的过程。

很多人可能会把流程管理等同于运营，其实不然。运营是商业模式实现的过程，运营活动既有流程性的工作，也包含项目性的内容，它是两类活动共同结合为企业创造价值的过程。运营管理相关内容可参考表 5-24 进行。

表 5-24　战略执行之运营管理相关内容

维度	细分 / 说明	输入	动作 / 工具	输出
战略执行之运营管理	实现业务的过程	商业模式 流程 资源	生产性运营 服务性运营	经营成果

1. 生产性运营

生产性运营主要针对的是第一、第二产业的相关活动，以输出实物为主，工业制造行业最为典型，其运营过程最常见的包括研发、采购、制造、销售、物流和售后等核心价值链活动。

生产类运营多数以流程管理形式出现，偶尔也会伴随项目管理。

2. 服务性运营

服务性运营主要针对的是以服务业为主的相关活动。服务性运营通过提供无形产品获得收益，其业态千差万别，但从根本上讲，它们都属于同一个模式，即服务需求提出到服务需求被满足。

项目管理或流程管理在服务性运营时都很常见，如管理咨询业大多会采用项目制运作，而美容美发服务行业则更接近于流程式交付。

3. 匹配资源与能力

在执行战略时，企业各种资源能力需要与战略相匹配。在完成资金预算后，我们需要将资源根据需要进行配置，如人力资源配置、物资资源配置。

这里所指的资源包括实现业务的一切软硬件，例如设备、技术、生产资料、品牌形象……现实情况是，并非企业拥有的所有资源都能派上用场，有些很昂贵的材料随着市场消费风尚的转变，也许会在一夜之间成为"昂贵"的废品。

这里所指的能力包括能让业务按市场要求实现交付的所有智慧和力量，即能够把资源整合成产品，或能够在合适的时空满足客户需求的活动。

企业在配置资源时需要思考以下五个问题：

（1）我们有什么？

（2）能不能与市场卖点协同？

（3）是否足够支撑战略？为什么？

（4）如何获得市场和战略需要的资源和能力？代价是什么？获得的时间节拍和需求是否能同频？

（5）下一个战略控制点在哪里？我们要提前多久去准备相关的资源和能力？如果只能选择一项，最关键的要选择哪一项？

企业在盘点组织的能力和资源时是需要耗费时间和精力的，但相当有必要，尤其对于大中型企业更是如此，它们拥有关键资源，有时候要用时却不知道这些资源存放在何处。

企业在匹配资源能力时，会从关键控制点的需求出发，判断每个控制点需要的能力和资源，通常情况下，这是一个发散式的一对多的关系，如图5-13所示。

通过匹配，我们便可以得到资源和能力的需求清单，然后再将清单与盘点结果进行核对，在此基础上找到差异点和解决方案。

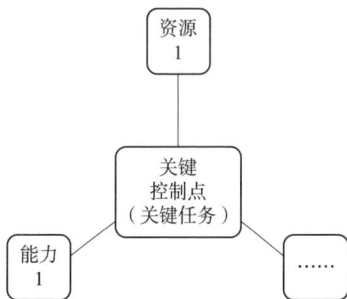

图 5-13 资源能力匹配图

解决方案有两个方向：自建和外购（含外协或代工）。其中，自建的主要考虑因素是时间成本，即自建耗费的时间是否会错过战略时机？外协的考虑因素主要是权衡战略控制点不受控的风险以及外包的成本与时间优势。

在满足现有业务需求的同时，企业还需要根据战略规划对未来所需资源和能力进行提前预判和储备。现实的困境是，资源总是有限的，生存与发展之间往往生存优先，两者的平衡只能说是每个团队自行权衡。我们认为，即便资源再有限，也应保留一项最重要的发展计划，为明天持续投入做准备，方向正确总会迎来曙光。

企业如此，对于个人来说也可以采用类似的策略。我们每天都很忙碌，但在忙于生计的时候，也不妨发展一项与个人未来目标相匹配的关键能力，为自己铺一条通往未来的道路。

案例：捷太格特精益生产

作为供应链管理的世界标杆，飞利浦公司曾帮助其供应商（厦门 TDK 有限公司）诊断并提高整体供应链管理水平。当时笔者向飞利浦的顾问团队了解到，其整体供应链的效率已经达到世界先进水平，其库存周转率达到 78 次 / 年。也就是说，材料、半成品和成品加在一起，平均 4.7 天就可以快速流动一次（当时业界号称"零库存"的 DELL 其实际库存周转也大概是 5 天）！而当时我国国内的同行们在这个指标上基本都超过了 30 天。巨大的差距使得我国企业感到了管理改进的迫切性。

经过十几年的发展，国内企业在管理方面日益进步并逐渐逼近国际先进水平。我们发现，该公司借助丰田公司的精益生产理念，通过持续改进，目前已经达到库存年周转 100 次的惊人水平！

在复盘交流成果时，厦门钨业集团金龙稀土总经理陈大 补充了同样令人震撼的信息：这个公司实际不到 1 000 人，年营业额却在 40 至 50 个亿之间！它不但是海沧区的纳税大户，更是捷太格特在大陆所有工厂效率最高的一个。这是国内难得一见的、能和日本本土工厂生产效率直接媲美的一个生产基地。

经过复盘，大家总结出了捷太格特公司精益化生产的整体思路轮廓。

首先，它能够实现快速生产有两个重要前提条件：一是客户端的需求相对稳定，大约 200~300 个型号的预测信息能够有效通过月计划转化为周生产计划；二是该公司已深度掌握供应商的生产情况，后者 90% 的原材料可以做到每天根据生产计划进行补充，其他 10% 的材料则根据需求型号准备不到 5 天的库存。这说明，一个工厂的高绩效离不开整个供应链的高效协作和信任，以及上下游伙伴之间建立在信息交流基础上的技术解决方案。

其次，工厂内部引入精益化生产系统（该公司直接引用丰田生产系统）。

在物流方面，从生产流程布局开始优化，仓储区使用标准化料箱，对不同物料的上下数量控制，采用多环节连接的物料补给车，进而通过扭力货架的斜度设计实现先进先出。

在制造方面，不同工序之间缩短距离并通过滑轮来连接，利用重力自动传输，这样既节省了人工搬运成本，又避免了工序间的在制品积压；同时为配合工序改进使用"多能工"，让原来的多个岗位合并，让同一个员工在不同设备之间运转，既省人工数量，又降低工序间节奏波动所造成的生产波动（不同工序和设备间保持同一生产节拍）。

第三，工厂并不是在引入先进生产方式后就一劳永逸，而是持续不断地减少浪费，提升制造效率。该工厂在 5 年前生产某产品时，每小时人均产出为 5 台，而2019 年接近 10 台。这样的进步得益于蓝领员工层面的"QCC 品管圈"活动的持续推动与白领技术人员的专案提升项目重点突破相结合。其中，管理人员在这方面发挥的作用就相当关键。例如，某工序要求员工 25 秒夹 10 个小铁球到另一个料盒，普通人即使经过训练也难以稳定做到。这时，管理人员的责任不是训斥员工，而是设计一个 45 度的料盒，规范垂直夹取的动作，以此帮助员工更轻易、高效而稳定地实现工作要求。

此外，捷太格特"道场"令人印象深刻。工厂通过"道场"完成新员工全程 9天的培训。培训内容包括物料识别、基本装配实操与练习、搬运作业训练和力量感受等项目。通过培训的员工一方面能够适应精益生产的上岗要求，另一方面也对不适合的人员进行了自然淘汰，确保了人员入口的把关。

最后，捷太格特的员工激励方式也值得称道。工厂在优秀员工激励方面，物质奖励是辅助，主要以精神激励为主。车间和道场之间高高悬挂一行精神激励的相关标语，下面是员工签名，代表员工对此目标的认同和承诺；员工会议室墙面上有一行大字"请记住这些为团队做出贡献的人"，下面则是优秀员工的奖状和事迹。这些做法都保持着很浓厚的精益生产以"人"为核心的风格，也是丰田生产模式与西方流水线规模生产之间的重要差异之一。

基于上述捷太格特的高效实践案例的参访总结和体验，我们可以感受到包括厦门钨业在内的众多国内企业的巨大进步空间（注：我国有色行业年周转次大致在 4次），这同样昭示着制造型企业启动精益生产和六西格玛为主要工具的国际先进制造的必要性和正确性！

诚然，离散型生产与连续型作业存在差异，不同行业也未必统一采用同一个工具，但精益生产持续改进的理念以及提升劳动效率和组织绩效的核心诉求却是相同的。

厦钨的管理者作为先进制造倡导者的学员们则有义务像捷太格特的管理者一样，为本公司和事业部的员工们提供资源、方法，以推动整体业务持续进步，进而力争达成集团要求的四大指标：

（1）劳动生产率每年提升 5%；

（2）销售利润率每年提升 2%，大于 10%；

（3）毛利率大于 25%；

（4）净资产回报率大于 20%。

二、项目管理

项目管理与流程管理一样，都是企业运营中不可或缺的管理工具，其本身也有流程。

表 5-25　战略执行之项目管理相关内容

维度	细分 / 说明	输入	动作 / 工具	输出
战略执行之项目管理	为独特性的成果付出的一次性、阶段性活动	关键任务；流程；资源	项目管理过程	项目成果

项目管理的权威过程方法论是美国项目管理协会的 PMP 认证内容，适用于大而全的管理框架，对于企业管理而言，它并不适用于所有公司。不同企业的项目管理会因其所处的行业、项目类型等的不同而表现出较大的差异。但从总的过程来看，它们基本上可以归纳为五个环节：启动、规划、执行、监督和控制、收尾，如图 5-14 所示。

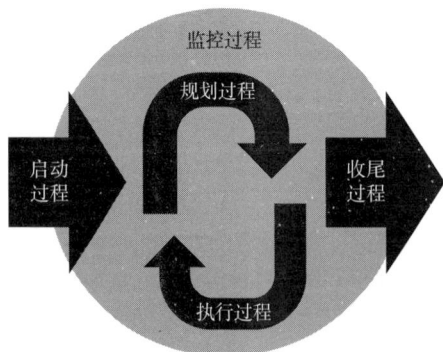

图 5-14　项目管理过程

1. 启动阶段

这是项目的开始阶段，这一阶段在确定项目价值的同时还要确定其可行性，具体来讲，主要解决立项与项目经理任命的问题。立项包括项目可行性研究的相关内容，如项目目标、完成时间及项目成本的评估，除此之外，可能还需要注明完成项目所需的资源，以及项目是否具备财务或商业价值。

2. 规划阶段

如果项目获得批准，那么下一步就是组建项目团队并规划项目的管理工作，以确保在既定截止日期前和预算范围内实现设定的项目目标。项目计划包括所需的人员、工作进度、资源、资金和采购等信息。

（1）项目范围：需要提供一份书面的范围声明，重申项目需求、最终交付的成果和目标。

（2）成果：将较大的可交付成果分解为较小的可交付成果，以便于管理。

（3）任务包与关系：确定哪些任务对最终交付的成果来说是必要的，并指出任务间的关联性。

（4）进度计划：确定任务的持续时间，并设置完成日期。

（5）成本：估算整个项目的成本并制定预算表。

（6）质量：确保整个项目的质量目标得以实现。

（7）团队工作方式：说明项目的组织方式，包括进展情况报告。

（8）员工：确定项目成员的角色和职责。

（9）沟通对象与频率：确定信息传递方式，以什么频率传递给谁。

（10）风险：预测可能存在的风险，评估它们对项目的影响并制定应对方案或策略。

（11）采购：确定需要签订合同的工作内容，确定好合同相关内容及供应商等信息。

3. 执行阶段

完成项目规划后，项目经理按照既定的项目计划，将任务分配给团队成员，并使用项目管理工具来管理和监督项目进度。管理项目过程中要落实好各类合同的执行。

4. 监督和控制

监控和执行两个步骤在实践中经常是互相穿插和交互进行的，项目要通过监督对下述问题进行管控。

（1）报告：制定衡量项目进度的指标，并用工具来传递进度信息。

（2）范围：监控范围并控制需求变更。

（3）质量：衡量可交付成果的质量，确保满足既定质量计划。如无法达到预期质量要求，则需要评估如何提升质量。

（4）进度表：掌握导致项目延期或停滞的情况和原因，并及时做出调整以确保项目正常运行。

（5）成本：监控费用，控制成本变化。

（6）风险：注意整个项目过程中的风险变化并采取应对措施。

5.收尾阶段

项目的最后一个阶段就是项目的收尾阶段。

（1）范围：确保项目的可交付成果已按计划完成；关闭项目，移交所有文档和成果给客户。

（2）采购：结束采购流程，验收产品。

（3）庆祝：总结项目经验并记录和庆祝。

6.工程类项目管理

工程类项目是指与内部基建、技改等相关的项目。这一类项目在管理时一般包括以下环节：

（1）项目策划：根据企业发展需要将项目纳入年度投资计划和预算。

（2）立项：完成《立项建议书》。

（3）可行性研究：编制《可行性研究报告》。

（4）初步设计与概算。

（5）实施计划书：编制和审批项目实施计划。

（6）项目建设期进度、成本和质量管理。

（7）项目变更管理。

（8）竣工验收申请。

（9）竣工验收会议。

（10）验收报告与后续处置。

7.管理类项目管理

管理类项目是指企业为优化运营、降低成本、提高流程速度所采取的各类规模不一的改进工作。

这些工作有的持续时间较长，如六西格玛项目，需要三年时间；有的是微项目，类似于日资企业中所谓的"提案改善"，就是一些简单可行的改进事项。

不论大小，管理类项目的管理过程都因价值链上的专业差异而具有较大的不同。具体管理改进项目通常来源于运营分析会、战略回顾会和内部审计结果（包括质量体系内审、财务审计、内控评估等）。

第四节　运营控制

运营控制的重点不仅仅在目标和方向上，更重要的是要控制好运营管理的综合成本。

综合成本控制不仅仅是降成本，它需要企业在战略实施过程中，根据战略控制点的计划，通过运营过程中的流程管理和项目管理实现综合成本最小化。综合成本不仅受内部成本影响，而且受外部市场价格影响。内部成本最小化可通过内部控制来实现，但市场价格却无法自身决定。综合成本控制的最终目标是使企业可持续盈利能力达到最大化。

综合成本控制建立在战略控制点的准确评估，以及运营过程中的数据分析基础之上。运营分析侧重于日常结果分析，战略复盘则着眼于长期目标的实现程度，两者缺一不可。

一、经营分析

经营分析通常包括日常运营分析（短周期）和战略回顾（至少以一个季度为一周期）。

运营分析侧重于日常以周和月为单位的运营数据的确认与分析，通过分析比较得出计划与实际之间的差距，进而展开问题分析，并得出相应的解决方案。这是从日常运营业务层面进行的分析。

与之配套的运营性财务分析包括运营资本分析和控制、财务指标分析、标准成本分析、量本利分析等。运营分析是对运营过程指标和产出的盘点与回顾，而财务分析则是从货币衡量的角度对经营成果进行总结、纠偏和建议。

表 5-26　运营分析相关内容

维度	细分／说明	输入	动作／工具	输出
运营控制之经营分析	运营分析	经营计划；经营成果	运营性财务分析；绩效分析	差距原因；待解决问题；潜在方案

战略回顾基本是以半年或年度为单位对关键任务完成情况的盘点，在此基础上找到问题，并讨论得出解决方案。

与之相对应的是竞争性财务分析，它主要用于比较竞争对手同期的财务变化情况。通过解析与推测竞争动态，公司得到竞争层面的问题与潜在方案，以此作为下一次战略复盘的输入内容。

表 5-27　战略回顾相关内容

维度	细分／说明	输入	动作／工具	输出
运营控制之经营分析	战略回顾	战略机会；战略目标；经营成果	竞争性财务分析；绩效分析	差距原因；待解决竞争问题；潜在方案

案例：ABB 业务单元运营分析会

1. 准交率分析

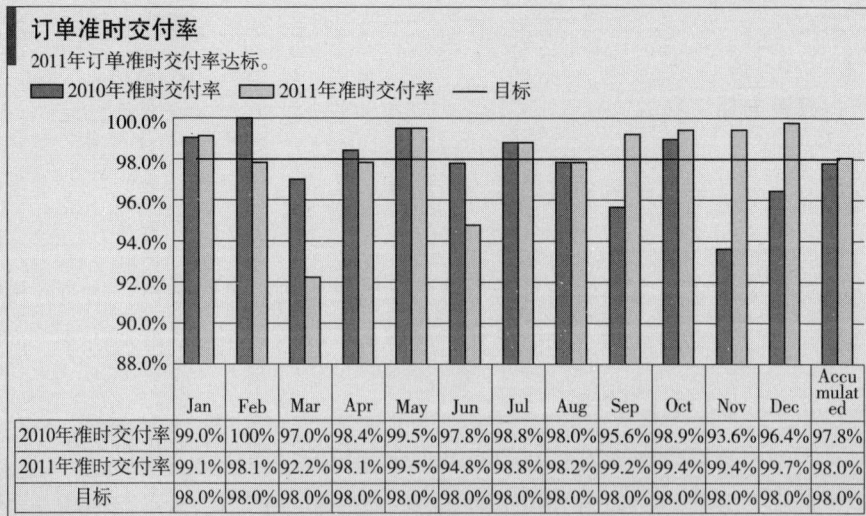

	Jan	Feb	Mar	Apr	May	Jun	Jul	Aug	Sep	Oct	Nov	Dec	Accumulated
2010年准时交付率	99.0%	100%	97.0%	98.4%	99.5%	97.8%	98.8%	98.0%	95.6%	98.9%	93.6%	96.4%	97.8%
2011年准时交付率	99.1%	98.1%	92.2%	98.1%	99.5%	94.8%	98.8%	98.2%	99.2%	99.4%	99.4%	99.7%	98.0%
目标	98.0%	98.0%	98.0%	98.0%	98.0%	98.0%	98.0%	98.0%	98.0%	98.0%	98.0%	98.0%	98.0%

图 5-15　准时交付率

2. 延迟订单分析

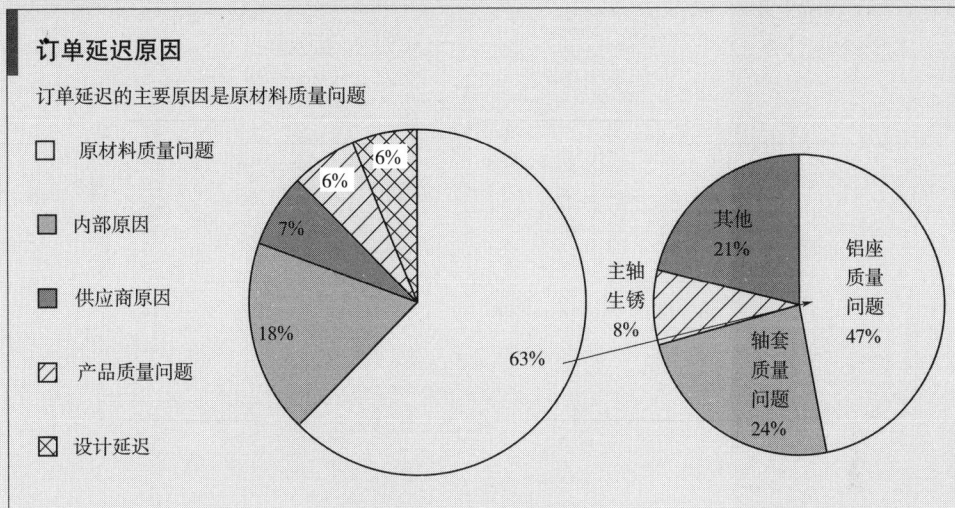

订单延迟原因

订单延迟的主要原因是原材料质量问题

- ☐ 原材料质量问题
- 内部原因
- 供应商原因
- ☒ 产品质量问题
- ☒ 设计延迟

6%
6%
7%
18%
63%

其他
21%

主轴
生锈
8%

铝座
质量
问题
47%

轴套
质量
问题
24%

图 5-16　未交付原因分析

3. 营业收入趋势与积累订单分析

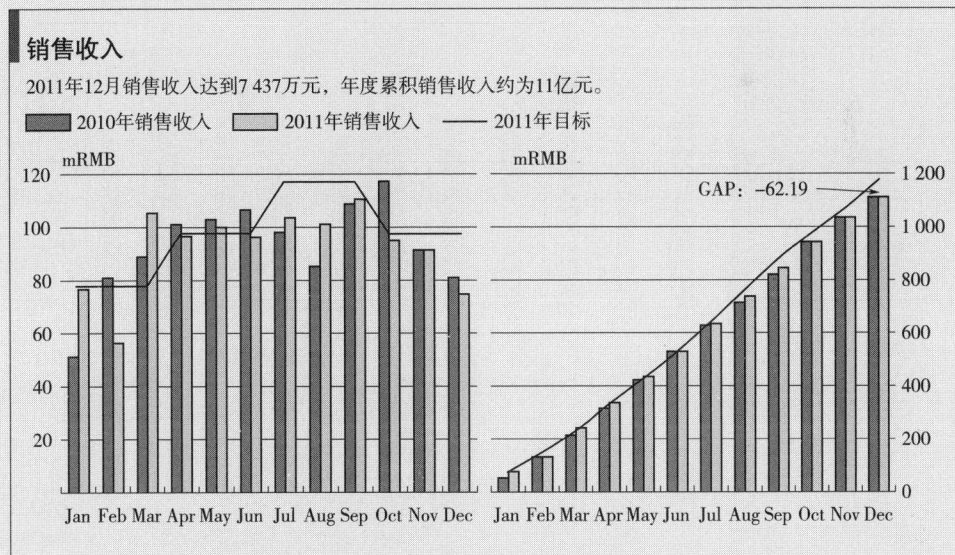

销售收入

2011年12月销售收入达到7 437万元，年度累积销售收入约为11亿元。

■ 2010年销售收入　■ 2011年销售收入　── 2011年目标

120 mRMB

Jan Feb Mar Apr May Jun Jul Aug Sep Oct Nov Dec

mRMB　　　　　　　　　　　　　　1 200

GAP：−62.19

Jan Feb Mar Apr May Jun Jul Aug Sep Oct Nov Dec

图 5-17　收入完成曲线

4.订单全周期分析

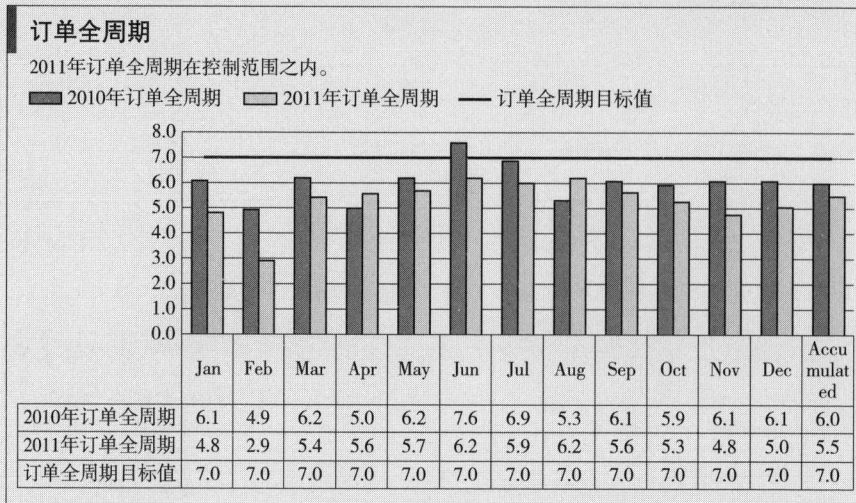

订单全周期

2011年订单全周期在控制范围之内。

■ 2010年订单全周期　　□ 2011年订单全周期　　── 订单全周期目标值

	Jan	Feb	Mar	Apr	May	Jun	Jul	Aug	Sep	Oct	Nov	Dec	Accumulated
2010年订单全周期	6.1	4.9	6.2	5.0	6.2	7.6	6.9	5.3	6.1	5.9	6.1	6.1	6.0
2011年订单全周期	4.8	2.9	5.4	5.6	5.7	6.2	5.9	6.2	5.6	5.3	4.8	5.0	5.5
订单全周期目标值	7.0	7.0	7.0	7.0	7.0	7.0	7.0	7.0	7.0	7.0	7.0	7.0	7.0

图 5-18　订单全周期分析

5.库存控制分析

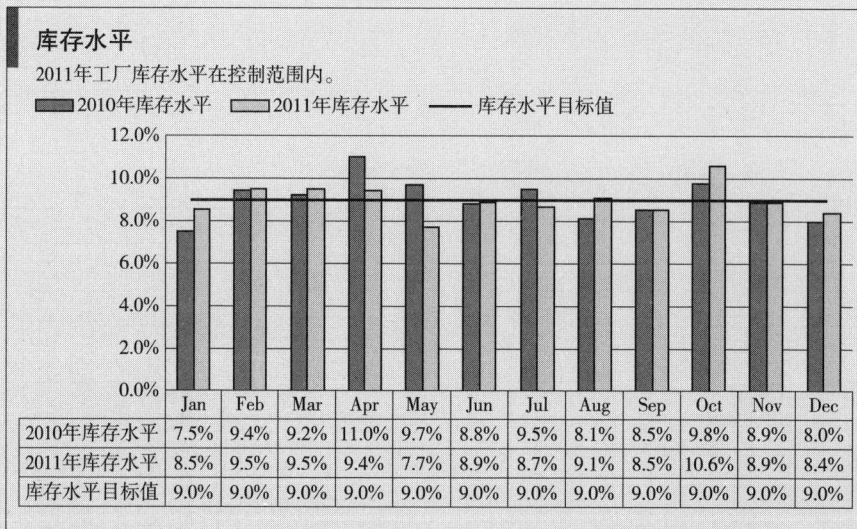

库存水平

2011年工厂库存水平在控制范围内。

■ 2010年库存水平　　□ 2011年库存水平　　── 库存水平目标值

	Jan	Feb	Mar	Apr	May	Jun	Jul	Aug	Sep	Oct	Nov	Dec
2010年库存水平	7.5%	9.4%	9.2%	11.0%	9.7%	8.8%	9.5%	8.1%	8.5%	9.8%	8.9%	8.0%
2011年库存水平	8.5%	9.5%	9.5%	9.4%	7.7%	8.9%	8.7%	9.1%	8.5%	10.6%	8.9%	8.4%
库存水平目标值	9.0%	9.0%	9.0%	9.0%	9.0%	9.0%	9.0%	9.0%	9.0%	9.0%	9.0%	9.0%

图 5-19　库存数据分析

二、运营评审

运营评审主要是质量管理（如 ISO 9001 质量管理体系认证标准）、生产安全、环境保护、职业健康等管理体系对企业运营的规范性审核。

运营评审通常是根据体系文件的要求，内部组织先进行自评，然后再接受政府部门产、行业协会，专业机构等外部单位的正式评审，其相关内容如表 5-28 所示。

表 5-28   运营控制之运营评审相关内容

维度	细分 / 说明	输入	动作 / 工具	输出
运营控制之运营评审	根据体系要求进行的符合度评审	体系要求；公司实际运营情况	比较；分析	体系稽核报告；整改要求项；整改建议

运营评审的项目与企业所在的行业高度相关，具体评审范围既包括政府或行业强制性的项目，也包括企业根据客户需要或自身管理诉求自选的项目。

ISO 9001 质量管理体系认证标准是目前较普遍的一个管理评审体系，评审结果通常会成为企业运营改进项目的主要来源。

三、运营改进

运营改进是针对运营分析会、运营评审产生的改进需求所采取的改善行动。

表 5-29   运营控制之运营改进相关内容

维度	细分 / 说明	输入	动作 / 工具	输出
运营控制之运营改进	对运营问题进行针对性改善	运营问题	六西格玛；精益生产；TOC	运营效率提升；综合成本下降

对于制造业而言，以下管理方法将为你带来收益，可以作为参考。

1. 六西格玛管理

六西格玛管理通过科学把控设计和监控过程，使企业实现质量与效率最高，成本最低，过程的周期最短，利润最大，从而全方位地使顾客满意。

从 20 世纪 90 年代中期开始，六西格玛逐步被摩托罗拉、GE 等公司从一种全面质量管理方法演变成为一个高度有效的企业流程设计、改善和优化的技术。

六西格玛管理提供了一系列适用于设计、生产和服务的新产品开发工具，成为全世界追求卓越管理的企业最为重要的管理工具。

六西格玛的核心步骤包括定义、测量、分析、改进与控制，如表 5-30 所示。

通过这五步的反复应用，以及定量分析与验证，从而提升产品质量，并实现经营业务目标。

表 5-30　六西格玛核心步骤

定义（Define）	辨认需改进的产品或过程，确定项目所需的资源；在定义阶段要明确问题、目标和流程，需要回答以下问题：应该重点关注哪些问题或机会？应该达到什么结果？何时达到这一结果？正在调查的是哪一流程？它主要服务和影响哪些顾客？
测量（Measure）	定义缺陷，收集此产品或过程的表现作底线，建立改进目标；找出关键评量，为流程中的瑕疵建立衡量基本步骤。人员必须接受基础概率与统计学的训练以及学习统计分析软件与测量分析课程。为了不造成员工的沉重负担，一般让具备六西格玛实际推行经验的人带着新手一同接受训练，帮助新手克服困难。对于复杂的演算问题，可借助自动计算工具，以减少复杂计算所需的时间
分析（Analyze）	分析在测量阶段所收集的数据，以确定一组按重要程度排列的影响质量的变量；通过采用逻辑分析法、观察法、访谈法等方法，对已评估出来的导致问题产生的原因进行进一步分析，确认它们之间是否存在因果关系
改进（Improve）	优化解决方案，并确认该方案能够满足或超过项目质量改进目标；拟订几个可供选择的改进方案，通过讨论并多方面征求意见，从中挑选出最理想的改进方案并付诸实施。实施六西格玛改进，可以是对原有流程进行局部的改进；在原有流程问题较多或惰性较大的情况下，也可以重新进行流程再设计，推出新的业务流程
控制（Control）	确保过程改进一旦完成能继续保持下去，而不会返回到先前的状态；根据改进方案中预先确定的控制标准，在改进过程中，及时解决出现的各种问题，使改进过程不至于偏离预先确定的轨道，发生较大的失误

2. 精益生产

精益生产是通过系统结构、人员组织、运行方式和市场供求等方面的变革，使生产系统能很快适应用户需求不断变化，并能使生产过程中一切无用、多余的东西被精简，最终达到包括市场供销在内的各方面最好结果的一种生产管理方式。

在精益生产的具体实施应用方面，对于化工、医药和金属等连续性生产行业，一般偏好设备管理，如 TPM（Total Productive Maintenance），因为在流程型行业需要运用一系列的特定设备，这些设备的状况极大地影响着产品的质量；而对于机械、电子等离散型生产行业，则更注重标准化、JIT（Just In Time，及时性）、"看板"以及零库存，这是因为生产线排布、工序优化等都是影响生产效率和质量的重要因素。

精益生产主要包括以下工具。

（1）5S 活动："5S"是整理、整顿、清扫、清洁和素养这 5 个词的英文首字母缩写，起源于日本。5S 是创建和保持组织化、整洁和高效工作场地的过程和方法，可以教育、启发和养成良好的"人性"习惯。目视管理既可以在瞬间识别正常和异常状态，又能快速、正确地传递信息。学习使用 5S 应与目视控制管理相结合。

（2）TPM：TPM 起源于日本，它以全员参与的方式，创建设计优良的设备系统，提高现有设备的利用率，实现安全性和高质量目标，防止故障发生，从而使企业达到降低成本和全面提高生产效率的目的。

（3）现场可视货看板："看板"是个日语名词，表示一种挂在或贴在容器上（或一批零件上）的标签或卡片，或流水线上各种颜色的信号灯、电视图像等。看板是一种可以作为交流厂内生产管理信息的手段。看板卡片不仅包含相当多的信息，而且可以反复使用。

（4）持续改善：运用价值流图来识别浪费。生产过程中到处充斥着惊人的浪费现象，价值流图（Value Stream Mapping）是实施精益系统、消除过程浪费的基础与关键点，如表 5-31 所示。

表 5-31　价值流图的优化方式

取消（Eliminate）	对程序图上的每一项工序都加以审查，确认其保留的必要性，凡可取消者一律取消。例如： 取消一切可以取消的工作内容、工作步骤、工作环节及作业动作； 取消一切不安全、不准确、不规范的动作； 取消不方便或不正常的作业； 取消一切不必要的闲置时间
合并（Combine）	对程序图上的操作和检验项目，考虑相互合并的可能性，在保证质量、提高效率的前提下予以合并。例如：把各个小动作合成一个连续的曲线动作； 或把几种工具合并为一种多功能工具； 把几道分散的工序合并为一道工序； 合并可能同时进行的动作
重排（Rearrange）	对程序图上的作业序列进行宏观分析，考虑重新排列的必要性和可能性，有时仅仅通过重排就可显著提高效率； 重新排列工艺流程，使程序优化； 重新布置工作现场，使物流路线缩短； 重排流水线工位，消除薄弱环节； 重新安排作业分工，使工作量均衡
简化（Simplify）	这里既包括将复杂的流程加以简化，也包括简化每道工序的内容： 减少各种烦琐程序，减少各种复杂性，使用最简单的动作来完成工作； 简化不必要的设计结构，使工艺更简化； 力求缩短运送路线和信息传递路线

3. TOC

以色列一位物理学家创立了一种基于"约束"的管理理论，它被命名为约束理论 (Theory of Constraints，TOC)。1984 年，这位物理学家出版了第一本以小说形式创作的关于 TOC 的专著《目标》，描述了一位厂长应用约束理论使工厂在短时间内转亏为盈的故事。

约束管理通过逐个识别和消除这些约束，使得企业的改进方向和改进策略明确化，从而帮助企业更有效地实现其目标。

TOC "瓶颈"管理有以下五个步骤：

步骤 1，确认系统的限制；

步骤 2，决定充分利用系统限制；

步骤 3，全力配合以上决策；

步骤 4，提升系统限制；

步骤 5，如果限制被打破，重新回到步骤 1，不要让惰性成为系统的限制。

当管理的工具和改进项目较多时，企业须根据自身战略控制点进行选择并加以实施。

本章小结

本章重点总结了价值链优势的塑造方式，包括流程内控、年度计划、运营与项目管理、战略控制等方面的内容。价值链优势的塑造本质上属于战略执行范畴，具体来讲：

（1）流程管理是根据战略和商业模式来具体设计的；

（2）年度计划与全面预算是战略的年度实施方案；

（3）运营管理和项目管理则是运用能力与资源实现战略目标的过程；

（4）战略控制是完成综合风险、成本控制的手段。

通过上述活动，企业形成了价值链上具有独特竞争力的成果，而这些成果要想得到可持续发展，还需要企业的组织效能来保障。

第六章

高管管理第三箭：搭组织——提升组织效能

组织效能为战略和价值链优势的实现提供了有力支撑，它同时也是持续实现企业价值的源泉。

企业不但需要合适的战略，塑造能充分体现资源、能力优势的价值链，同时还需要源源不断的内生动力，它是企业的"内燃机"，来源于企业的组织效能。一个组织的效能取决于合力、能力、动力三力叠加的共同作用，如图 6-1 所示。

（1）合力：组织结构、岗位分工、绩效的硬约束、企业文化的软约束共同构筑了合力；

（2）能力：对人才的标准设计、评价、盘点与培养是组织能力的源泉；

（3）动力：个人通过短中长期的需求满足产生个人和组织的动力。

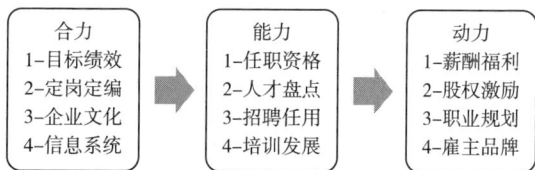

合力			能力			动力
1-目标绩效		→	1-任职资格		→	1-薪酬福利
2-定岗定编			2-人才盘点			2-股权激励
3-企业文化			3-招聘任用			3-职业规划
4-信息系统			4-培训发展			4-雇主品牌

图 6-1　组织效能提升步骤

第一节　合力

企业制定战略后，通常需要提取关键任务中最近一年的内容来编制年度经营计划，再提取全面预算中最近一年的内容作为年度预算。年度计划指导年度预算，前者是目标和任务的集合，后者是粮草弹药的货币化匹配。两者的结合是一个互动的过程，理想和资源之间需要保持平衡，在正式执行前，最好形成"军令状"——组织和个人的绩效。

组织绩效和个人绩效通过企业绩效管理闭环来实现，这是企业对组织和个人的刚性要求，是硬约束；而整个企业的文化价值导向，则是所有员工在实现目标过程中的隐性要求，是软约束。当然，也有企业把体现价值观文化的行为作为绩效构成的一部分，"软硬"结合，如阿里。

不论如何，一个硬约束，一个软约束，共同引导员工的行为向着战略目标和任务进军，共同汇集成了集体的合力。

一、目标绩效

绩效管理是形成企业合力的硬约束，对企业战略目标的实现非常重要。绩效管理的核心功能不是考核，而是和战略目标匹配之后，厘清大目标与每个团队和个人工作之间的联系，并制定科学合理的产出标准。

每个人都只是一个局部，就像拼图，如果每个人只看到眼前一个小板块的形状和色彩，那么将很难拼出一张完整的拼图；反之，若心里有一张全图，并知道自己在全图中的位置，那么这个人的工作将会更高效，因为他知道自己和他人间的工作联系以及工作的宏观价值。

表 6-1 合力之目标绩效相关内容

维度	细分/说明	输入	动作/工具	输出
合力之目标绩效	绩效制定	关键任务清单； 全面预算表； 各职能策略与规划	分解	绩效任务书
	绩效辅导	绩效任务书； 阶段性工作表现； 差距原因； 运营性财务分析报告	沟通	工作改进计划； 能力提升计划
	绩效反馈与调整	差距原因； 待解决问题； 潜在方案； 运营性财务分析报告； 战略性财务分析报告； 绩效制度	对比	绩效任务书更新； 绩效评价结果
	绩效结果应用	绩效结果； 组织资源	匹配资源； 兑现承诺	月度奖金； 年度奖金； 调薪； 任职资格准入； 人才池准入； 培训发展机会； 淘汰

企业绩效管理是一个绩效制定、绩效辅导、绩效考核、绩效反馈与调整的动态过程。绩效管理的主导者应该是各级管理者，总裁承担公司的整体组织绩效，事业部负责人承担事业部组织绩效。人力资源部在绩效管理中的作用最多占 20%，HR只是从专业角度提供方法、模板、制度，并对结果进行整理，协助管理者完成绩效管理工作，在绩效管理的整个过程中，管理者是将军，HR 是军师，角色不同，责任也不同。很多管理者忽略这一点，把绩效管理狭隘地理解成只是考核，只是 HR的工作，这种认识是有问题的。

1. 绩效制定

绩效分为组织绩效与个人绩效。

组织绩效制订的主要步骤：

第一步，制订并明确战略（公司战略、业务战略、职能战略）；

第二步，拟订年度经营计划（必赢之仗、年度实施计划与目标）；

第三步，匹配资源，编制针对战略与经营计划实施的全面预算（经营预算、管理预算、资本预算、财务预算）；

第四步，结合计划目标选取关键考核要素，结合全面预算数据提取目标值，形成绩效任务书，如表 6-2 所示。

表 6-2　组织绩效任务书模板

指标类别	绩效考核项目	权重	单位	预算值	挑战值	保底值	评分	加权得分
经营 KPI 指标（70%）	利润总额	30%	万元	5 000	6 000	4 500		
	应收款项周转天数	10%	天	50	45	52		
	存货周转天数	10%	天	90	85	95		
	采购成本下降百分比	5%	%	5	6	3		
	总销量	15%	吨	2 000	2 500	1 800		
战略重点项目（20%）	新客户开发项目	10%	—	9 月完成	8 月完成	11 月完成		
	新产品研发项目	10%	—	12 月完成	10 月完成	次年 2 月完成		
组织管理发展（10%）	组织岗位优化	5%	—					
	人才培养体系建设	5%	—					
例外事项	根据管理需要临时增补的内容	—	—					

上述四个步骤解决了组织绩效的设计问题，接下来我们再看下岗位绩效的考核结构设计。

（1）高管：从绩效内容的构成来看，针对高管的绩效可以直接和其管理范围的组织绩效挂钩，正职一般直接 100% 挂钩组织绩效，或部分挂钩并结合周边高管互相评价得分；副职则 50% 与组织绩效挂钩，另外个人分管内容与重要项目占 50%。

（2）中层：针对中层的绩效，可以部分挂钩组织绩效（约 20%），但重点还是要考核其所在部门职能的绩效完成情况，除此之外，还要考核当期重点项目工作实施情况和个人成长情况（针对项目性工作）。

（3）基层：对于基层员工，主要考核其岗位工作内容的完成结果，在此基础上结合部分部门绩效水平或对重点项目的贡献进行综合评分。此外，对于个人的工作态度与敬业度也有一定权重的考核。

在长期的企业管理实践中，针对岗位绩效，笔者提炼出了"业务 + 能力 + 动力 721"模型作为推荐结构。其中，动力 721 模型阐述如下：

（1）70% 考核内容来源于业务 KPI：经过层层分解得到部门与岗位的关键量化指标；

（2）20% 考核内容来源于个人学习成长：包括项目锻炼、课堂培训成绩、轮岗锻炼情况等；

（3）10% 考核内容来源于工作态度评价：包括主动性、团队协作、乐于分享等维度。

岗位绩效设计的注意事项：

（1）注意价值链分工差异：从绩效的部门分工差异去考虑，与主价值链密切相关的部门主要以具体的价值生成结果为主要设计点，如制造部的绩效核心设计点是产量、质量、成本等；采购部的绩效核心设计点是成本、质量、供应商准交率。而与辅助价值链相关的部门则可以以工作项目的推行完成程度作为绩效设计点，如 HR 部门完成了多少场校园招聘，以及关键人才的招聘完成率等。

（2）注意流程视角下绩效节点的相关性：从流程视角来看，绩效的节点设置是容易被企业和众多 HR 管理者忽略的。对于主价值链而言，多数绩效节点需要几个职能部门配合完成，整个流程必须拥有共同的绩效标准，例如订单全过程周期、订单准交率。

（3）注意不同生产形态的业务差异性：对于不同人群，绩效的制定方式也不尽一致。生产形态离散型的岗位大多具有单兵作战的特点，采用计件制比较有效；对于连续型生产，则更多的是以班组为单位，可以以数量、质量等成本类指标作为考核指标。对于销售类岗位，主要考核销售量和回款；对于后勤职能人员，则从与岗位工作职责高度相关的内容来提取指标。

2. 绩效辅导

绩效辅导是多数管理者容易忽略的工作。平时管理者将更多精力放在了业务实现上，而对于实现过程中人的工作状态则普遍缺少关注。绩效辅导是绩效成果的重要"催化剂"。

绩效辅导是指管理者与员工讨论有关工作的进展情况、工作中潜在的障碍和问题、解决问题的办法措施、员工取得的成绩和存在的问题，以及管理者如何帮助员工等信息的过程，它分为三步，如图6-2所示。

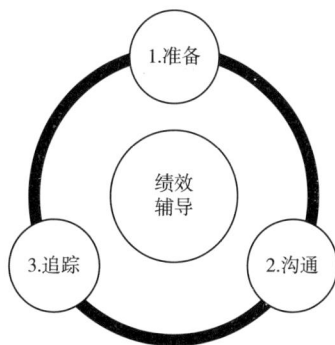

图 6-2　绩效辅导三步走

（1）准备阶段。这一阶段要重点准备以下内容：

①获取辅导对象的相关信息；

②选择绩效辅导的形式；

③确定合适的面谈时机和环境；

④保持良好的心态；

⑤提前通知员工。

（2）沟通阶段。在这一阶段，沟通步骤与沟通要点可参照表6-3进行。

表 6-3　沟通步骤及要点

沟通步骤	沟通要点
好的开始	建立良好的沟通氛围
	说明此次沟通的目的
倾听并使员工积极参与	所定工作目标进展如何？
	哪些方面进行得好？
	哪些方面需要进一步改善和提高？

续表

沟通步骤	沟通要点
描述员工行为	描述具体行为，避免概括性的结论和推论
	解释行为对绩效目标产生的影响
给予积极反馈	真诚、具体地表扬员工
	嘉奖员工表现积极的行为
指出员工需要改进的方面，并达成共识	沟通确认员工需改善的工作内容
	为提高员工的知识和技能，确认需给予的资源和支持
	与员工达成共识
以鼓励结束谈话	以鼓励的话语结束谈话
形成书面记录	记录谈话重点：员工认同的事情、改进措施以及员工不认同的事情

（3）追踪阶段。本阶段包括如下内容：

①关注执行情况；

②数据的收集和记录；

③为员工提供所需要的资源支持和相关培训；

④根据需要及时鼓励或再次辅导。

绩效辅导结束后，需要通过跟踪管理来巩固绩效辅导的成果。

绩效辅导的结果既包含组织对个人绩效的希望和要求，也包含个人对新任务或行为改变的承诺。

"绩效改进计划表"在某种意义上是双方之间的约定，如表6-4所示。对于管理者而言，它也是一个结构化的管理工具，可用于阶段性回顾。

表6-4　绩效改进计划表

被考核者姓名：_____ 职务：_____	考核者姓名：_____ 职务：_____
计划制订时间：_____年_____月_____日	
不良绩效描述（请尽量用数量、质量、时间、成本／费用等具体数值和关键事件描述）：	
原因分析：	
改进计划和措施：	
实施情况及效果评价：	
□尚待改进，与计划目标还有差距 □符合要求，完成了改进计划 □出色地完成了改进计划	
考核人（签名）：_____	被考核人（签名）：_____

3.绩效反馈和调整

绩效反馈是以运营分析、战略复盘后的业务结果作为依据，根据新的战略和计划来对"绩效任务书"做出调整。

不同行业、不同发展程度的企业、不同人群，考核构成应不尽相同。下面的绩效计算模板仅供参考，如表6-5所示。

表6-5　绩效计算模板

人员类型	考评方式		
	月绩效挂钩	素质考评	例外事项考评
中层	月度考评得分均值 ×70%	胜任力考评占10%；管理绩效占20%	直接加减分，不占权重
主管、班长	月度考评得分均值 ×80%	管理绩效占20%	直接加减分，不占权重
非操作序列员工	月度考评得分均值 ×90%	态度考评占10%	直接加减分，不占权重
操作序列员工	由各车间自主管理	态度考评占10%	直接加减分，不占权重

具体的绩效考核数据将在运营分析和战略复盘之后产生，进而形成等级排名。

表6-6　绩效考评等级表

考评等级	部门数量	限制条件
S级（卓越）	排名第1	原则上，组织年度绩效考评得分≥100
A级（优秀）	排名第2、第3	
B级（良好）	剩余组织	组织年度绩效考评得分≥90
C级（需改进）	不强制限定	组织年度绩效考评得分 < 80
D级（差）	不强制限定	组织年度绩效考评得分 < 70

4.绩效结果应用

（1）月度奖金应用：月绩效考核结果转换为绩效系数，与薪酬结构里的"月绩效基数"挂钩计算浮动奖金。

（2）年度奖金应用：年绩效考核结果转换为绩效系数，与薪酬结构里的"年绩效基数"挂钩计算浮动奖金。

（3）薪酬加级加档：根据年度的绩效完成情况，进行等级化区分对待，鼓励多劳多得。

表 6-7　薪酬加级加档调整原则

年度绩效考评结果	调整原则
S 级（卓越）	薪档上调 2 档
A 级（优秀）	薪档上调 1 档
B 级（良好）	维持原薪档
C 级（须改进）	（1）年度考核结果为 C 级的； （2）全年绩效考核连续 4 个月有两次考核等级为"C"级的； （3）全年累计 4 次绩效考核等级为"C"级的。 以上对其进行培训或转岗，若培训或转岗后仍不能达到要求，将降职降薪或解除劳动合同
D 级（差）	（1）年度绩效考核等级为 D 级的； （2）全年累计两次绩效考核等级为 D 级的。 以上视为不胜任岗位工作，将直接解除劳动合同

表 6-8　任职资格准入应用表

年度绩效考评结果	调整原则
S 级（卓越）	具备申请晋级评定资格
A 级（优秀）	
B 级（良好）	维持原等级
C 级（须改进）	考虑降低任职资格等级
D 级（差）	

表 6-9　人才池准入应用表

调整类别	内容
员工晋升	对年度绩效考核成绩在 S 级的员工和累计两次 A 的员工，列入后备人才池
工作调动	根据员工考核结果，对于考核等级为 D 级的员工，公司可考虑调整岗位。如果被考核人认为在别的岗位更能发挥其能力并能提高工作绩效，该员工可在绩效考核结束后一个月内向部门正职提出工作调动申请
淘汰	对于考核等级连续两年为 D 级的员工，公司有权依法解除劳动合同或降低至最低薪级薪档（一级零档——每月按本地最低工资标准发放）

表 6-10　培训发展机会应用表

提升类别	内容
培训需求分析	结合岗位说明书、任职资格评价标准以及员工的年度绩效完成情况，作为培训需求分析的依据，根据分析制订来年整体培训计划
绩效不佳和技能水平低的原因分析	找出责任部门和人员；分析文化、制度、流程等方面的原因；寻找培训着重点
绩效表现优异的特质分析	提炼标杆岗位表现优异的关键点作为培训素材；优先考虑表现优异的人员担当培训讲师

二、定岗定编

正如房屋骨架决定着房屋的稳固性，企业的组织架构决定了企业是否能够平稳高效运转。在为企业搭建组织架构时，要注意以下几点：

（1）战略、商业模式、管控模式决定组织架构的设计；

（2）管控模式与组织架构又是职能设计的输入内容；

（3）职能说明书则是个人岗位说明书的依据；

（4）个人岗位说明书则是对具体工作内容及工作量的说明，也是编制的主要依据之一。

表 6-11　合力之定岗定编相关内容

维度	细分 / 说明	输入	动作 / 工具	输出
合力之定岗定编	划分岗位职责	组织架构；部门职能说明书	工作分析；工作观测；工作观察	岗位说明书
	核算岗位编制	岗位说明书；行业其他企业数据；企业经营数据；企业人力资源数据	计算；对标；测量；征求专家意见	编制表

1.定岗定编的目的与方法

定岗定编的目的是实现人岗匹配，以达到"人尽其才、才尽其用"的目标。

定岗定编的积极意义在于可以帮助企业进行人力资源规划、预测，以便更好地帮助企业实现其业务目标。

定岗的过程就是对工作进行分析的过程，通过分析把流程上的"事"分解到具体的每一个岗位。

岗位设置可以采用分解法，即从部门二级职能分解到岗位职责。在分解过程中要结合岗位结构、工作量、工作强度等因素。

注意：在实操过程中，岗位职责的设定还需要顾及人员的实际能力和条件。

定编是本着精简机构、节约用人、提高工作效率的原则，在此基础上计算和确定各岗位所需要的人数。

2.定岗主要步骤

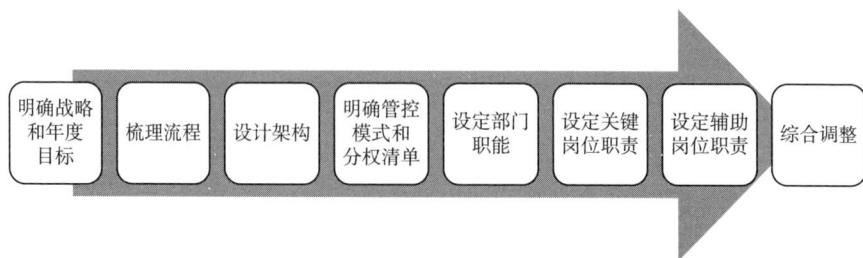

图 6-3 定岗主要步骤

前面我们已经谈过战略、流程、管控和架构，下面对职能和职责的确认方法做一个详细的梳理。

以下是我为某企业提供的与职能职责相关的表单，包括流程—部门定位表、部门职能汇集表、部门职能说明书和岗位职责汇集表，它们是从业务流程分解到部门职能、再到岗位职责经常要用到的工具和表单。

表 6-12 流程—部门定位表

一级流程	二级流程	市场部	××车间	化验室	生产部	外包单位	流程绩效分解
销售	市场开发	☆					
	订单管理	★					
	客户管理	☆					
采购	供应管理	☆					
	日常采购	★					
	入库	★		☆	☆	☆	
生产	A工序		★	☆			
	B工序		★	☆		☆	
	C工序		★	☆			
	包装入库		★		☆		
检验	原辅材料	☆		★			
	半成品		☆	★			
	成品		☆	★			
交付	运送	★				☆	

说明：表中★表示职能强相关，☆表示职能弱相关。

表 6-13　A 部门职能汇集表

一级流程	二级流程	A 部	输入	过程	输出	职责描述	频率	主要考核指标	接口部门
销售	市场开发	☆							
	订单管理	★							
	客户管理	☆							
采购	供应管理	☆							
	日常采购	★							
	入库	★							

说明：表中★表示职能强相关，☆表示职能弱相关。

表 6-14　××部　部门职能说明书

一、部门基本信息			
部门名称	××部	部门编号	
部门负责人岗位	××部经理	部门分管领导岗位	
定岗		定编	
二、部门定位			
部门职能概述：			
三、部门架构图			

四、部门主要职能		
序号	职能	内容描述
1		
2		
3		
4		

制 / 修订记录					
版本号	制 / 修订时间	制 / 修订内容	制 / 修订者	审核者	审批者
V1.0					

表 6-15　岗位职责汇集表

一级流程	二级流程	三级流程 / 任务	主材采购员	辅材采购员	输入	过程	输出	职责描述	频率	主要考核指标
采购	供应管理		☆	☆						
	日常采购	主材	★							
		辅材		★						
	入库		☆	☆						

说明：表中★表示职责强相关，☆表示职责弱相关。

　　上述四表是层层分解和细化的过程，编排整理的过程也是检查现有岗位工作哪些增值哪些无效的过程。通过对流程上重点工作的分解，我们可以发现有些岗位需要新增，有些岗位可能需要与其他岗位合并或取消，从而达到定岗的目的。总之，定岗是横向流程和纵向部门、岗位形成的一个矩阵，力求不遗漏、不重复的分工效果。

　　定岗的主要成果是"岗位说明书"，其参考标准如表 6-16 所示：

表 6-16　××部门××岗位说明书

一、岗位基本信息			
岗位名称		所属部门	
二、岗位设置目的			
三、主要工作职责（按重要性排序）			
序号	概述	内容描述	考核要素
1			
2			
3			
四、工作特征			

时间要求	工作时间：□常规工作时间　　□偶尔加班　　□需倒班，昼夜班　　□需频繁加班	
	出差情况：□较少出差　　□较多出差　　□频繁出差	
工作环境	主要地点：□办公室　　□车间办公室　　□车间生产线　　□户外	
	环境因素：□高空　　□噪声　　□高温　　□粉尘　　□有毒有害物质　□有一定刺激物，主要为＿＿＿＿＿＿　　□无刺激物	

五、任职要求			
基本学历		专业	
工作经验		资格证书	
语言		知识与技能	
能力素质要求	基础：		
	应知：		
	应会：		

岗位说明书修订记录					
版本号	修订时间	修订内容	修订者	审核者	审批者
V1.0					

3.定编主要步骤

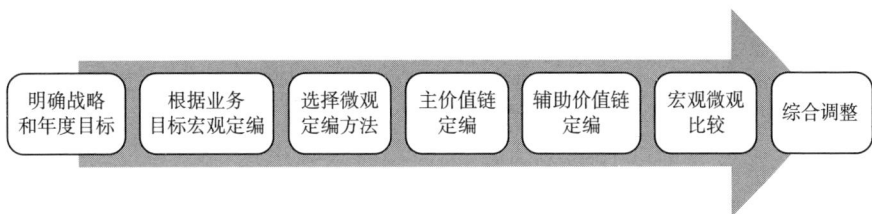

图 6-4　定编主要步骤

（1）宏观定编

这里的宏观定编通常是根据业务目标对标过去最好水平的人均产值、人均利润或其他劳动生产率的相关指标，在此基础上得出相关人员数量的范围。为什么是范围呢？因为产值、利润等计算结果不尽一致，但多个值之间会形成区间，重叠度最大的部分便是那个可供选择的值域。

例如某集团上年度人均产值为 1 000 万元 / 人，人均利润为 50 万元 / 人，而下年度的收入目标和利润是 20 亿元和 1.2 亿元，则通过收入对标计算得出的人数是 20 亿元除以 1 000 万元 / 人，即 200 人的人数需求，而通过利润目标得到的值是 240 人，所以定编的结果大体应该在 200~240 人之间，这是一个粗略的估计。这时，如果企业对标的竞争对手的人均产值是 1 100 万元 / 人，人均利润为 60 万元 / 人，并且竞争对手的下年度收入目标及利润与本企业相同，若公司有意达到竞争对手的人均效率，则相应的宏观定编范围是 182~200 人之间。

（2）微观定编

再看微观定编，首先选择微观定编的方法，在实操中最常用的是工作量定编、机器定编、零基定编、比例定编和法规定编。

①工作量定编：根据岗位劳动量所耗费的时间推算总劳动量所需人数，再根据人员排班方式进行二次计算。

②机器定编：根据设备需要看守和操作的人员数量来设定人数，再根据人员的排班方式进行二次计算。

③零基定编：某些岗位必须有相应的人员承担专门的工作，例如自动化工程师，对于这样的岗位，也许工作量不是主要考虑因素，但在有必要设定时，也必须

至少配备一个编制。

④法规定编：法律规定的必须要设定的岗位及岗位人数。

⑤比例定编：主要用于职能人员的定编，例如人力资源人员和一线人员的比例约为 1：100，财务人员与一线人员的比例约为 1：80。

（3）定编结果

表 6-17　某公司质量部定编结果示意表

序号	原岗位名称	原定编	实际人数	建议岗位名称	建议定编	定员建议	说明
1				部长	1	1	新增编制
2	副部长	1	1	副部长	1	1	
3	管理员	1	1	品检技术员	1	1	
4	炉前分析班长	0	1	炉前分析班长	1	1	按现状实际新增编制
5	炉前分析副班长	0	1				编制取消
6	炉前分析员	8	6	炉前分析员	7	7	班长编制增加，员工减少
7	成品辅材检验班长	0	1	成品辅材检验班长	1	1	按现状实际新增编制
8	成品辅材检验副班长	0	1				编制取消
9	成品辅材检验员	12	11	成品辅材检验员	12	12	
10	取、制样员（统检中心）	2	2	取、制样员（统检中心）	2	2	
11	成品辅材检验员（统检中心）	2	2	成品辅材检验员（统检中心）	2	2	
12	品质保证主管	1	1	品质保证主管	1	1	
13	品质保证专员	1	2	品质保证专员	2	2	
14				品质保证组长	1	1	建议新加编制 1 名
15	取样员	4	3	取样员	2	2	按现有实际人员减少编制 1 个
总计		32	33		34	33	

案例：有色冶金行业减员增效

马云曾经在阿里年会上说过，好的绩效管理是让 3 个人干 5 个人的活儿，拿 4

个人的工资。乍一听这似乎很有道理，但一些企业家尝试之后多数以失败收场。我们不禁反思：为什么？

大致经过是这样的：一个岗位原来 5 个人，人均工资 3 000 元 / 月，合计工资 15 000 元 / 月；裁员之后剩下 3 名员工，薪酬变为人均 4 000 元 / 月，工资成本为 12 000 元 / 月。改革后的前 3 个月，员工状态似乎不错。可随着时间的推移，剩下的 3 名员工开始抱怨工作太累，因为 3 个人很难完成 5 个人的活儿，长期下去身体难以承受。随之而来的是岗位出现工伤、企业品质下降、出货经常延期等连锁反应。企业为此不得不再次补上一名员工，可这个岗位的工资已经是 4 000 元的月薪了，再增加人员，也只能按照同样标准，最终总成本比原来 5 个人还多出了 1 000 元。

由上述案例可见，"3—4—5 法则"这样简单的减员增效思路实际操作起来却并没有想象的那么简单。

首先，岗位设置是在公司流程效率基础上进行的专业分工，每个岗位的人员数量都是建立在劳动量定额计算的基础上的，不能简单地想减就减。不科学地减员，员工看似可以靠意志力和经济驱动坚持工作，但人的生理机能决定其无法持续"超载"。上面的案例恰恰说明了这个道理。

科学的定编分析才是减员的前提。以有色冶金某深加工企业 H 为例，其金属粉末加工厂经过行业对标后，推算在 5 000 吨的任务下，人数合理配置应是 150~170 人之间。这是从宏观角度划定的人数边界。经过实际产量、设备、工艺条件的差异分析之后，其员工总量进一步调整到较精确值，这个值可作为工厂在一定时期内的控制线。未来随着工艺的成熟以及设备的进一步优化，编制将随之得到进一步优化。对于具体的优化计算方法，我们可以通过某岗位定编计算的案例进行说明。

某岗位操作过程包含交接、记录、搬运、拆口、投放、清扫、阀门控制和数据记录等 10 个作业步骤。通过对每个步骤进行实地作业动作观测与记录，我们得出这些动作平均用时最短是 9.7 秒，最长为 120.1 秒。通过多次测试，我们进一步得出每个动作的平均用时，然后分别以动作的重体力、轻体力和纯脑力进行分类，赋以不同的动作恢复宽放系数，再折算加总出每人完成生产任务的总时长为 351.5 分钟。按照该公司的作业时间，扣除中午休息时间得到岗位合理工作时间为 420 分钟，因此本岗位当时的工作饱和度为 84%（351.5 分钟 ÷ 420 分钟 ×100%）。根据这个数据，我们进而计算与比较岗位现有人数的劳动总时间与工作任务，得出减员的数量和理由。在这个案例中，本岗位现为15人的班组，可以减员1人。

上述减员结论是在现有设备与工艺假定不变的前提下得出的。我们进一步展望市场上的技术，发现自动化的上料设备目前已经相对成熟，建议考虑对此重体力岗位进行替代。现有人员则可经过培训，弥补因产量提升的其他岗位的缺口。从劳动生产率角度来看，通过自动化减少新的人员招聘，也算是一种减员增效（虽然工人总数不变，但产量因此会提升）。

其次，从流程角度来看，减员增效的视野并不限于岗位的编制计算，而要从战略对业务的影响角度进行切入设计。X集团为中国稀土六大集团之一，其下辖某矿山L公司在2016年进行业务的重心调整，公司主营业务从收购转为自产。业务战略的变化必然带来L公司主要价值链活动的重构，对此，X集团的人力资源业务合作伙伴协同L公司共同分析新价值链带来的组织管控模式、职能设置及岗位工作内容的变化，并在此基础上提出人员编制减少30%的计划。经过近半年的逐步调整，精简后的L公司轻装上阵，实现了业务、流程、岗位、人员的重新配置。

最后，成功的减员增效也绝不仅仅是员工数量和薪酬成本的双因素博弈，更大程度上是要通过优秀的领导者发挥其领导力，塑造企业文化，树立职工的变革意识、责任意识和大局意识。Z集团是国内领先的具有钨全产业链的公司，其下属Z公司正是通过发挥领导力实现劳动生产率大幅提升的优秀案例。Z公司总经理上任后励精图治，通过合并后勤科室精兵简政提升职能对一线的服务效率；同时，他凭借多年丰富的冶炼管理经验推动冶炼车间岗位职责标准化，并鼓励现场干部优化工艺……经过一年多的改革，Z公司不仅成功将全流程约800吨的金属量降低至400吨，节省大量资金成本，人员数量还从350（约）人下降到230人（约），产量则提升逆势上涨超过20%。截至2018年末，Z公司车间的人均产量超过行业标杆，成为国内人效比最高的钨冶炼企业！

通过上述有色冶金行业的三个案例，我们可以发现，减员增效绝不是简单的"3—4—5法则"，而是从企业的业务流程开始梳理，明确岗位职责，科学宏观与微观定编，结合设备与工艺的优化才能完成的。更重要的是，任何变革都要发挥领导者的魄力和担当精神，为变革营造相应的企业文化，这样才更有利于推动企业持续走向高效精益之路！

图 6-5　有色产业链减员增效案例图示

三、企业文化

企业文化向来被认为很重要，但企业要着手去建设又有些难以入手，为什么？

企业文化的层次不同，输入、过程、产出都不尽相同，层次间差异显著，由此造成对话和构建思路往往不在同一个频道上。因此，建设企业文化首先要划分企业文化建设的层次，然后结合企业在发展过程中沉淀下来的素材进行勾勒和细化。

企业文化至少有三个层次，分别是内核的理念层、中间行为层、外表物质层，由内而外越来越具体和显性化，如图 6-6 所示。

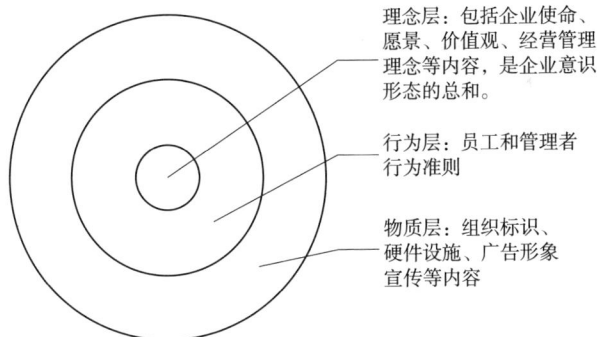

图 6-6　企业文化的层次

通常，企业会在以下场景考虑企业文化的构建：

（1）企业处于转型初期的时候；

（2）企业准备进行变革的时候；

（3）企业战略目标需要调整的时候；

（4）企业整体工作氛围处于不良状态的时候；

（5）企业在经营管理方面需要改进、调整的时候；

（6）新领导上任的时候；

（7）上级公司要求下属公司和总公司步调一致的时候等。

表 6-18　企业文化建设的三个层次

维度	细分 / 说明	输入	动作 / 工具	输出
合力之企业文化	理念层	政策规范； 上级指引； 使命愿景； 公司地域特点； 公司人员特点； 公司行业属性	萃取	核心价值观
	行为层	核心价值观	演绎； 分解	企业文化手册； 行为规范； 制度汇编
	物质层	核心价值观； 企业文化手册	设计； 构建； 投资	硬件设施； VI 体系； 推广活动

1.理念层

理念层将会输出企业的核心价值观，核心价值观往往只有几个字或几句话，简明扼要，但它的提炼过程并没有那么简单。

企业文化首先受国家民族文化的影响，又受地域文化和现实社会生活的冲击，加之企业小环境也有自己的不同氛围，因此，提炼企业文化的过程是一个在大环境下结合企业特点和发展萃取共性或独特性的过程。

上级单位的企业文化影响力较大，往往有的集团型企业不容许子公司的亚文化存在。当然从现实情况来看，多数公司会强调共性的东西，也会允许企业进行部分个性化的设计。例如中国五矿集团的核心理念是"珍惜有限，创造无限"，旗下的子公司通常是引用；而对于经营价值观，旗下的中钨高新则提出：诚信、专业、创新、高效，这是集团所没有限定的。

企业本身的使命愿景、经营思路以及负责人的个性意图都会深刻影响企业文化的形成。

最后，企业人员的来源也影响理念的形成，同时地方文化特色和主要产业也是其中的"矿物质"。因此，企业文化的提炼是对上述要素不断筛选、整合的过程。

2. 行为层

任正非表示：氛围也是一种宝贵的管理资源，只有氛围才会影响到大多数人，才会形成宏大的具有相同价值观与驾驭能力的管理者队伍，才能在大规模的范围内，共同推动企业进步，而不是相互抵消。

这个导向性的氛围就是共同制定并认同的《华为基本法》。

个人认为任正非说的"氛围"就是企业文化的行为层，对于华为来说，它就是以《华为基本法》为纲领的行为准则汇编。其他企业通常是在企业理念层基础上演绎出与价值观匹配的行为要求，形成《企业文化理念手册》，其大纲如图 6-7 所示。

如果对文化手册大纲进一步分解，有的企业会进一步编制出《员工手册》或《行为准则》，其大纲如图 6-8 所示。

《企业文化理念手册》大纲
前言
第一部分　文化渊源篇
一、文化起源
二、历史渊源
第二部分　管理思想篇
一、企业发展方针
二、人才发展方针
三、科技发展方针
四、市场开拓方针
五、客户服务方针
六、企业文化方针
七、企业品牌方针
第三部分　核心理念篇
一、企业愿景
二、企业使命
三、企业核心价值观
第四部分　管理执行篇
一、事业观
二、人才观
三、质量观
四、服务观
五、团队观
六、安全观
七、品牌观
八、市场观
九、学习观
结语

图 6-7 《企业文化理念手册》大纲

《员工行为规范手册》大纲
前言
第一章　总则
一、员工公约
二、道德规范
第二章　关键行为规范
一、高层管理人员关键行为规范
二、中层管理人员关键行为规范
三、基层员工关键行为规范
第三章　日常行为规范
一、日常办公行为规范
1. 同事关系
2. 通讯联系
3. 办公秩序
4. 会议培训
5. 保密守则
6. 公共财物
二、员工日常礼仪及社交规范
1. 仪表规范
2. 电话礼仪
3. 握手礼仪
4. 介绍礼仪
5. 名片礼仪
6. 乘车礼仪
7. 接待礼仪
三、商务谈判行为规范

图 6-8 《员工行为规范手册》大纲

3. 物质层

企业物质文化是由企业员工创造的产品和各种物质设施等构成的视觉形象文化，它是一种以物质为形态的表层企业文化，是企业行为文化和企业精神文化的显现和外化结晶。

以五矿集团为例，其视觉形象的具体含义我们可以从标识基本图和标识创意说明两方面来解读，如表 6-19 所示。

表 6-19　中国五矿集团视觉形象解读

一、标识基本图

1. 图形要素：以红太阳辅以铝锭、钢条为主要构图要素。
2. 文字要素：以中国五矿集团公司英文简称"MINMETALS"为主要文字要素。
3. 色彩要素：以红色为主要色彩，灰色、黑色为辅助色彩。

二、标识创意说明

1. 整个标识以圆心为中心点，所有元素围绕该中心点设计并聚焦，使标识更加和谐统一，透视感更强，更符合美学规律。这样的设计，充分体现了中国五矿集团公司的凝聚力与核心竞争力。
2. 钢条、铝锭的意义在于体现中国五矿集团公司的行业特征。红太阳涵盖了乐观、无私、诚信、气势恢宏等丰富的蕴意，体现了中国五矿人以提供全球化优质服务为己任的精神理念；钢条抽象地延伸，传达了中国五矿人在新世纪的突破与创新精神。
3. 标识以红色为主要色彩，灰色、黑色为中国五矿集团公司企业形象识别色，以增强标识的协调感。红色是热情、积极向上之特质的象征；黑色表示中国五矿集团公司经营金属业务的特性；灰色投射出了中国五矿集团公司沉稳、朴素的风格。
4. 标识整体外形表现了中国五矿人以其专业与智慧铺就一条金光大道，向冉冉升起的太阳无限延伸，展现了中国五矿人气势磅礴的胸襟和眼光，象征中国五矿集团公司向着光明的未来不断发展，创造出辉煌的成就。

企业文化的设计工作完成之后只是走完了万里长征的第一步，企业文化的真正形成还需要经历较长的过程，它是所有员工在实际工作中长期实践价值观凝聚而成的。在这个过程中，企业文化工作者可以通过多媒体、活动、宣传、树典型等方式促进和引导，比如可以制定《企业文化实施推广方案》，大纲如图 6-9 所示。

```
┌─────────────────────────────────────┐
│        《企业文化实施推广方案》大纲        │
├─────────────────────────────────────┤
│ 前言                                   │
│ 第一部分    形势与任务                   │
│       一、企业文化形成与发展             │
│       二、企业文化建设的任务             │
│ 第二部分    工作目标                     │
│       一、企业文化建设总目标             │
│       二、三年年度目标                   │
│ 第三部分    基本原则                     │
│       一、落实有效                       │
│       二、领导垂范                       │
│       三、引导激励                       │
│       四、齐推共进                       │
│       五、闭环管理                       │
│ 第四部分    组织保障                     │
│       一、企业文化的领导与组织           │
│       二、企业文化建设的职责分工         │
│ 第五部分    重点工作                     │
│       一、构建组织保障体系               │
│       二、完善文化培训机制               │
│       三、整合文化传播渠道               │
│       四、实施文化整合工程               │
│       五、健全文化激励机制               │
│       六、推进制度文化匹配               │
│       七、建立文化评估机制               │
│       八、关注文化前沿问题               │
│ 第六部分    企业文化导入期               │
│ 第七部分    企业文化深化期               │
│ 第八部分    企业文化提升期               │
└─────────────────────────────────────┘
```

图 6-9 《企业文化实施推广方案》大纲

四、信息化

信息化是企业合力塑造重要的增速增效器，其相关内容如表 6-20 所示。

表 6-20　合力之信息化相关内容

维度	细分/说明	输入	动作/工具	输出
合力之信息化	通过硬件、软件（交易型、分析型等）和网络构建信息系统的管理合力	新流程图；组织架构；制度；风险控制点；审批权限表；信息；数据	安装使用办公基础专业软件，如 OA、ERP 等	数据传输；报告

信息化是企业通过配备适应现代企业管理运营要求的自动化、智能化、高技术硬件、软件、设备、设施，建立包括网络、数据库和各类信息管理系统在内的工作平台，以此来提高企业经营管理效率的发展模式。

信息化的关键是发现能够使企业获得竞争力的关键业务驱动力。它链接业务关键流程，使业务与信息系统相融合，因而具备业务价值才是评价信息化作用的标准。

多数企业的信息化是从财务软件的应用开始的，主要用于减少手工做账的工作量，以此来提高工作效率。除此之外，采用 OA 流程进行审批和日常公告也较常用，同时，也会借助移动互联网的便利使用微信进行工作内容的沟通。企业信息化的核心还是 ERP，通过集成业务数据实现价值链过程的业务信息对称和数据接口匹配，这也是企业进行数据分析、财务分析、战略分析、绩效评价、集团管控的工具之一。

在 ERP 基础上，有的企业对内提供商业自动图表和看板等不同场景下的应用，对外进行供应链数据整合，以达到上下游协同的供应链效率最大化的意图，如图 6-10 所示。企业信息化的重要性不必多讲，但其导入内容完全是个性化的，此处不再赘述。

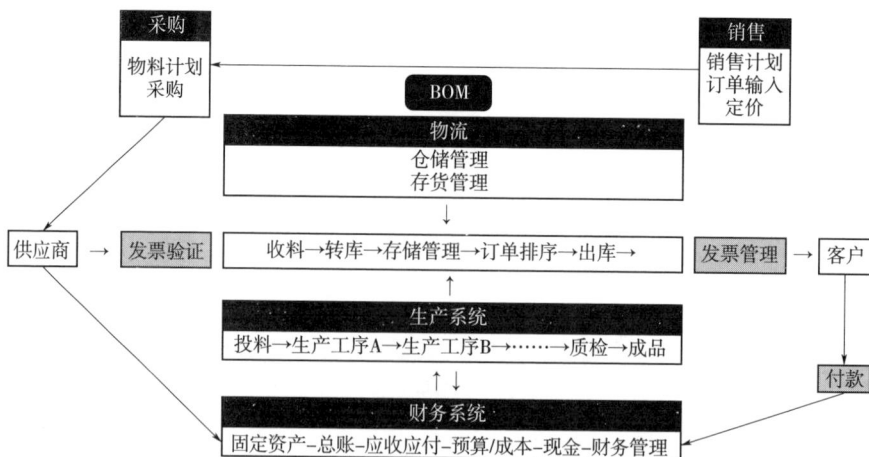

图 6-10　某企业 ERP 系统模块示意图

案例：华为绩效管理

1. 华为绩效管理的三个阶段

第一阶段，1995年至1997年，华为采用简单的人事考核模式，主要包括：

（1）简单地采用考核替代管理，目的在于强化管理意识，推动管理观念的普及，进而提高管理水平；

（2）考核内容包括工作态度、能力和业绩三个方面；

（3）先将市场部作为试点。

第二阶段，1998年到2001年，从人事考核转为绩效考核，主要包括：

（1）在原有基础上偏向结果导向和客观导向，推动员工务实，不断提高工作水平；

（2）提高业绩权重，弱化态度和能力的占比；

（3）视考核为绩效管理的一个过程，但仍缺乏绩效辅导机制。

第三阶段，2002年至今，推动全面绩效管理，主要变化包括：

（1）和业务战略对接，推动员工在目标指引下的自我管理，形成自我激励和约束机制，不断提高工作效率；

（2）形成完整的绩效闭环管理，将考核作为目标导向，考核成为管理过程中的一个重要环节；

（3）增加了跨部门团队考核的新内容，体现流程绩效。

2. 华为绩效设计

（1）高层管理者：采用"述职＋KPI考核"的方式。述职考核是从公司的使命出发，通过平衡计分卡（战略地图）四个维度设计述职模板并进行结构化汇报，包括如下内容：

①不足与成绩；

②环境分析（顾客维度）；

③结果目标完成情况与承诺（财务维度）；

④策略与措施（内部运营维度）；

⑤周边合作；

⑥组织学习与成长（学习成长维度）；

⑦预算；

⑧意见反馈。

KPI 考核基于战略地图四个维度来设计关键考核指标，将上一步的指标与本级指标的完成情况进行对照汇报（体现指标层层分解落实，本级部门 KPI 必须对上级部门 KPI 形成支撑）。考核表如表 6-21 所示。

表 6-21　KPI 考核表

考核维度	上一级单位 KPI	本级单位 KPI
财务		
市场客户		
内部运营		
学习成长		

（2）中基层管理者：层层分解高层 KPI，并结合所在领域的分工设置绩效考核内容与个人承诺 PBC。华为 KPI 分解的七个步骤如下：

①明确组织的战略和战略目标；

②确定公司的 KRA 及 KPI；

③将公司 KRA 及 KPI 分解到部门；

④进行部门职责、流程分析，找出各部门的"客户""产出"及衡量指标；

⑤汇总第三步和第四步产生的指标，形成部门 KPI 集合；

⑥对部门 KPI 指标进行审查、筛选和确定；

⑦制作各部门 KPI 管理表。

3. 华为绩效 PBC 结构

华为公司采用 PBC（Personal Business Commitment），即个人业务承诺进行考核设计，包括计划、评价两部分。PBC 不仅注重考核，还加强了绩效沟通的内容，由原来的只关注绩效考核转向了对绩效管理全过程的关注，特别强调绩效计划和绩效沟通环节，强调职能部门经理与下属通过共同参与、双向沟通制定 PBC 承诺表。

PBC 强调不仅明白做什么，也要清楚如何做。

PBC 关注的三个方面分别是：目标是什么？如何实现目标？如何合作？

（1）在"目标是什么"（What）层面主要思考：你的工作目标是什么？也就是需要做什么以支持部门目标的达成？包括财务表现、客户满意度、产品领导地位、产品质量、产品及解决方案的交付、人员管理的责任（对于管理人员）。

（2）在"如何实现目标"（How）层面主要思考：为了完成工作目标，应如何去做？如何决策和实施？ 包括内容如下：

①发展、提高和运用某些技能；

②协助优化某一流程；

③遵循达成共识的流程运作；

④采取创新性的解决方案以适应业务变化。

（3）在"如何合作"（How）层面主要思考：为了实现承诺，需要什么样的合作关系？包括内容如下：

①建立跨职能的团队，以制定真正面向客户的解决方案；

②培训团队成员，以避免在你不在岗的情形下影响项目进度。

不断优化后的 PBC 结构包括业务目标（主要考核内容）、组织和人员管理（只考核管理人员，其他人员不纳入）、价值观和行为（出现问题一票否决）、个人发展计划。

第二节 能力

企业能力是支撑战略执行的支柱之一，它和资源一起成为价值链运营的"炮弹"。

企业能力包含组织能力和个人能力两个维度。组织能力是企业在搭建组织时所产生的框架支撑，犹如人体的骨架；而个人能力则是框架里面的肌肉细胞，即个人为企业的"肌肉细胞"。个体能力在组织的框架下协同和分治，形成企业经营所需要的行动力量。

整个组织，需要由"大脑"来统一调度指挥，这个"大脑"就是战略，以及由战略分解细化而成的企业的组织绩效和文化，即前面章节讲过的"合力"。

一、任职资格

任职资格是岗位和等级序列中须具备的知识、技能、能力和个性等方面的要求，其相关内容如表 6-22 所示。

表 6-22　能力之任职资格相关内容

维度	细分 / 说明	输入	动作 / 工具	输出
能力之任职资格	按岗位序列形成的不同岗位的能力等级和相应标准	人力资源规划；价值观；绩效评价结果	设计；讨论；对标；征求专家意见	职位通道；能力评价标准；评价程序与制度；任职资格评价结果

任职资格体系包括职位通道、任职资格标准、评估流程、结果应用四大部分，如表 6-23 所示。

表 6-23　任职资格体系相关内容

职位通道	任职资格标准	评估流程	结果应用
管理类 专业类 操作类 职能类 ……	胜任力标准（素质、知识、技能）； 行为标准（工作行为、职业行为）； 贡献标准（工作成果、解决问题、知识贡献）	申请； 初评； 自述； 复评； 审批	招聘、培训与发展； 领导力发展（晋升、继任计划）； 职业发展规划（双通道职业发展）

1. 职位通道

企业为改变管理序列发展的独木桥，通过专业序列的设置提供人才发展的新路径，一方面更好地满足了人岗匹配，另一方面它也是保留人才的一种手段，如图 6-11 所示。

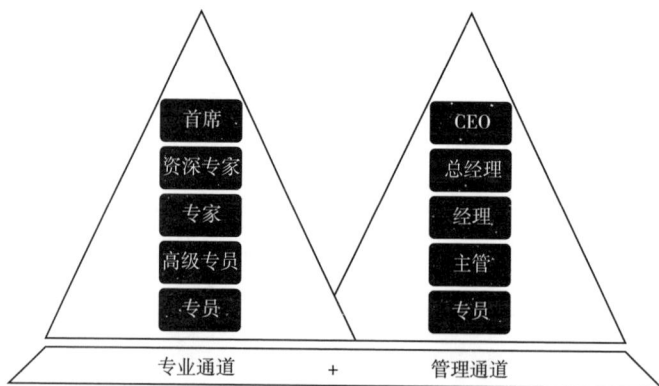

图 6-11　人才发展双通道

2.任职资格标准

基本条件	核心素质	工作技能
学历 职称 工作经验 绩效成果	专业素质 必备知识	基本技能 专业等级技能

图 6-12 任职资格标准架构图

3.评估流程

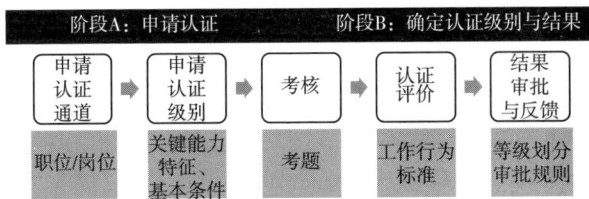

图 6-13 评估流程

二、人才盘点

人才盘点是指对人力资源状况摸底调查，通过绩效管理及能力评估，盘点出员工的总体绩效状况、优势及待提高的方面。其相关内容如表 6-24 所示。

表 6-24 能力之人才盘点相关内容

维度	细分 / 说明	输入	动作 / 工具	输出
能力之人才盘点	人才盘点	人才库； 绩效结果报告； 任职资格标准	比较； 测评； 九宫格	人才报告； 人才继任计划

人才盘点的作用首先是为了更好地进行人岗匹配（如图 6-14 所示），同时掌握人力资源的现状，以便有效地配合组织发展。人才盘点可以直接应用于奖金分配、薪酬调整、培训计划的制订、员工职业生涯规划、人才配置等。

人才盘点前的主要准备是人才库的建设，重点要对关键岗位的在岗人员、本公司内适合本岗的人员以及公司以外的竞争对手同岗位人员进行相关的信息收集。通过人才库建设，我们便可以对

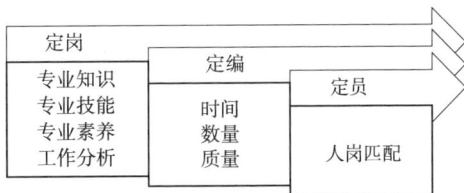

图 6-14 人才盘点用于人岗匹配

关键岗位的人才储备提供备选方案。同时，针对人才库的人选，也要进行相应的人才盘点，通过盘点，企业可以更好地识别和发展人才。

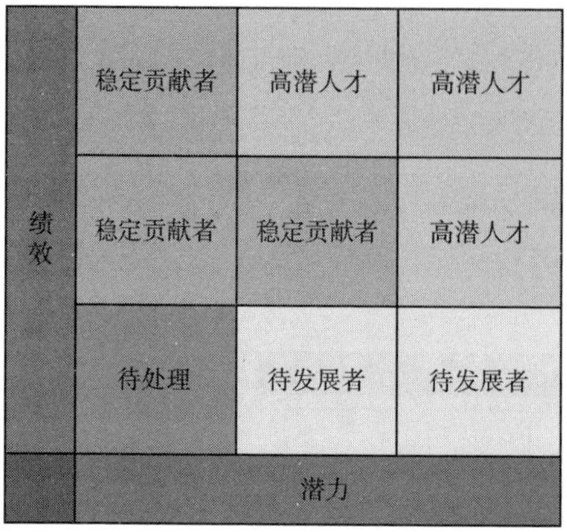

图 6-15 人才盘点九宫格示意图

目前通用的人才盘点工具是二维九宫格，如图 6-15 所示。盘点时主要从"绩效（能力）＋潜力"这两个维度进行评估，也有的公司使用"绩效（能力）＋价值观"这一组合。

有的企业在实操中为了操作简单，会直接采用任职资格的结果作为绩效维度。根据不同的企业需求，在进行二维设计时，标准方法可以进行自定义。

九宫格使用说明：首先，对于绩效维度的打分，可以根据团队成员的绩效分数大小排序即可，将排名前 20% 的人员列为绩效高等类别，将排名在 20% 至 70% 的人员列为绩效中等类别，将排名在 70% 以后的人列为绩效低等类别；其次，对于潜力维度来说，将评价得分在前 20% 的人员列为潜力高等类别，将排名在 20% 至 70% 的人员列为潜力中等类别，将排名在 70% 以后的人员列为潜力低等类别；最后绩效高、中、低与潜力高、中、低的类别两两交叉为九个区域。其中绩效高且潜力中者、潜力高且绩效中者、绩效高且潜力高者可以视为"高潜人才"；绩效低但潜力中高者视为可培养人员，即"待发展者"；而潜力与绩效双低者则为待处理人员，剩余人员为"稳定贡献者"。通过九宫格进行人员分类之后，企业将对高潜人才重点培养与提拔，对发展者实施培训，对稳定贡献者进行绩效沟通与鼓励，对待处理者则通过换岗、辞退等方式实现优胜劣汰。

在具体操作时，对于绩效维度，我们容易获得数据，关键是潜力要如何判断？不排除有的公司领导具备正确的直觉来识才选人，但从可量化和可验证的角度来考虑，还是结构化的标准使用起来更方便。例如，A 公司对潜力的定义如下：

（1）变革敏锐力：永不满足，引入新的观点，热衷于创意，领导变革；

（2）结果敏锐力：高能动力、克服万难，打造高绩效团队，激发团队动力；

（3）人际敏锐力：政治敏锐力、卓越沟通、冲突管理、自我察觉、自我提高、善于组织；

（4）思维敏锐力：视野广阔，从容面对各种环境，思路清晰。

每个维度的分值为1~5分。在评价结束后，再汇总得分，18~20分、14~17分、13分以下，分别对应高、中、低三个层次的潜力。

对人才进行盘点之后，我们便可以对结果进行应用了，如图6-16所示。

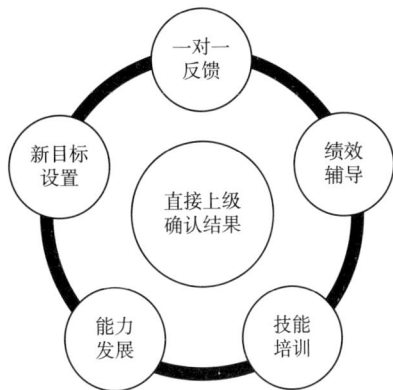

图6-16　人才盘点结果应用

三、招聘任用

HR手上有了"岗位说明书"和编制清单后，接下来就要进行人岗匹配了，其中一项重要工作便是招聘，相关内容如表6-25所示。

表6-25　能力之招聘任用相关内容

维度	细分/说明	输入	动作/工具	输出
能力之招聘任用	招聘	岗位说明书； 编制表； 人力资源规划	渠道； 面试； 测评	人岗匹配

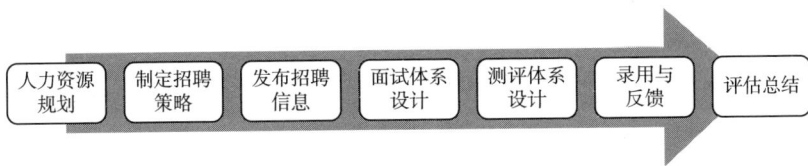

图6-17　招聘工作流程图

人力资源规划运用科学的方法对企业人力资源需求和供应进行分析和预测，在此基础上判断未来企业内部各岗位人力资源是否达到综合平衡，力求实现数量、结构、层次等多方面的平衡。招聘任用则是实现规则、补充人才梯队的手段之一。

干部的选拔要考虑岗位编制、干部绩效水平和任职条件等，通过与目标岗位的匹配和讨论，得到干部的晋升名单和时间计划。干部管理过程如图6-18所示。

图 6-18　干部管理过程

（1）干部选拔标准：素质模型和选拔策略；

（2）干部继任管理：干部职位管理、来源分类分级管理、继任计划和选拔决策；

（3）干部在岗管理：考核激励、核心价值观传承、培养发展、监察和淘汰。

四、培训发展

企业的培训不同于校园学习，在设计方面，其业务属性十分鲜明，核心目标是为企业输入人才梯队，相关内容如表 6-26 所示。

表 6-26　能力之培训发展相关内容

维度	细分 / 说明	输入	动作 / 工具	输出
能力之培训发展	培训	人力资源规划； 培训需求； 绩效评价结果； 战略问题	行动学习； 领导力； 专业； 兴趣	人才梯队

在培训的具体设计上，企业更侧重于"7—2—1"法则的应用：

70% 的学习来源于实践，包括岗位工作、轮岗或项目经历；

20% 来源于师生、同事、伙伴之间的相互启发与影响；

10% 来源于课堂的知识导入和个人线上线下的补充学习。

现在越来越多的企业采用行动学习的方式进行内部人才梯队建设。

行动学习是现代企业行之有效的学习形式。

具体操作上，在设计培训内容时，要结合人力规划，对接公司核心问题和发展问题来设计学习地图。在培训过程中要采用课堂知识与反思、复盘相结合的方式加强学习效果，另外，可以将培训项目植入实际业务场景与问题中，力求让学员"知行合一"。

其培训内容主要有两个类别：领导力类和专业力类。

（1）领导力类

领导力类培训通常有潜力班、基层管理班、中层管理班、高管班等发展阶梯。

对于不同阶梯的岗位技能标准，各个企业都不尽一致，管理咨询大师拉姆·查兰总结出了专业人士向管理人员转变的六个转折点和不同层次需要的能力，可以作为企业设置管理梯队层级的参考，如表6-27所示。

表6-27　不同阶梯的岗位技能标准

岗位阶梯	技能标准
个人贡献者 （管理自我）	工作理念：通过个人能力完成任务 / 高质量的技术或专业化工作； 时间管理：遵守考勤制度，按时上下班完成任务，完成短时间计划； 工作技能：技术或业务能力 / 团队协作能力 / 人际交往能力 / 合理应用工具
一线经理 （管理他人）	工作理念：重视管理工作，而不是亲力亲为，通过他人完成任务； 时间管理：部分时间用于管理； 工作技能：工作计划 / 知人善任 / 分配任务 / 激励员工 / 教练辅导等
部门总监 （管理经理人员）	工作理念：管理工作比个人贡献重要，管理跨部门工作； 时间管理：多数精力用于管理； 工作技能：选拔一线经理 / 分配管理任务 / 评估一线经理绩效并激励引导他们 / 考核全局协作
集团总经理 （管理集团）	工作理念：推动公司变革 / 在长期和短期之间找平衡点并有效执行 / 与董事会密切合作； 时间管理：主要精力用于公司软实力建设和战略管理； 工作技能：高层人才梯队建设 / 设定公司发展方向 / 管理跨国产业

（2）专业力类

专业力类培训是根据不同职能需要进行针对性设置的培训，例如某企业大学设有生产管理班、采购进修班和人力资源高阶班等。

1. 企业大学建设

我国有很多企业均建立了自己的企业大学，但不少都有名无实，本质上只是培训部，很难算得上大学。企业大学的功能不仅在于培养人力，它还是企业文化融合、战略思想沟通、变革催化的平台。

企业大学和培训部的区别在于：

（1）有实体的培训场地，10间以上；

（2）有专职的师资队伍，具有至少5名以上师资的进行专业课程设计开发的团队，有一定系统性；

（3）有自己的核心课程和一定的品牌知名度；

（4）有能力对企业进行知识管理，具备一定的知识研发能力，并可将其应用于业务；

（5）具备从企业业务中提炼案例的能力；

（6）有自己的学习信息数据库；

（7）最好具备能力测评中心。

笔者结合建设企业大学的经验，认为企业大学应该围绕企业业务发展的关键人才梯队来解析与展开，脱离业务导向的企业大学将失去灵魂。

企业大学的实际运行可以分为以下三大层面，如图 6-19 所示。

第一个层面是教学研究。从业务需要开始，围绕战略关键岗位进行学习地图的设计。学习地图可以结合关键岗位的任职资格标准，内容上指向有利于竞争需要的技能，培养形式上采取训战结合的培养方式，形成与一个业务战略周期（通常是三年或五年）相匹配的人才培养规划。

第二个层面是教学实施。根据培训的中长期规划，企业大学分解出年度培训计划，包括培训项目、班级课程时间表、资源预算等。对于每个班级的开班，事前结合规划要求，设计课程内容、日程、讲师、授课形式、评估方式等细节内容。临近开班之前，负责具体实施的人员须盘点开班细节内容的准备完成情况，并在场地、物料、学员服务、讲师服务和宣传等方面进行准备与预热。

第三个层面是教学复盘。在课程中或结束后，组织学员们进行课程内容复盘，促进学员的吸收，通过学员对课程与讲师的评估形成一个教学闭环。在组织层面，也可以对学员、讲师、课程、班级、项目等多个维度进行复盘，对照教研提出的培养目标，看差距，找方案，为持续发展提供素材依据。同时，企业大学也要通过复盘进行知识管理，沉淀出组织的知识库和业务案例，为后续的人才梯队建设提供更丰富的素材。

2. 行动学习

麦肯锡公司于 2000 年对当年美国 TOP 50 公司的 200 名高级管理人员调查研究的结论是：行动学习项目在领导力开发方面被证明是一种既对公司有效，同时也对个人发展有效，并且有效程度较高的学习方式。

前通用公司总裁在其自传里回顾公司管理改革的成功经验时提到行动学习。他

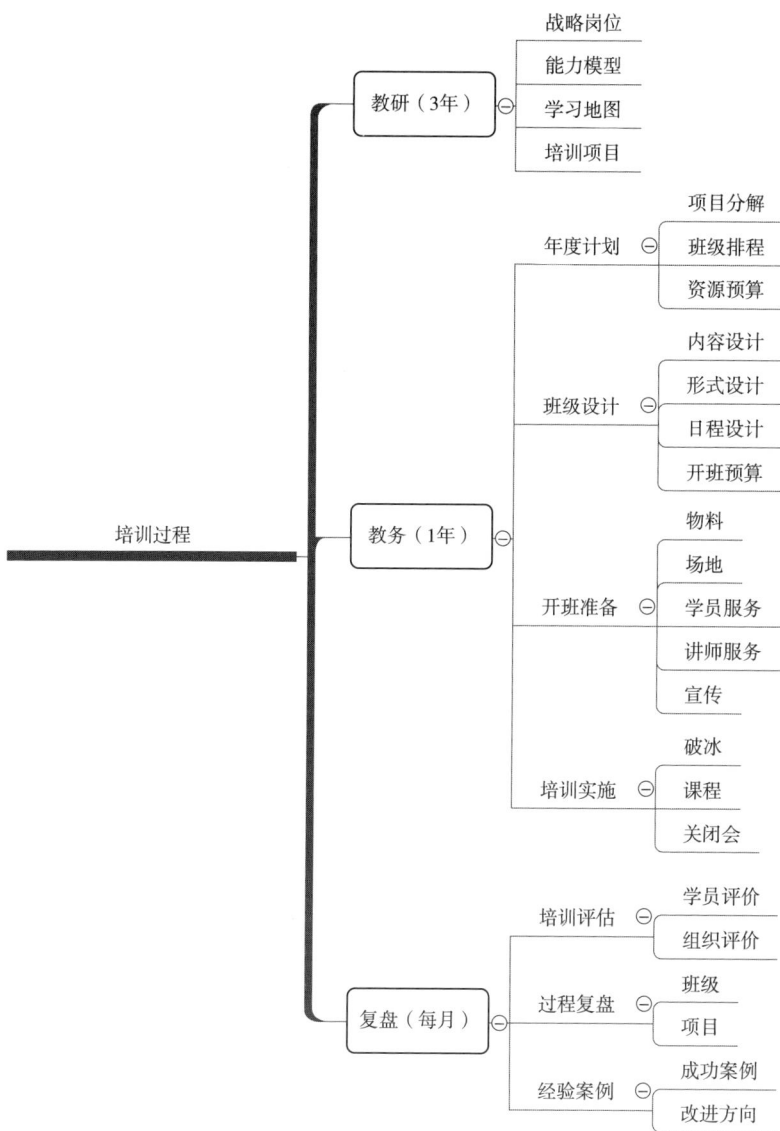

图 6-19　企业大学培训实操思维导图

的改革包括组织变革、精兵简政、行动学习三个方面。

组织变革：管理层级从 8 个层次减到最少 3 个层次，提升了管理效率；

精兵简政：合理定岗定编，削减了多余岗位，提升了劳动生产率；

行动学习：通过群策群力激发中、高层的经营思维，共同解决企业没有答案的难题，推动业务进展，形成突破，实现业绩倍速增长。

笔者作为行动学习的实践者和推广者，对其作用也颇为认同，并且撰写专著进行推广。笔者认为，行动学习是在学习结构化知识的基础上，通过质疑与反思，认清事物的本质，找到解决问题的方法或实现目标的方案，并在实践中形成对社会对组织有价值的成果的过程。

案例：华为干部管理七步法

第一步，明确使命与责任。

华为公司管理干部首先是进行思想奠基，明确干部责任的四个基石[10]：

①以文件和价值观为核心；

②管理价值创造、价值评价和价值分配；

③带领团队持续为客户创造价值；

④实现公司商业成功和长期生存。

干部责任的四个基石实际上映射的是战略地图的四个维度：

①股东视角：抓企业文化传承；

②客户视角：抓业务增长，聚焦客户价值和客户需求实现；

③内部运营视角：抓效率提升，聚焦端到端业务流程建设与改进；

④学习成长视角：抓能力提升，聚焦组织建设、队伍建设和团队运作。

第二步，建立干部标准。

华为干部标准建设的基本条件为核心价值观。

干部的底线是品德与作风，包括艰苦奋斗、使命感、自我批判和开放灰度。

不同管理层级的成功要素包括高管决断力和人际能力、中层理解力、基层执行力。

领导力"三九"铁律：三个方面、九项内容。

第一方面，发展客户能力。

第1条，关注客户。这是一种致力于理解客户需求，并主动用各种方法满足客户需求的行为特征。

（1）响应明确的客户需求；

（2）解决客户的担忧，主动发现并满足客户未明确表达的需求；

（3）探索并满足客户潜在的需求；

（4）想客户所未想，创造性地服务客户。

第2条，建立伙伴关系。这是一种愿意并能够找出华为与其他精心选择的合作伙伴之间的共同点，与他们建立具有互利共赢的伙伴关系，来更好地为华为客户服务的行为特征。

（1）对外开放，建立联系；

（2）开展对话；

（3）共同发展伙伴关系；

（4）寻求共识，实现双赢。

第二方面，发展组织能力。

第3条，团队领导力。这是一种运用影响、激励、授权等方式来推动团队成员关注要点，鼓舞团队成员解决问题，以及运用团队智慧等方法来领导团队的行为特征。

（1）任务式领导；

（2）设定高绩效团队的行为期望；

（3）授权团队；

（4）鼓舞士气，影响团队。

第4条，塑造组织能力。这是一种以不断提升组织能力、优化流程和结构为目标的行为特征。

（1）理解执行组织、流程，并识别需要改进的领域；

（2）指导团队；

（3）匹配人力资源，发现、培养后备干部；

（4）进行组织或流程的重新计划，建立干部梯队，持续提升绩效。

第5条，跨部门合作。这是一种为了公司整体利益而主动与其他团队合作、提供支持性帮助并获得其他部门承诺的意愿和行为特征。

（1）尊重他人，并分享自己的观点；

（2）处理冲突，愿意妥协；

（3）主动理解其他部门的需要，采取行动帮助，寻找双赢；

（4）整体利益最大化。

第三方面，发展个人能力。

第6条，理解他人。这是一种准确地捕捉和理解他人没有直接表露或只是部分表达出来的想法、情绪的行为特征。

（1）识别情绪和状态；

（2）理解情绪和表达；

（3）了解真实意图；

（4）洞悉深层问题。

第7条，组织承诺。这是一种为了支持公司的发展需要和目标，愿意并能够承担任何职责和挑战的行为特征。

（1）努力融入组织；

（2）展现公司形象；

（3）认同及传播公司核心价值观，以实际行动支持公司；

（4）为公司利益作出牺牲。

第8条，战略思维。这是一种在复杂模糊的情境中，用创造性或前瞻性的思维方式来识别潜在问题，制订战略性解决方案的行为特征。

（1）通过发展趋势来实施战略；

（2）运用复杂理念去实施战略；

（3）深入浅出地洞察战略；

（4）对业务重新规划或设计新的业务概念。

第9条，成就导向。这是一种关注团队最终目标，并关注可以为公司带来最大利益的行动的行为特征。

（1）把事情做得更好；

（2）设定并实现挑战；

（3）做出成本／效益分析；

（4）敢于冒险（经过评估的风险）。

第三步，干部任用程序。

干部任用的基本要求：符合核心价值观，不存在作风和品质问题，具备基层一线成功实践，最终对客户产生贡献。

在上述条件基础上，华为通过对干部任用过程的权限设计，形成独特的行政与党委结合的干部选拔机制，确保干部能上能下。干部保持10%淘汰率，严格落实易岗易薪。

（1）建议权：直接上级；

（2）评议权：华为大学；

（3）审核权：建议权的上级组织；

（4）否决权：党委；

（5）弹劾权：党委。

第四步，干部能力发展。

华为在干部培养方面执行的是"训战结合"的行动学习模式。其中，"训"的部分主要由华为大学承担，华为大学通过短训赋能输出"能担当并愿意担当的人才"。

华为大学开发了后备干部项目管理与经营短训项目（简称"青训班"）和一线管理者培训项目（First-Line Manager Leadership Program，FLMP）。

青训班项目并不仅仅包括课程讲授，而是一个包括网课自学、课堂演练、项目实践和结业答辩等环节的系统赋能项目。其中：

（1）网课自学是指自学基础原理和知识（对照成人学习的7—2—1理论中的10%）；

（2）课堂演练是指模拟项目场景进行分析训练，由业务资深专家进行现场辅导（对照成人学习的7—2—1理论中的20%）；

（3）项目实践是指投入业务项目实践，担任一个项目角色，承担实际任务（对照成人学习的7—2—1理论中的70%）；

（4）结业答辩是指学员复盘、总结学习成果，组织进行评估，并将成绩存入档案。

FLMP也是一个集学习研讨、在岗实践、述职答辩与综合验收于一体的系统性赋能项目。为帮助中高级干部实现"术"向"道"的转变，公司规定每位高级干部都必须参与华为大学的干部高级管理研讨项目，简称高研班。这个班的目的在于让学员理解并应用干部管理的政策、制度和管理方法工具，更重要的是组织学员研讨公司核心战略和管理理念，传递公司管理哲学和核心价值观。

（1）理论自学：学习华为价值观和文化。

（2）课堂研讨：围绕人、财、业务进行充分讨论，面向实际业务场景进行分析与博弈。

（3）论文答辩：结合业务实践和上课内容进行沉淀。

（4）深度共享：共享课程心得与内容，让所有管理者有机会参与评价与讨论，扩大影响力。

第五步，干部评价与激励。

华为公司对于不同层级的干部，考核的关注点是不同的：

（1）高层关注目标；

（2）中高层关注长期目标的达成与规划落实；

（3）中基层关注短期目标和行为过程。

干部考核的原则是正向业务考核和逆向行为考核并重，过程上坚持述职，"赛马制"选拔干部。

在激励方面，华为付出高于市场价格的回报给予奋斗者们，但另一方面的激励是给予干部更有挑战性的工作，从物质激励和岗位压力激励两方面促进干部的艰苦奋斗。

第六步，梯队建设。

华为干部的梯队建设有以下三个预备层次。

预备一层：已经达到岗位要求的全部标准，基于关键业务职责进行赋能，梯队建设方向是促进其上岗前对业务实际场景所熟悉。采用的培养方式主要是"干中学"。

预备二层：距离达到岗位胜任标准还差一至两项关键能力，将在未来两年内成熟。梯队培养的重点是其所缺乏的关键能力。

预备三层：目前离岗位要求差距较大，但潜力不错，可能在未来三至五年可以胜任。针对这一部分人群，华为将尽早识别其所需要的关键能力缺项，尽早安排培养。

第七步，干部监察。

华为干部监察采用自我约束和制度约束两手抓的策略。从"不敢"和"不想"两个维度进行监察体系设置，通过事前任命公示、事中审计内控等体系降低干部犯错概率。

（1）不敢

①自我教育：自律宣言宣誓、道德遵从座谈、公司政策学习。

②自省自查：自我批判、自省自查自纠。

（2）不想

①问题预警：老专家 Open Day、组织氛围测评、发现问题及时提醒。

②相互监督：群众监督举报、投诉处理、调查访谈。

华为将干部以下行为列入日常监察范围：道德遵从、工作作风、生活作风、经济违规、其他违规。

华为对问题干部进行严格否决，从而起到威慑作用。

第三节 动力

动力来源于个人需求的满足，短期激励用薪酬，中长期激励有股权分配，远期激励靠的是职业发展规划。工作氛围则是一个乘数，通过对个人动力的叠加影响组织合力。

个人动力是企业动力的基本因子，它像一个弹性的能量，有时被激发可以数倍放大，有时被压缩则大幅降低。个人的动力源一方面来源于对组织使命的认可和追求，另一方面来源于对个人需求的满足，归根结底还是落到了个人需求上。

关于个人需求的层次，最著名的理论是马斯洛的需求层次论，如图 6-20 所示。

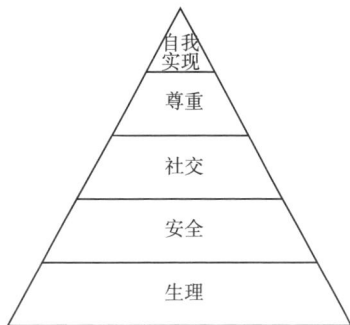

图 6-20 马斯洛需求层次

马斯洛认为，人的需求级别越低就越基本，越与动物相似；越是高级的需求就越为人类所特有。同时这些需求都是按照先后顺序出现的，当一个人满足了较低的需求之后，才会出现更高级别的需求，即需求是分层次的。

人的需求是按生理需求、安全需求、社交需求、尊重需求和自我实现的顺序，但并不一定完全按照这个顺序出现，如表 6-28 所示。

表 6-28　需求层次内容表

生理需求	呼吸	水	食物	睡眠	生理平衡	性	
安全需求	人身安全	健康保障	资源所有性	财产所有性	道德保障	工作职位保障	家庭安全
社交需求	友情	爱情					
尊重需求	自我尊重	信心	成就	被他人尊重			
自我实现	道德	创造力	自觉性	问题解决能力	公正度	接受现实能力	

对于企业而言，激发个人动力的途径由近及远分别是薪酬、股权和职业生涯规划。

一、薪酬福利

薪酬是企业保障个人生存和发展的基础，也是个人最普遍的动力来源。

表 6-29　动力之薪酬福利相关内容

维度	细分／说明	输入	动作／工具	输出
动力之薪酬福利	基于岗位、能力、绩效的薪酬体系	岗位说明书；市场薪酬数据；绩效评价结果	价值评估；设计；计算	薪酬体系；薪酬制度；福利体系

对于企业薪酬的设计，最主要的是能实现对内、对外两个公平。

对内公平主要体现在岗位之间因重要程度不同、价值有所差异，薪酬也应有差别；另外，每个人绩效结果不同，应该体现多劳多得；其三，每个个体的能力有所差别，应该在薪酬中对能力的不同也有所设计。对外公平主要是指同等岗位的薪酬在市场上应与其他同类企业保持同一水平。

通常来说，所谓的薪酬 3P 理论是体现上述要求比较理想的薪酬模式，如图 6-21 所示。

1. 为岗位价值付薪

岗位价值在薪酬中的体现可以通过岗位评估来实现，评估的方法和工具比较丰富，通用的有美世与海氏公司开发的国际评估工具，各行业也可以有差异化的评估方案，甚至各公司也可以量体裁衣设计符合自己的评估标准。总的来说，它们可以分为以下几类，如表6-30所示。

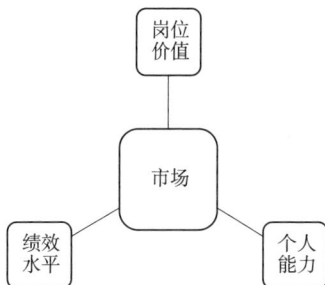

图 6-21 薪酬 3P 模型图

表 6-30 岗位价值评估法

岗位参照法	分类法	排列法	评分法	因素比较法
A	B	C	D	E
用现有标准岗位的薪级来对标排列其他岗位	将岗位划分类别，并确定每类的上下限，然后在类别内部排序	根据岗位之间两两比较得出所有岗位的排序	通过对每个岗位打分的方式评估其价值	将岗位价值构成的要素分开评估，然后通过一定权重计算综合价值

2. 为绩效水平付薪

绩效结果可以通过组织和个人"绩效任务书"的完成情况去判断，绩效结果通过薪酬结构设计来实现。基本薪酬结构如图6-22所示。

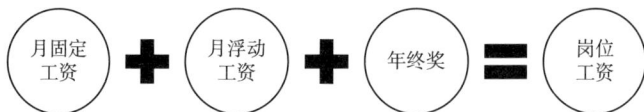

图 6-22 基本薪酬结构

月度绩效结果影响月浮动工资，年终绩效成绩影响年终奖，而月固定工资则由人员的岗位价值和个人能力共同决定。

3. 为个人能力付薪

个人能力可以通过任职资格等方式进行评价和认证，形成等级结果后，重点在薪酬结构中给予兑现。具体操作时，可以将月固定工资拆分成两部分，一部分体现岗位价值，另一部分体现个人能力。需要说明的是，岗位变动后，两者都很可能会变，因为当一个人从A岗位到B岗位之后，岗位重要度不一样了，个人对于岗位的熟练程度也不一样，技能水平也会有所不同。

在技能水平变化的情况下，咨询公司一般会以横向薪档加档或纵向薪级加级的方式加以应用，将技能与个人的进步情况结合起来，从而达到激励目的。

4. 薪级薪档设计

薪级薪档表是薪酬体系的落脚点，向上它是薪酬策略的反映，向下它又是薪酬发放的依据。

薪级薪档表设计首先要确定薪酬政策线，不同薪级的岗位的赋值（即中值）取决于薪酬策略，而同一级别的薪酬带宽计算取决于薪级幅度的设计。具体而言，设计步骤如下：首先根据岗位价值评估法计算出各岗位的薪级，并为同一薪级的所有岗位薪酬计算平均年薪值；其次，结合外部市场和内部薪酬策略对各薪级年薪均值进行审核并调整；最后以薪级为横坐标，以年薪值为纵坐标绘制散点图，利用 EXCEL 功能制图，形成回归曲线与指数函数方程，生成的曲线便是薪酬政策线。图 6-23 为某企业的薪酬政策线。

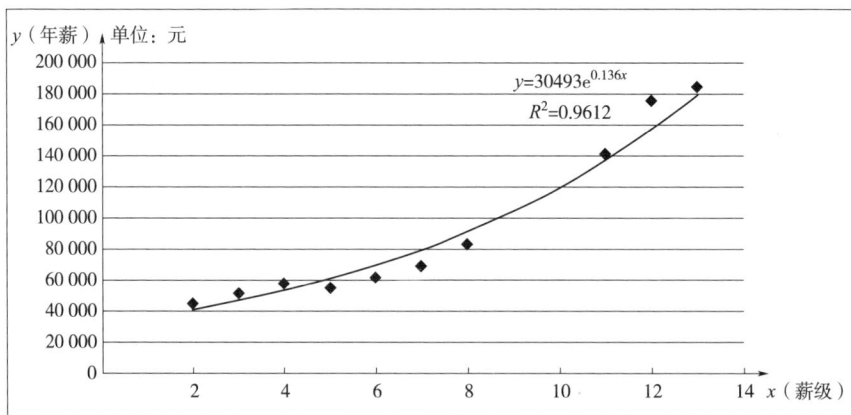

图 6-23　某企业薪酬政策线示意图

宽带薪酬在实现方式上可以通过中值锚点和薪级幅度计算出该薪级的上下值，从而形成可以应用的薪级区间。

薪级幅度根据公司不同采取不同取值，宽带薪酬经验取值范围在 50% 至 150% 之间，幅度取值越大，两个薪级之间的重叠度将越高。

同一薪级上下限的具体取值可以参照下面公式来计算：

薪级上限（最大值）= [2 ×（薪级幅度 +1）× 设计中值] ÷（薪级幅度 +2），

薪级下限（最小值）＝（2× 设计中值）÷（薪级幅度 +2）。

我们可以结合例子来看下。假定某公司 8 薪级的中值锚点为年薪 80 000 元、薪级幅度设定为 120%，则该薪级上限值为 [2×（120%+1）×80 000 元]÷（120%+2）= 110 000 元，薪级下限值为（2×80 000）÷（120%+2）= 50 000 元。即该薪级的薪酬范围在 5 万元至 11 万元之间，如图 6-24 所示。

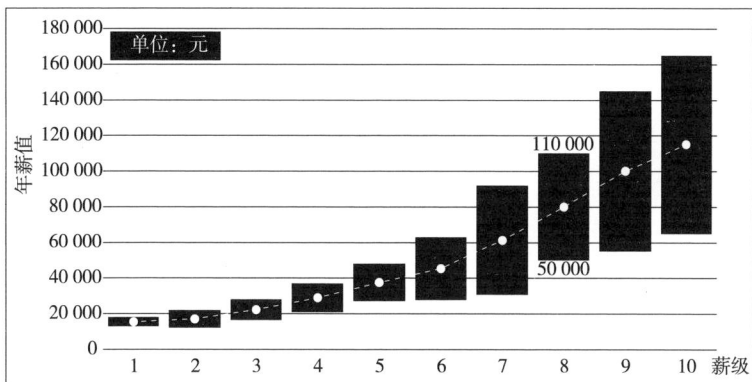

图 6-24　某公司宽带薪酬设计示意图

在薪酬上下限已经明确的基础上，我们可以把每一个薪级切分为若干等分，形成同一级别的不同档位。薪级与薪档共同展开即为二维薪级薪档表，如表 6-31 所示。

表 6-31　某公司薪级薪档表　　　　　单位：元

薪档 \ 薪级	1 档	2 档	3 档	4 档	5 档	6 档	7 档	8 档	9 档
1	32 087	33 050	34 012	34 975	35 937	36 900	37 863	38 825	39 788
2	36 724	37 899	39 074	40 250	41 425	42 600	43 775	44 950	46 126
3	41 966	43 393	44 819	46 246	47 673	49 100	50 527	51 954	53 381
4	48 051	49 781	51 511	53 240	54 970	56 700	58 430	60 160	61 889
5	55 042	57 134	59 225	61 317	63 408	65 500	67 592	69 683	71 775
6	62 917	65 433	67 950	70 467	72 983	75 500	78 017	80 533	83 050
7	72 066	75 093	78 120	81 146	84 173	87 200	90 227	93 254	96 280
8	82 459	86 087	89 715	93 344	96 972	100 600	104 228	107 856	111 485
9	94 390	98 732	103 074	107 416	111 758	116 100	120 442	124 784	129 126
10	108 065	113 252	118 439	123 626	128 813	134 000	139 187	144 374	149 561

二、股权激励

股权激励的话题越来越受到关注，这主要是因为人才的价值不断被重视，各类关键人才的保留都可以通过股权激励来实现。

股权激励是一种有效的激励方式，它使员工通过获得公司股权的形式，享有一定的经济权利，能够以股东的身份参与企业决策、分享利润、承担风险，从而勤勉尽责地为公司的长期发展服务。其相关内容如表 6-32 所示。

表 6-32　动力之股权激励相关内容

维度	细分 / 说明	输入	动作 / 工具	输出
动力之股权激励	基于组织中长期价值同步的分红权、决策权等激励方案	政策规范；上级指引；战略规划	设计	股权激励方案
		财务分析结果；绩效评价结果；股权激励方案	匹配；实施	分配结果

首先，通过调研确定激励对象的接受度和公司实际条件是否满足。

其次，激励方案是股权激励的核心内容，管理者可以结合公司所处的行业、未来资本运作规划、实际控制人的一些想法制定公司股权激励的初步方案。

激励方案主要包括定目标、定对象、定模式、定载体、定数量、定价格、定时间、定来源、定条件和定机制。

第三步，落实激励方案。前期的股权激励方案经公司决策层通过后，很重要的一步就是在公司内部召开动员大会，让拟授予对象和未授予对象都清楚公司的股权激励规则，为后续激励对象签署协议打下基础，而后就是相关协议的签署及缴款及工商层面的变更事宜了。

最后，股权激励还要考核未来的激励人群，制定现有人群退出机制等一系列后续管理办法，从而实现激励体系的闭环管理。

股权激励操作流程如图 6-25 所示。

三、职业规划

职业生涯规划是在对一个人职业生涯的主客观条件进行测定、分析、总结的基础上，对自己的兴趣、爱好、能力、特点进行的综合分析与权衡，其相关内容如表 6-33 所示。个人可以结合自身特点确定其最佳的职业奋斗目标，并为实现这一目标做出行之有效的安排。

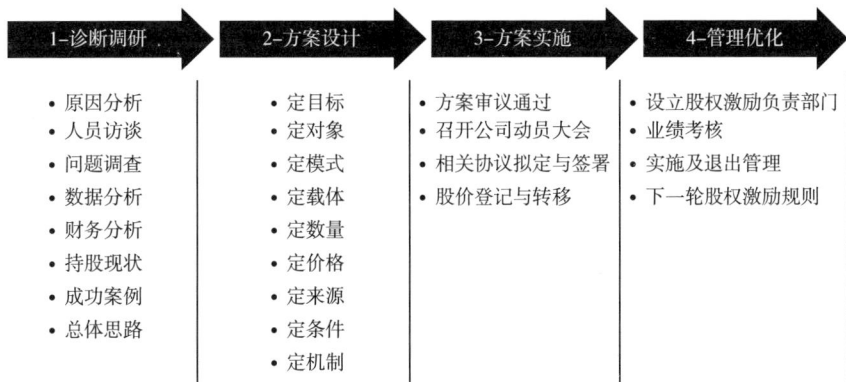

图 6-25 股权激励操作流程

表 6-33 动力之职业规划相关内容

维度	细分 / 说明	输入	动作 / 工具	输出
动力之职业规划	以个人为主线，设计与组织发展相匹配的个人成长路径	任职资格体系；人才继任计划；个人计划	匹配	个人发展计划

1.职业支点

以立足生存支点来规划职业生涯，会把薪酬作为主要导向。这种情况可能会忽略个人发展，如果遇上职业瓶颈，薪酬缺少增长空间而技能又没有提升，个人身价便会每况愈下。因此，以生存为支点来做职业规划是一种只重现在不看将来的短视行为。

如果立足发展支点来规划职业生涯，会以自身的进步作为导向。即使所从事的职业并不特别喜欢，薪酬也并不特别高，也会努力做好。对个人来说，从中获取的经验和技能最为重要。这些收获让个人增值，帮助个体实现未来事业上的成功。除了有物质上的收获外，还有精神上的收获，如荣誉、地位等，最终成为职场上的"抢手货"。不过如果做的事确实是自己不喜欢的，那么最好还是重新规划职业生涯。

如果是立足兴趣支点来规划职业生涯，会以快乐作为导向。人并不一定在乎眼前的薪酬多少，也不在乎将来能获得什么地位与荣誉。通常个人能找到喜欢的职业，能享受工作的过程，就会对工作投入极大热情，忘却疲倦，甚至感到生命变得灿烂多彩。工作成为享受，成为娱乐，不知不觉中就出了成绩。喜欢是做好一件事的前提，兴趣是成功的最大驱动力。我们可以结合图 6-26 所示的职业规划定位图来寻找职业支点。

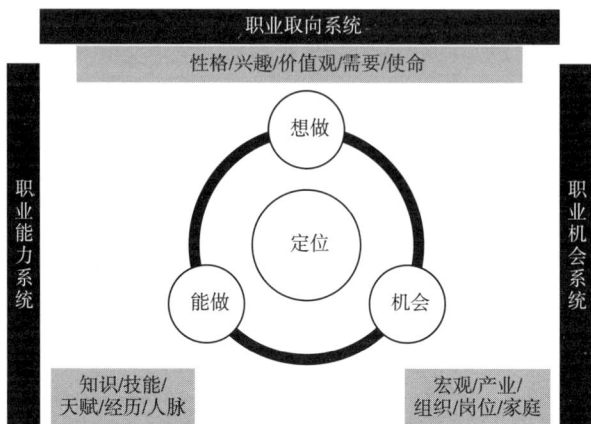

图 6-26　职业规划定位图

2．职业锚

职业锚测评是一种结合多层次意愿进行分析，在此基础上得出最后职业生涯规划结论的工具。

职业锚之一：技术／职能。"我拿到了博士学位，已经有了一定的学术能力。管理是很累的事情，千万别让我管事，我只想做化工专家。"有类似想法的人，他们更倾向于技术类工作。

职业锚之二：管理才干。"我喜欢作决策、不怕冒风险。我不怕得罪人，我希望最终做到总经理岗位。"有类似想法的人，他们更适合管理类工作。

职业锚之三：创造力。"我不能让我的创造力消耗在企业内的日常琐事中，我要一个广阔的用武之地。"有类似想法的人，他们更适合创业。

职业锚之四：独立自主。"被人指手画脚，却还得装孙子是我最不能忍受的事。所以我现在是自由职业者，为企业提供人力资源方面的咨询工作。"有类似想法的人，他们更适合自由职业。

职业锚之五：保障。"我需要稳定的工作让我承担起养家糊口的责任，同时从事业余爱好，所以我选择在政府机构工作。"有类似想法的人，他们更适合做稳定的工作。

职业锚之六：服务/献身某项事业。"帮助别人的事业（扶贫、环保等）最有意义。"有类似想法的人，他们一般都具有高尚的道德情操。

职业锚之七：单纯地挑战自我。"我因为厌倦而频繁更换工作。"有类似想法的人，他们一般不会安于现状，稳定性不强。

职业锚之八：生活质量。"我不愿为职业发展牺牲生活质量。"有类似想法的人，他们往往会更加注重自己的生活品质，他们甚至会放下工作几个月甚至一两年，然后去从事自己的爱好。

3. 员工职业生涯规划与企业发展

企业从人才发展与保留的角度，应注意融入员工的职业规划过程，主动引导，并与企业发展规划相结合，争取实现双赢。双方结合的一个点是任职资格中的企业岗位序列发展通道，如图6-27所示。

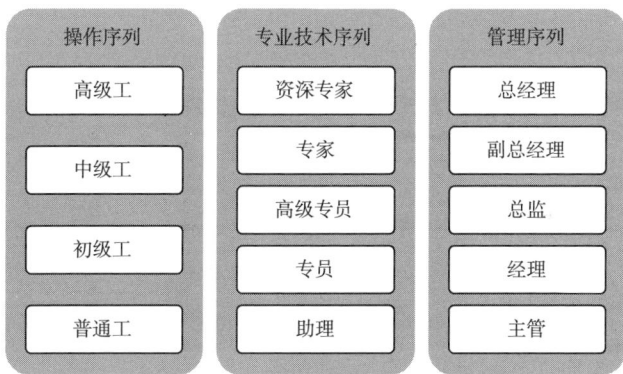

图 6-27　岗位序列发展通道

很多企业由于只有管理序列而造成大部分人才都走向了管理的"独木桥"，而现实中人才是多元性的，不少技术专家或操作能手并不具备管理才能，但其技术又是企业所必要的。若是没有良好的职业发展通道，他们可能无法被激励，这可能会造成企业的人才流失。

四、雇主品牌

工作氛围除了来源于企业存在的价值和目标外，还来源于实现目标过程中干部对下属的鼓励和带领，其相关内容如表 6-34 所示。

表 6-34　动力之雇主品牌相关内容

维度	细分／说明	输入	动作／工具	输出
动力之雇主品牌	使命、愿景、价值观的应用	存在的价值；理想中的状态；成功时的样子；核心价值观	传播；固化	积极进取的组织氛围
	领导力的发挥	干部梯队	激励；辅导	积极进取的组织氛围

首先是企业的使命，它必然是对社会有益的。它促使企业创造价值，为社会提供服务，从而让世界变得更美好。员工们通过劳动协同共同创造价值，这些价值是单独个体难以独自创造的，或达不到高效率产出的，因此人们聚在一个企业里共同为社会贡献力量。

奋斗过程中在面临具体问题障碍时，组织通常需要干部发挥领导力，鼓舞士气，继续前进。

组织和团体的动力往往来自领导的表率作用，即领导力。

以电视剧《亮剑》为例，李云龙在攻击山崎大队之前，在阵前动员："所有人都要拿出野狼的气势来，没有刺刀的拿起扁担也要上！"加之他战术安排得当，独立团打败山崎，成功解决进入太行山腹地的日军。对于独立团而言，武器和地形都不占优势，却通过李云龙的合理配置与激励发挥出了优势，并最终获得成功。由此可见，企业发展的动力主要来自科学远大的企业使命和有效的领导力。

在革命斗争年代，多少先烈为国为民艰苦奋斗甚至献出生命，都是为了解放劳苦大众，让人民过上幸福生活。在具体的斗争过程中，干部们会在团队遭受压力和遇到困难时给大家加油打气，营造出胜利必要的组织氛围。

案例：华为的激励组合

华为人之所以能前赴后续地持续奋斗，很大程度上源于其合理的物质与非物质激励组合设计。

1. 物质激励

在物质激励方面，华为主要解决了马斯洛需求层次中的生理、安全这两层需求。核心思想还是根据价值创造的客观评价导入激励的差异分配。在物质激励的时间维度方面，一是考虑短期满足生活需要的薪酬和奖金，二是从中长期考虑，与公司价值结合，进行时间单位计划（虚拟分红型股权）的利益共享。同时，在日常福利和工作环境方面，华为也不吝投资，通过建设良好的基础设施和设计有效的雇主品牌，不断对人才产生磁吸效应。

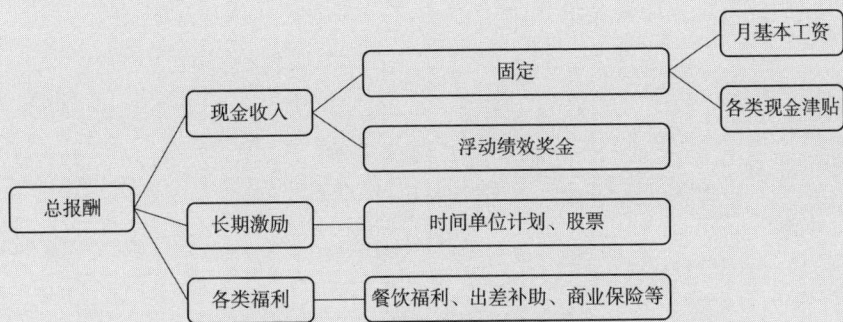

```
                              ┌──────────────┐      ┌──────────────┐
                    ┌─────────│     固定      │──────│   月基本工资   │
        ┌──────────┐│         └──────────────┘      └──────────────┘
        │  现金收入  ││                                ┌──────────────┐
        └──────────┘│                                │   各类现金津贴  │
┌──────┐│           │         ┌──────────────┐       └──────────────┘
│ 总报酬 │           └─────────│  浮动绩效奖金   │
└──────┘│           ┌──────────────┐      ┌──────────────────┐
        ├───────────│   长期激励    │──────│  时间单位计划、股票  │
        │           └──────────────┘      └──────────────────┘
        │           ┌──────────────┐      ┌──────────────────────┐
        └───────────│   各类福利    │──────│ 餐饮福利、出差补助、商业保险等 │
                    └──────────────┘      └──────────────────────┘
```

图 6-28 华为物质激励结构

2. 时间单位计划

华为在成长过程中，曾经采用以工会代持实际股份的长期激励机制。随着业务的国际化，为了对外籍员工实现长期激励、对新进员工有效激励，同时也激发老员工奋斗后劲，华为采用时间单位计划替代原有的长期激励方式。

时间单位计划的运作方式可以通过以下模拟案例进行简单了解。

假设 2020 年获得 10 000 个单位期权，面值为 10 元，那么五年间每年的收益分别为：

（1）2020 年（第 1 年）当年没有分红权；

（2）2021 年（第 2 年）可得 10 000 股 $\times \frac{1}{3}$ 分红权；

（3）2022 年（第 3 年）可得 10 000 股 $\times \frac{2}{3}$ 分红权；

（4）2023 年（第 4 年）可得 10 000 股 $\times$ 全部分红权；

（5）2024 年（第 5 年）可得 10 000 股 $\times$ 全部分红权＋面值增值收益，例如面值为 12 元，则增值收益为（12-10）$\times$ 10 000=2 万元。

3.非物质激励

在非物质激励方面，华为解决的是马斯洛需求层次中的"上层需求"：社交、尊重、自我实现。

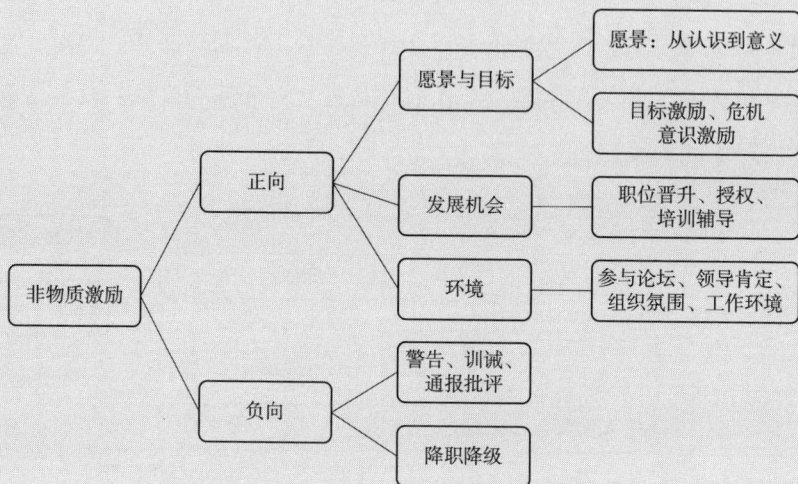

图6-29 华为非物质激励结构

本章小结

战略通过价值链向组织输入共同目标，牵引企业人员形成合力，而企业又通过人才盘点与人才培养塑造人才梯队，并形成组织能力支持战略运营的执行。在这个过程中，企业使命和干部领导力发挥着强化工作氛围的作用，而薪酬和股权则成为激发员工动力的硬手段。

合力、能力、动力三者合一，形成了企业的组织效能。

第七章

企业价值管理

任何管理方法都应该有利于企业业绩的实际提升，管理理论只有在业务实践中才能得到检验和实现价值增值。本书借助对华为成功经验的多视角观察和对战略地图体系逻辑的深度挖掘，将成功企业的实践经验，总结提炼成了可学习、可复制的管理逻辑，这样，不同的企业都可以结合自身情况进行实际应用。

战略地图之道的逻辑总图是理论与实践相结合的产物，是笔者在多个公司有效应用的经验共享。华为的三支箭只是形象的比喻，它本质上是战略管理、价值链管理、组织效能管理三者的互动与匹配，只有三者协同与共鸣，企业价值才能在竞争中独占鳌头。

不论如何，阅读本书只是一个起点，是"知"的一个开端，而进一步在企业里进行管理优化、促进业绩提升的"行"才是最重要的。"行"反过来也促进"知"的深入，"知"的深度又有利于"行"的效果，企业管理者在"知"与"行"的作用下实现心智模式的跃升才是真正的"知行合一"。

经过战略规划、价值链优势的塑造、组织效能提升之后，企业经营者与股东最终关注的便是企业价值的评估与管理了。

企业价值管理包括资本运作、财务核算、财务分析、价值分配、审计风控五个方面。

第一节　资本运作

资本运作是企业以资本为载体，为实现企业价值增速的加速器。

一方面，企业可以借助资本杠杆撬动更多的资源投入战略管理的闭环之中，在同一个运营周期内放大经营的成果和价值；另一方面，资本运作本身包含着业务投资的过程和管理，它本身也是企业实现战略业务布局的手段。

表 7-1　价值管理之资本运作相关内容

维度	细分/说明	输入	动作/工具	输出
价值管理之资本运作	融资	财务职能战略；债权；股权；信用	债权；股权	可用资本总额；债务；股本；资本成本
	投资	业务战略；资本	投资；投后管理	战略实现

一、融资管理

企业融资管理关键是在资本需求规模、资金成本和财务杠杆风险之间取得一个平衡。融资管理的影响条件来源于企业本身的信用、企业现有的资本结构显性因素，但企业运营者通常容易忽略的是企业的财务职能战略。财务战略往往在融资渠道、融资成本等关键内容方面有倾向或明确的管理诉求。融资管理忽略财务战略输入是重要的管理缺陷之一。

融资管理过程主要包括计算融资需求总额、选择融资渠道、控制融资成本、防范金融风险这四步。

融资需求总额来源于财务职能战略的规划安排，包括规模、节奏和渠道。

融资主要有两大渠道：债权融资或股权融资。

债权融资获得的只是资金的使用权而不是所有权，负债资金的使用是有成本的，企业必须支付利息。债权融资按渠道的不同主要包括银行信用、民间信贷、债券融资、信托融资、项目融资和商业信用。

股权融资是指出让企业所有权换取资本的融资活动，企业通过增资的方式引进新的股东，同时使总股本增加的融资方式。采用这种融资的企业无须还本付息，但新股东将与老股东同样分享企业的赢利与增长。股权融资主要有两个方式：公开市场发售和私募发售。

（1）公开市场发售就是通过股票市场向公众投资者发行企业的股票来募集资金，主要指企业上市融资。

（2）私募发售是指企业自行寻找特定的投资人，吸引其通过增资入股企业的融资方式。

融资成本的实质是资金使用者支付给资金所有者的报酬（资金使用成本），也包括融资过程中的杂费（代理费和手续费等）。

在资金使用成本中，债权使用成本基本可以参照银行或其他金融机构长期债券融资的利率进行评估。股权融资成本则弹性较大，它在债权成本基础上还要考虑企业行业风险相对标准利率的风险差价，同时也得评估企业本身的实力。经典的资本资产定价模型可以用于计算股权融资的公允价值，而评估企业的综合融资成本则可以依靠加权平均资本成本进行计算。

防范金融风险主要是监控公司的资产负债率，若企业负债超过 70%，通常将被认为存在较高的财务风险。不同行业风险控制点有所不同，具体防控策略应结合企业的财务职能战略而调整。

二、投资管理

投资管理是以可行性研究分析作为投前准备，并对过程进行管理和监控，在此基础上寻求实现预期回报的一系列工作。对于金融与私募股权投资类企业，投资本身就是主业，是运营的常态过程。对于其他企业而言，投资一方面可以作为战略发展或战略补充的手段，另一方面则可能是为改善主业经营而进行的技改或对短板的修补。

企业投资管理包括投前管理、投中管理和投后管理三个模块，如表7-2所示。

表 7-2　企业投资管理模块

投前管理	投中管理	投后管理
市场可行性； 财务可行性； 主业匹配性	预算； 周期； 法务风控； 交易手续； 建设	达产； 达标； 达效

投资前评估管理的核心是对项目进行现金流量预测以及相应的折现率估算，从而得出长期项目的价值。

投资过程管理主要是核实尽职调查内容的真实性，共同协商交易余款，最终完成资本与权股之间的交换。

相比投前与投中管理，投后管理需要企业花费较多时间进行研究和调整，除去日常的运营协同和优化，还需要在企业文化与人员协调上进行着力。投后管理是否有成效，关键要看投资标的是否在预期的时间框架内实现达产（规模要求）、达标（技术要求）和达效（经营业绩）。

资本运作除去投融资外，日常的资本管理体现在运营资金的规模控制和日常收支的管理协调上。这两项是日常财务管理的内容，在此不进行赘述。

表7-3　价值管理之资本运作相关内容

维度	细分／说明	输入	动作／工具	输出
价值管理之资本运作	运营资金管理	运营计划	控制；分析	受控的运营资金规模
	收支管理	业务运营的需求	开票；收款；支付；应收应付管理	资金流动；资金占用率

第二节　财务核算

财务核算是以货币形式反映和监督企业生产经营过程的活劳动消耗、物质消耗和资金占用及其经济效果的方法。核算过程是在现代会计准则基础上，运用会计科目相关知识填制记账凭证、登记会计账簿，以货币为计算尺度连续、系统、全面地记录，在此基础上计算各核算单位或核算项目的经济活动。

财务核算是进行价值管理的基础工作，也是企业日常必备的通行工作。

表7-4　价值管理之财务核算相关内容

维度	细分／说明	输入	动作／工具	输出
价值管理之财务核算	会计系统管理	业务运营内容与信息	编制凭证；记账	凭证；账簿
	报告系统管理	凭证；账簿	编制；调整；合并	资产负债表；损益表；现金流量表

第三节　财务分析

财务分析是企业投资者、债权人、经营者以会计核算和报表资料及其他相关资料为依据了解企业现状、预测企业未来的方法。

财务分析包括至少三个层次：公司层、业务单元层和生产单元层。

（1）公司层：以集团为视角，关注公司价值分析与政策，关注价值分配与调配；

（2）业务单元层：以经营为诉求，面向市场竞争需要，是业务战略的参数之一；

（3）生产单元层：以成本管控和精益制造为诉求，面向内部管理优化。

表 7-5　价值管理之财务分析相关内容

维度	细分 / 说明	输入	动作 / 工具	输出
价值管理之财务分析	公司层财务分析（CEO 视角）	财务报表	价值性财务分析	财务六大问题；财务四大政策
	业务单元财务分析	财务报表；竞争对手报表	竞争性财务分析	指标分析；三维分析；指标分解；财务矩阵
	生产单元层财务分析	财务结构	运营性财务分析	生产经营的决策

一、价值性财务分析

价值性财务分析是站在集团公司股东、董事会或经营决策层视角对财务结果的解读。分析的目的在于解决如何促进公司保值、增值，如何促进长期价值，以及如何让价值可持续的问题。

价值性财务分析结构如下：

（1）经营业绩：盈利能力、创现能力、创值能力、风控能力和成长能力；

（2）高层激励：创值原则、创现原则和延迟支付原则；

（3）财务政策：负债政策、分红政策、运营资本政策和投资政策；

（4）财务战略：如何筹集资金？如何降低资本成本？如何解决财务政策的适应

性与战略的匹配性问题？

（5）财务风险：财务安全状况、资金链稳定安全、财务困境与危机防范（事前预防、事中控制）；

（6）经营创值：如何度量创值程度？如何创值？如何提升公司的创值能力？

二、竞争性财务分析

竞争性财务分析是站在业务单元管理者视角对财务结果的解读。分析的目的在于解决如何在业务竞争中借助财务视角找到新的机会或策略的问题。

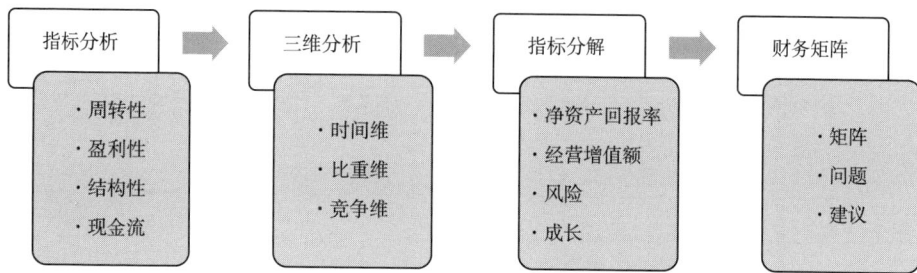

图 7-1　竞争性财务分析框架

三、运营性财务分析

运营性财务分析也称为业务分析，它是站在财务成本管理者视角对财务过程与细节的解读。分析的目的在于解决如何促进成本降低，并且为生产经营提供决策支持的问题。

运营性财务分析的特点：

（1）基于财务底层数据，对企业生产经营过程进行分析，力求有效利用人、财、物提高效益；

（2）业务运营者使用；

（3）揭示财务数据后的驱动因素；

（4）改善运营管理。

运营性财务分析包括利润中心财务分析、制造成本中心财务分析、专项财务分析三部分内容。

表 7-6 运营性财务分析框架

利润中心财务分析	制造成本中心财务分析	专项财务分析
营业收入； 订单储备； 标准成本； 毛利； 费用收入比； 固定费用预算差异； 运营利润； 应收天数； 获现率； 产品； 地域； 市场细分； 客户； 销售渠道； 分公司； 制造基地	生产成本； 制造成本差异； 累计成本降低率； 固定费用预算差异； 运营利润贡献； 单位产品成本降低率； 库存天数； 呆滞库存	内部投资项目： 净现值、内部收益率、回收期； 新产品开发项目： 生命周期利润、回收期、价值系数； 市场营销活动： 投入产出比、盈亏平衡点、 接单分析、 零件自制分析、 定价分析

案例：ABB 与施耐德竞争性财务分析

ABB 和施耐德是直接竞争对手。笔者曾服务于 ABB 公司，下面根据公开财务数据，从财务角度（财务战略矩阵、财务策略矩阵）对双方竞争态势展开分析。

1. 财务战略矩阵分析

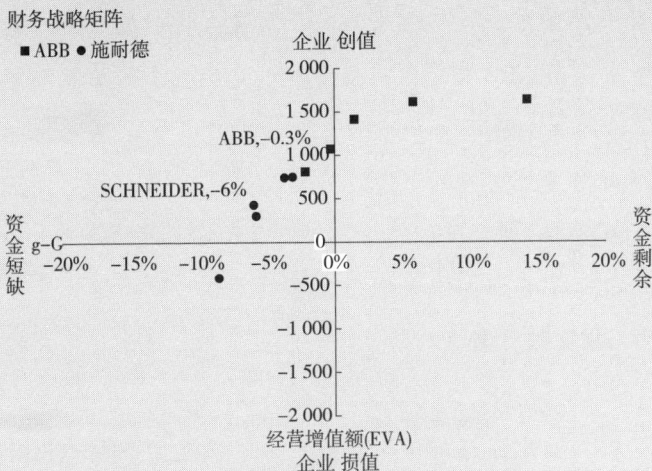

图 7-2 ABB 与施耐德财务战略矩阵分析图

图 7-2 是 ABB 与施耐德两家企业的财务战略矩阵分析图。

在财务战略矩阵分析图中，若经营增值额（EVA）为正数，则代表企业经营收益大于其资本成本，企业创造价值，而经营增值额为负数，则说明企业的经营收益小于其资本成本，即损值。

从上面的 ABB 与施耐德的财务战略矩阵分析图中，我们可以看到，以小方块为代表的 ABB 在五次记录中均为创值，说明企业的经营收益大于其资本成本；同时，ABB 的 EVA 明显高于以小圆点为代表的施耐德公司（ABB 在 750 至 1 500 之间，而施耐德在 -500 至 750 之间），这说明 ABB 公司的经营增值能力强于竞争对手施耐德。

在财务战略矩阵分析图中，小写字母 g 代表企业自有资金可以提供的增长百分比，大写字母 G 代表企业战略规划需要的增长百分比，g-G 大于零表示公司自有资金能够支撑业务发展的增长速度，g-G 小于零则表示企业自有资金不足，须向外融资才能满足业务发展目标。

从上面的 ABB 与施耐德的财务战略矩阵分析图中，我们可以看到，施耐德都分布在 g-G 小于零的区域，说明其自身"造血"能力满足不了业务增长的计划，须考虑融资弥补；而 ABB 则只有一年资金不足，其他年份均能自给自足，有时资金还能有一定剩余，这说明 ABB 的发展动力高于施耐德。

综合上面的分析，我们可以看出，施耐德公司不论从经营增值能力还是资金供给上都落后于对手 ABB 公司。从经营战略上思考，施耐德应提升盈利能力，并在短期内要补充资金；而 ABB 公司则应复盘超过竞争对手的关键因素，继续塑造核心竞争力，并保持竞争优势。

2. 财务策略矩阵分析

通过上面财务战略分析矩阵的结论，我们可知施耐德的自有资金无法满足业务发展需要，因此它可以借鉴 ABB 的预付款控制策略，减少运营资金的使用量，从而降低资金压力，同时通过减少销售费用和管理费用，施耐德才能提升盈利能力和创值规模。

ABB 的成功之处在于客户预付款策略降低了其资金占用量和成本，这部分资金属于客户提前支付的现金，对于 ABB 而言，预付款实际上就等于无息负债，这显然有利于其运营现金流控制，因此建议保持或强化这个策略。在业务增速大于自有资金年份，为维持其较高的增值能力，即使采用有息负债，其成本也应低于加权平均资本成本。

表 7-7　财务策略建议表

财务政策建议	ABB	Schneider
营运资本政策	● 三控方面，改善应收账款管理，保持预付款现行政策 ● 营业成本方面，须反思与改进	● 须加强预付款控制 ● 应着力改善销售费用和管理费用（SG&A）支出，从而提高盈利能力
负债政策	● 应继续维持非付息债比例高的负债结构 ● 应借外债解决发展资本不足之困，资金成本应当低于加权平均资本成本（WACC）。	● 须调整负债结构，减少利息支出 ● 可通过非付息债解决发展资金不足

第四节　价值分配

企业的价值分配主要指从财务政策确认经营成果在股东、债权人、经营者、员工、政府、社区之间的共享方式。

表 7-8　价值管理之价值分配相关内容

维度	细分 / 说明	输入	动作 / 工具	输出
价值管理之价值分配	公司经营成果在利益相关者之间的分配与平衡	经营成果；分配规则	价值评估；分配	价值分配计划；经营成果共享

表 7-9　经营成果分配方案表

分配对象	股东	债权人	经营者	员工	政府	社区
方式	分红	利息	薪酬（年薪）	薪酬（工资）	税收	捐赠
活动策略	分红政策；资本结构	负债政策；偿还政策；杠杆比率	长期激励	短期激励	税收筹划；政府补贴	品牌策略；公益策略

第五节　审计风控

在流程管理环节，我们曾提到流程过程中风险点的识别与控制，这是企业内控的要求。

表7-10　价值管理之审计风控相关内容

维度	细分／说明	输入	动作／工具	输出
价值管理之审计风控	对战略执行过程和结果的真实性和合规性进行检验，以控制风险，避免不合规的成本出现	经营成果；制度；法规	比较；分析	审计报告

对于企业风险的防范，主要是通过内控程序和财务审计两个方式完成。

内控关注合规、授权、岗位职责分离，而审计则关注事件发生的真实性和合理性。

内控是事前建设、事后完善；内审是事中以内控为依据进行监督，事后审查，并根据发现的问题提供建议，反馈至内控进行完善。

本章小结

本章是全书的落脚点，一方面企业价值是战略规划、价值链优势和组织效能的归宿；另一方面也说明了企业价值管理的五项内容。

最后做一个梳理，即：战略规划、价值链优势、组织效能的匹配性创造价值；资本运作、财务核算、财务分析、价值分配、审计风控的意义在于管理价值并对价值创造提供支撑。

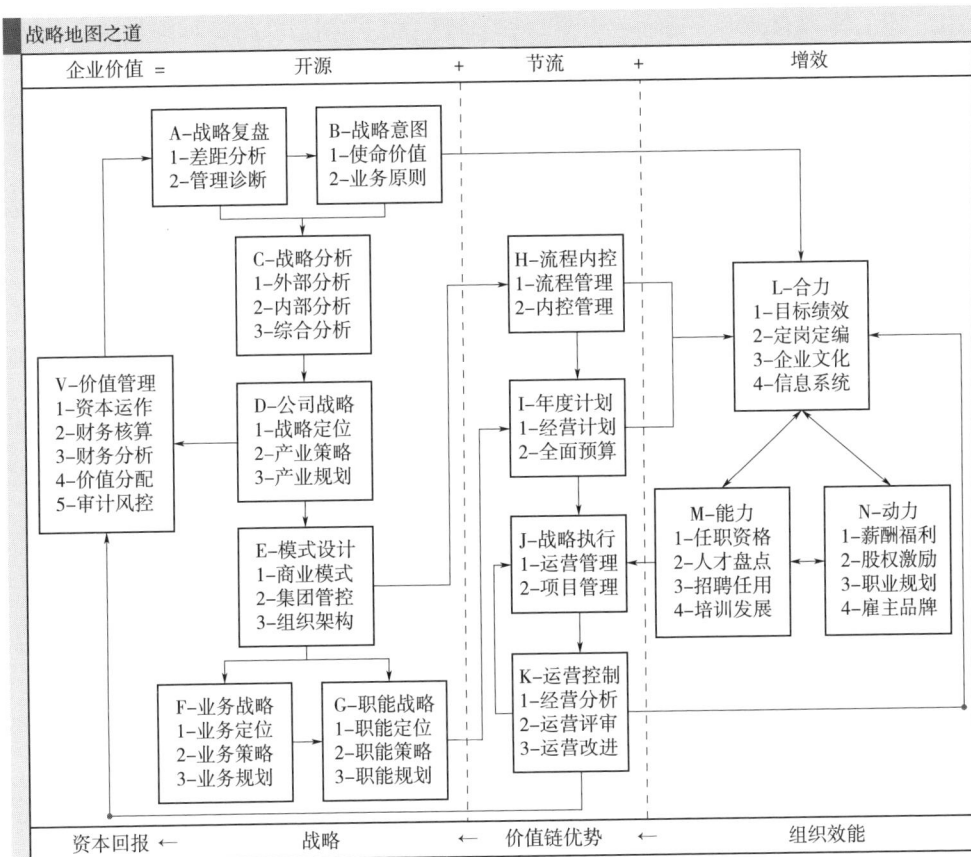

战略地图之道

| 企业价值 = | 开源 | + | 节流 | + | 增效 |

A–战略复盘
1–差距分析
2–管理诊断

B–战略意图
1–使命价值
2–业务原则

C–战略分析
1–外部分析
2–内部分析
3–综合分析

H–流程内控
1–流程管理
2–内控管理

L–合力
1–目标绩效
2–定岗定编
3–企业文化
4–信息系统

V–价值管理
1–资本运作
2–财务核算
3–财务分析
4–价值分配
5–审计风控

D–公司战略
1–战略定位
2–产业策略
3–产业规划

I–年度计划
1–经营计划
2–全面预算

E–模式设计
1–商业模式
2–集团管控
3–组织架构

J–战略执行
1–运营管理
2–项目管理

M–能力
1–任职资格
2–人才盘点
3–招聘任用
4–培训发展

N–动力
1–薪酬福利
2–股权激励
3–职业规划
4–雇主品牌

F–业务战略
1–业务定位
2–业务策略
3–业务规划

G–职能战略
1–职能定位
2–职能策略
3–职能规划

K–运营控制
1–经营分析
2–运营评审
3–运营改进

| 资本回报 ← | 战略 | ← 价值链优势 | 组织效能 |

参考书目

［ 1 ］ 罗伯特·卡普兰，戴维·诺顿.平衡计分卡 [M].广州：广州经济出版社，
2004.

［ 2 ］ 罗伯特·卡普兰，戴维·诺顿.战略地图 [M].广州：广州经济出版社，2005.

［ 3 ］ 罗伯特·卡普兰，戴维·诺顿.战略中心型组织 [M].北京：中国人民大学出
版社，2008.

［ 4 ］ 罗伯特·卡普兰，戴维·诺顿.平衡计分卡战略实践 [M].北京：中国人民大
学出版社，2009.

［ 5 ］ 黄卫伟.以奋斗者为本 [M].北京：中信出版社，2014.

［ 6 ］ 郭士纳，张秀琴，音正译.谁说大象不能跳舞 [M].北京：中信出版社，2010.

［ 7 ］ 雪萍，陈悦，岑颖寅，等.战略破局 [M].北京：机械工业出版社，2020.

［ 8 ］ 哈默.企业再造 [M].上海：上海译文出版社，2007.

［ 9 ］ 王钺.战略三环：规划、解码、执行 [M].北京：机械工业出版社，2020.

[10] 倪志刚，孙建恒，张昳.华为战略管理 [M].北京：新华出版社，2017.

后　记

这本书之所以能成稿，首先是基于过去 20 多年的企业工作实践，是对中外运、TDK、ABB、厦门钨业等企业的工作内容的提炼与复盘，同时，它也是对近年来所服务过的咨询单位、学员案例的反思与总结。不同的岗位经历和不同的企业视角让点状的思维逐渐延伸与链接，形成了逻辑关联的互动体系。因此，笔者非常感谢提供这些管理经历和实践场景的组织和个人（见致谢人员），是你们的支持让我有动力将其转化为经验和文字，并呈现给大家。

本书能够以实体书的形式呈现，还多亏而今课堂的创办人 Su，是他的鼓励与帮助促进与推动了这些内容从电子文档向实体版的转化。Su 和我同样有多年的外企经历，我们共同的理念是推动外企先进的管理方法为中国企业所用，借此为国内企业做大做强尽绵薄之力。

从创作本书开始，至今已有三年多时间了，期间劳烦我的夫人林小黎反复审稿，严格意义上讲，本书也有她的一半贡献。另外，也谢谢她照顾家庭，让我能安心在郴州、南京、赣州、西安、渭南等地实施咨询项目。同时，也感谢我的原生家庭，父母亲朴实的品格和朴素的爱国主义情怀给我带来了终身影响——助力中国企业做大做强，它是我从事咨询工作与写作本书的坚强动力。最后，冒昧借用孟晚舟的话来表达这种感情并结尾，"如果信念有颜色，那一定是中国红！"

致谢企业

极鱼管理咨询以"助力中国企业"为使命，通过"骊才知库"公众号提供公益性企业管理课程（免费自学），同时为中国企业提供线下培训与咨询服务：包括企业战略管理、流程管理和人力资源体系建设。

（骊才公益课程学习入口）

"而今课堂"得名于毛主席诗句"雄关漫道真如铁，而今迈步从头越"，立足于服务制造业，提供技术工人培养的线上课程与线下实习基地。

鸣鹤咨询以厦钨集团为依托，以"搭建有色行业生态圈"为导向，为中国有色行业提供最佳管理实践。